Couvertures supérieure et inférieure
en couleur

ÉRASME

LES COLLOQUES

NOUVELLEMENT TRADUITS

PAR VICTOR DEVELAY

ET ORNÉS DE

VIGNETTES GRAVÉES A L'EAU-FORTE

PAR J. CHAUVET

TOME TROISIÈME ET DERNIER

PARIS
LIBRAIRIE DES BIBLIOPHILES
RUE SAINT-HONORÉ, 338

M DCCC LXXVI

ND# LES COLLOQUES

D'ÉRASME

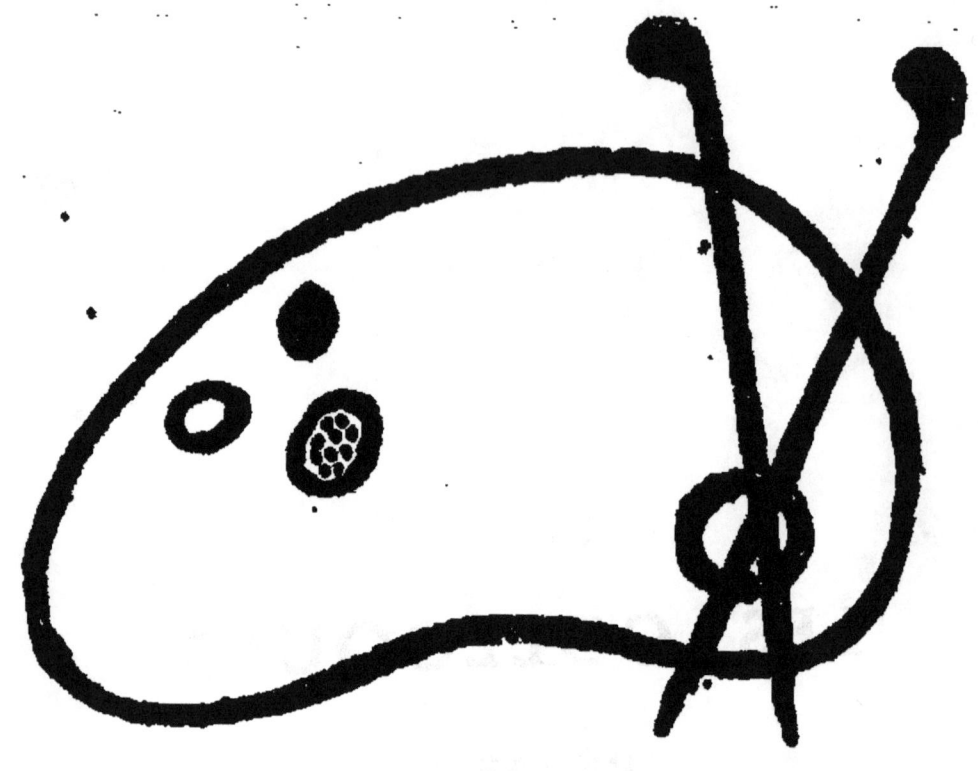

Original en couleur
NF Z 43-120-8

ÉRASME

LES COLLOQUES

NOUVELLEMENT TRADUITS

PAR VICTOR DEVELAY

ET ORNÉS DE

VIGNETTES GRAVÉES A L'EAU-FORTE

PAR J. CHAUVET

TOME TROISIÈME ET DERNIER

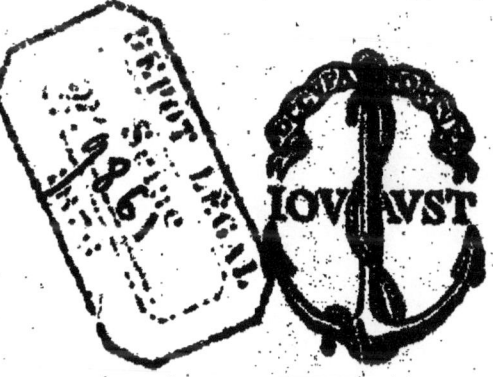

PARIS

LIBRAIRIE DES BIBLIOPHILES

RUE SAINT-HONORÉ, 338

M DCCC LXXVI

L'ENTERREMENT

MARCOLPHE, PHÈDRE.

Marcolphe. D'où vient Phèdre ? Sort-il de l'antre de Trophonius ?

Phèdre. Pourquoi me demandez-vous cela ?

Marcolphe. Parce que, contre votre ordinaire, vous êtes triste, négligé, malpropre, sombre ; en un mot, parce que vous démentez complètement votre nom [1].

Phèdre. Si ceux qui passent quelque temps dans des ateliers de forgerons prennent un peu de noir, est-il étonnant que moi, qui ai passé tant de jours auprès de deux malades qui sont morts et enterrés, je sois plus triste que d'habitude, surtout quand tous deux étaient mes meilleurs amis ?

---

1. Phèdre, en grec, signifie gai.

Marcolphe. De quels morts parlez-vous ?

Phèdre. Connaissez-vous Georges de Baléar ?

Marcolphe. Je le connais de nom seulement, mais pas de vue.

Phèdre. Je sais que l'autre vous est tout à fait inconnu. Il se nommait Corneille Dumont ; nous étions liés depuis plusieurs années.

Marcolphe. Il ne m'est jamais arrivé de voir mourir quelqu'un.

Phèdre. Cela m'est arrivé plus souvent que je n'aurais voulu.

Marcolphe. La mort est-elle aussi horrible qu'on le dit communément ?

Phèdre. Le chemin de la mort est plus pénible que la mort elle-même. Si l'on chasse de son esprit l'horreur et l'image de la mort, on supprime une grande partie du mal. D'ailleurs, toutes les souffrances qu'entraîne soit la maladie, soit la mort, deviennent bien plus supportables si l'on s'abandonne entièrement à la volonté de Dieu. Quant au sentiment de la mort au moment où l'âme se sépare du corps, je crois qu'il est nul ou peu s'en faut, parce que la nature, avant d'en venir là, assoupit et éteint toutes les parties sensibles.

Marcolphe. Nous naissons sans nous en apercevoir.

Phèdre. Mais non sans que la mère s'en aperçoive.

Marcolphe. Pourquoi ne mourons-nous pas de même ? Pourquoi Dieu a-t-il voulu que la mort fût si cruelle ?

Phèdre. Il a voulu que la naissance fût douloureuse et dangereuse pour la mère, afin qu'elle aimât plus tendrement son fruit ; et il a voulu que la mort fût pour chacun un objet d'effroi, afin d'empêcher les hommes d'abréger leurs jours. En effet, quand on voit aujourd'hui encore tant de gens qui se suicident, imaginez-vous ce que ce serait si la mort n'avait rien d'horrible? Chaque fois qu'un valet ou même un fils adolescent aurait été battu, qu'une femme serait en colère contre son mari, qu'on aurait perdu sa fortune ou éprouvé quelque accident fâcheux, on courrait aussitôt à la corde, au poignard, à la rivière, au précipice, au poison. Les souffrances de la mort nous rendent la vie plus chère, surtout que les médecins ne peuvent pas guérir un mort. Mais comme tous ne viennent pas au monde de la même façon, tous ne meurent pas de la même manière. Les uns sont délivrés par une mort subite, les autres languissent dans une lente agonie. Les léthargiques et ceux qui ont été piqués par un aspic, plongés dans un profond sommeil, meurent sans s'en apercevoir. J'ai remarqué qu'il n'y a point de mort si cruelle qu'on ne puisse supporter en s'armant d'une ferme résolution.

Marcolphe. Laquelle des deux morts vous a paru la plus chrétienne?

Phèdre. Celle de Georges m'a paru la plus pompeuse.

Marcolphe. La mort a donc aussi sa pompe?

Phèdre. Je n'ai jamais vu deux morts plus opposées. Si vous avez le temps de m'écouter, je vous dépeindrai la fin de l'un et de l'autre; vous pourrez juger laquelle des deux morts est la plus enviable pour un chrétien.

Marcolphe. C'est moi, au contraire, qui vous prie

de me faire ce récit ; je l'écouterai avec le plus grand plaisir.

Phèdre. Écoutez donc d'abord la fin de Georges. Quand la mort eut donné des signes certains de son approche, les médecins réunis qui avaient soigné longtemps le malade, sans dire qu'ils avaient perdu tout espoir, commencèrent par demander leurs honoraires.

Marcolphe. Combien y avait-il de médecins ?

Phèdre. Tantôt dix, tantôt douze, pour le moins six.

Marcolphe. C'était assez pour tuer un homme bien portant.

Phèdre. L'argent compté, ils avertirent secrètement les proches que la mort n'était pas loin, qu'ils devaient s'occuper du salut de l'âme, car il n'y avait plus à espérer de sauver le corps. Des amis intimes engagèrent doucement le malade à confier à Dieu le soin de sa santé, et à ne songer qu'aux moyens d'opérer son salut. A ces mots, Georges lança sur ses médecins des regards farouches, comme pour leur reprocher de l'abandonner. Ils lui répondirent qu'ils étaient des médecins et non des dieux; qu'ils avaient prodigué tous les secours de leur art, mais qu'il n'y avait point de remède contre une fatale nécessité. Ils passèrent ensuite dans la chambre voisine.

Marcolphe. Comment! ils restèrent encore après avoir reçu leurs honoraires ?

Phèdre. Ils n'étaient pas d'accord sur la nature de la maladie. L'un disait que c'était une hydropisie, l'autre une tympanite, celui-ci un abcès dans les intestins, les autres d'autres maladies; et pendant tout le temps qu'ils avaient traité le malade, ils avaient discuté avec chaleur sur le genre de la maladie.

Marcolphe. L'heureux malade !

Phèdre. Pour terminer enfin ce débat, ils firent demander au mourant par sa femme la permission d'ouvrir son cadavre. Ils lui représentèrent que c'était une marque d'honneur, et qu'ordinairement on agissait ainsi envers les grands par considération ; ensuite que cela contribuerait à sauver beaucoup de gens, ce qui mettrait le comble à ses mérites ; enfin ils lui promirent d'acheter à leurs frais trente messes pour le repos de son âme. Le mourant refusa d'abord, mais il finit par céder aux caresses de sa femme et de ses proches. Ceci fait, la cohorte des médecins se retira : car ils prétendent que ceux qui ont pour mission de guérir ne doivent pas être témoins de la mort, ni assister aux funérailles. On fit venir aussitôt le révérend père Bernardin, gardien des cordeliers, comme vous le savez, pour confesser le mourant. La confession était à peine terminée que déjà la maison était pleine d'une foule de gens des quatre ordres qu'on nomme vulgairement mendiants.

Marcolphe. Tant de vautours vers un seul cadavre !

Phèdre. On manda ensuite le curé pour donner au mourant l'extrême-onction et la communion.

Marcolphe. C'était agir pieusement.

Phèdre. Mais peu s'en fallut qu'une bataille sanglante ne s'engageât entre le curé et les moines.

Marcolphe. Devant le lit du malade ?

Phèdre. Et même en présence du Christ.

Marcolphe. Quelle fut la cause de cet orage subit ?

Phèdre. Le curé, en apprenant que le malade s'était confessé à un franciscain, refusa d'accorder le sacrement de l'extrême-onction, l'eucharistie et la sépulture, s'il n'entendait de ses propres oreilles la confession du malade ; disant qu'il était le curé, qu'il devait rendre compte au Seigneur de ses ouailles, et qu'il ne le pourrait pas si lui seul ignorait les secrets de leur conscience.

Marcolphe. Ne trouva-t-on pas qu'il disait vrai?

Phèdre. Pas les moines. Ils protestèrent tous énergiquement, surtout Bernardin et le dominicain Vincent.

Marcolphe. Quelle raison donnèrent-ils?

Phèdre. Ils accablèrent le curé de grosses injures, l'appelant plusieurs fois âne et pasteur digne de conduire des pourceaux. « Moi, dit Vincent, je suis bachelier formé en théologie sacrée, je serai bientôt licencié et même décoré du titre de docteur ; toi, tu sais à peine lire l'Évangile, tant s'en faut que tu puisses scruter les secrets de la conscience. Puisque tu es si curieux, va-t'en voir chez toi ce que font ta concubine et tes bâtards. » Il ajouta une foule d'autres choses que j'ai honte de rapporter.

Marcolphe. Que dit le curé? Resta-t-il muet?

Phèdre. Muet? On eût dit une cigale saisie par l'aile. « Moi, dit-il, je ferai avec de la paille de fèves des bacheliers bien meilleurs que toi. Les fondateurs et les chefs de vos ordres, saint Dominique et saint François, où ont-ils appris la philosophie d'Aristote, les arguments de saint Thomas et les théories de Scot? où ont-ils reçu le titre de bachelier? Vous vous êtes introduits dans le monde encore crédule; vous étiez peu nombreux, humbles, et il y avait parmi vous quelques hommes savants et pieux. Vous construisiez d'abord vos nids dans les campagnes et dans les bourgs, puis vous vous êtes retirés dans les villes les plus opulentes et dans les quartiers les plus florissants. Votre place était dans tous les villages qui ne peuvent nourrir un pasteur; vous ne fréquentez maintenant que les maisons des riches. Vous faites sonner bien haut les bulles des papes; mais vos priviléges n'ont de valeur qu'à défaut de l'évêque, du pasteur et de son vicaire. Pas un de vous ne prêchera dans mon église tant que j'en serai le pasteur. Je ne suis pas bachelier : saint Martin ne l'était pas non plus, et cependant il remplissait les fonctions d'évêque. Si je manque de science, ce n'est point à vous que j'en demanderai. Croyez-vous que le monde soit encore assez stupide pour s'imaginer que l'habit de saint Dominique et de saint François a hérité de leur sainteté? Que vous importe ce que je fais chez moi? Ce que vous faites dans vos repaires et la façon dont vous en usez avec les religieuses sont connus de tout le public. Quant à la prospérité et à la pureté qui règnent dans les maisons des riches que vous fréquentez, tous les chassieux et les barbiers[1] savent parfaitement à quoi s'en tenir. » Je n'ose répéter le reste, Marcolphe; bref, il traita ces révérends pères sans la moindre révérence. Il n'y aurait pas eu de fin si Georges n'eût fait signe de la main qu'il voulait dire quelque chose. On obtint difficilement que la

---

1. Les barbiers, renommés par leur caquetage, étaient les chirurgiens de l'époque; les chassieux désignent ici la clientèle des barbiers.

querelle se calmât pour le laisser parler. Alors le malade : « Que la paix, dit-il, soit entre vous ! Je me confesserai de nouveau à vous, curé. Ensuite, avant que vous ne sortiez d'ici, on vous payera pour le son des cloches, pour les chants funèbres, pour le cénotaphe, pour la sépulture ; car je ne veux pas que vous ayez aucun sujet de vous plaindre de moi.

Marcolphe. Le curé refusa-t-il des conditions si équitables ?

Phèdre. Non, il murmura seulement quelques mots sur la confession, dont il fit grâce au malade. « A quoi bon, dit-il, fatiguer par des redites et le malade et le prêtre ? S'il s'était confessé à moi en temps utile, peut-être aurait-il fait un testament plus pieux ; ce sera à vous de voir. » Cette équité du malade déplut beaucoup aux moines, indignés de voir que cette part du butin tombât entre les mains du curé. J'intervins alors et je parvins à assoupir le débat. Le curé donna au malade l'extrême-onction, puis la communion, et, l'argent compté, il s'en alla.

Marcolphe. A cette tempête succéda donc le calme ?

Phèdre. Au contraire, cette tempête fut suivie immédiatement d'une autre encore plus violente.

Marcolphe. Pour quel motif, je vous prie ?

Phèdre. Vous allez voir. Les quatre ordres mendiants étaient accourus dans la maison ; il se joignit à eux un cinquième ordre, celui des croisiers. Les quatre ordres s'élevèrent avec grand bruit contre ce cinquième qu'ils considéraient comme bâtard. « A-t-on jamais vu, disaient-ils, un char à cinq roues ? De quel front vouloir qu'il y ait plus d'ordres mendiants qu'il n'y a d'évangélistes? Par la même occasion, amenez ici tous les gueux des ponts et des carrefours. »

Marcolphe. Que disaient à cela les croisiers?

Phèdre. Ils demandaient à leur tour comment avait marché le char de l'Église quand il n'y avait point d'ordre mendiant, puis quand il y en eut un et ensuite trois. « Quant au nombre des évangélistes, disaient-ils, il n'a pas plus de rapport avec nos ordres qu'avec un dé qui présente quatre angles. Qui a admis les augustins et les carmes dans l'ordre des mendiants? Quand saint Augustin, quand saint Élie ont-ils mendié? Ils en ont pourtant fait les fondateurs de leurs ordres. » Les croisiers débitèrent d'une voix tonnante ces paroles et plusieurs autres; mais, ne pouvant supporter seuls le choc de quatre armées, ils se retirèrent en proférant d'horribles menaces.

Marcolphe. Alors du moins la tranquillité reparut.

Phèdre. Du tout, cette coalition contre le cinquième ordre se changea en un combat de gladiateurs. Le franciscain et le dominicain soutenaient que les augustins et les carmes n'étaient pas de vrais mendiants, mais des bâtards et des substitués. Cette dispute s'échauffa tellement que je craignis tout de bon qu'on n'en vînt aux mains.

Marcolphe. Le malade endurait-il tout cela?

Phèdre. Cela ne se passait pas vers son lit, mais dans une pièce contiguë à sa chambre; néanmoins toutes les voix arrivaient à lui, et l'on ne chuchotait pas, la comédie se jouait à plein gosier; vous savez d'ailleurs que les malades ont l'oreille très-fine.

Marcolphe. Quelle fut enfin l'issue de la guerre?

Phèdre. Le malade leur fit dire par sa femme de se taire un peu, qu'il arrangerait ce différend ; il pria donc les augustins et les carmes de se retirer sur l'heure, disant qu'ils n'y perdraient rien, car on leur enverrait chez eux autant de provisions qu'ils en recevraient en restant là. Il voulut que tous les ordres, même le cinquième, assistassent à son enterrement, et qu'on leur distribuât à chacun une somme égale; mais il défendit de les admettre au repas commun, dans la crainte d'occasionner du trouble.

Marcolphe. Voilà un homme vraiment ami de l'ordre, pour avoir su, même en mourant, calmer tant d'agitations!

Phèdre. Oh! il avait été pendant plusieurs années général d'armée. Tous les jours des démêlés de ce genre s'élèvent entre les compagnies.

Marcolphe. Il était donc riche?

Phèdre. Puissamment riche.

Marcolphe. Mais d'un bien mal acquis, comme d'habitude, par des rapines, des sacriléges, des extorsions.

Phèdre. Il est vrai que c'est assez la coutume des généraux, et je n'oserais jurer que sa conduite ait été différente de la leur. Cependant, si je connais bien son caractère, il s'est enrichi moins par la violence que par son habileté.

Marcolphe. Comment cela?

Phèdre. Il était très-ferré sur l'arithmétique.

Marcolphe. Ensuite?

Phèdre. Ensuite? Il comptait au prince trente mille

soldats lors qu'ils étaient à peine sept mille ; puis il y avait beaucoup de soldats qu'il ne payait pas.

Marcolphe. Voilà une belle arithmétique !

Phèdre. De plus, il traînait adroitement la guerre en longueur, exigeant des contributions mensuelles des bourgs et villages tant ennemis qu'amis ; des uns pour ne pas souffrir d'hostilités, des autres pour leur permettre de pactiser avec l'ennemi.

Marcolphe. Je reconnais la méthode ordinaire des soldats. Mais achevez votre récit.

Phèdre. Bernardin et Vincent restèrent donc auprès du malade avec quelques compagnons de leur ordre ; on envoya aux autres des munitions de bouche.

Marcolphe. Ceux qui restèrent dans la place s'accordèrent-ils bien ?

Phèdre. Pas trop. Ils marmottaient je ne sais quoi au sujet des prérogatives de leurs bulles ; mais, pour ne pas continuer la comédie, on dissimula. Alors on procéda aux dispositions testamentaires, et, par-devant témoins, on en rédigea les clauses d'après les conventions intervenues précédemment entre eux.

Marcolphe. Je brûle de les connaître.

Phèdre. Je vous les dirai sommairement, car le détail en serait trop long. Georges laisse son épouse, âgée de trente-huit ans, femme pleine d'intelligence et de vertu ; deux fils, l'un âgé de dix-neuf ans, l'autre de quinze, et deux filles qui n'ont pas atteint l'âge de puberté. Il était stipulé dans le testament que l'épouse n'ayant pu se décider à se faire moinesse, prendrait le manteau de béguine, qui tient le milieu entre les moinesses et les laïques ; que le fils aîné n'ayant pu se déterminer à se faire moine...

Marcolphe. Un vieux renard ne se laisse pas prendre au lacet.

Phèdre. Il irait à Rome aussitôt après les funérailles de son père, et que là, en vertu d'une dispense du pape, fait prêtre avant l'âge requis, tous les jours pendant un an, il dirait la messe dans l'église du Vatican pour l'âme de son père, et que tous les vendredis il gravirait à genoux les degrés sacrés de Saint-Jean de Latran.

Marcolphe. Accepta-t-il volontiers cet engagement?

Phèdre. Pour ne pas dire par ruse, comme font les ânes lorsqu'on les charge d'un fardeau. Le fils cadet serait voué à saint François ; la fille aînée à sainte Claire, et la cadette à sainte Catherine de Sienne. C'est tout ce qu'on put obtenir, car Georges avait l'intention, pour se rendre plus agréable à Dieu, de partager les cinq survivants entre les cinq ordres mendiants ; on y travailla chaudement, mais la mère et le fils aîné ne cédèrent ni aux menaces, ni aux caresses.

Marcolphe. C'est une manière de déshériter.

Phèdre. Voici comment tout l'héritage était partagé. Après avoir prélevé sur le tout les frais des funérailles, l'épouse recevrait un douzième, dont moitié servirait à son entretien et moitié appartiendrait à la maison dans laquelle elle devait entrer ; si, changeant d'avis, elle la quittait, tout l'argent resterait à la communauté. Un douzième serait alloué au fils aîné, auquel on compterait immédiatement la somme nécessaire pour ses frais de voyage, pour l'achat d'une bulle et pour son entretien à Rome pendant un an. Si, changeant de résolution, il refusait d'embrasser les ordres, son douzième serait partagé entre les franciscains et les dominicains. Je crains que cela n'arrive, tant le jeune homme paraissait avoir de l'éloignement pour la prêtrise. Deux douzièmes seraient remis au monastère qui recevrait le fils cadet; deux autres également aux monastères qui recevraient les jeunes filles, mais avec cette clause que si elles et leur frère refusaient d'embrasser la vie religieuse, tout l'argent serait acquis intégralement à la communauté. Un douzième serait accordé à Bernardin; un douzième à Vincent; un demi-douzième aux chartreux pour la communion de toutes les bonnes œuvres qui se feraient dans l'ordre entier. Le douzième et demi qui restait serait distribué à ceux des pauvres honteux que Bernardin et Vincent jugeraient dignes d'intérêt.

Marcolphe. Vous devriez dire comme les jurisconsultes : à ceux ou à celles.

Phèdre. Lecture faite du testament, ils le ratifièrent en ces termes : « Georges de Baléar, vivant et sain d'esprit, approuvez-vous ce testament que depuis longtemps vous avez fait sincèrement ? — Je l'approuve. — Est-ce votre volonté suprême et immuable ? — Oui. — Instituez-vous pour vos exécuteurs testamentaires le bachelier Vincent ici présent et moi ? — Oui. » On lui dit ensuite d'écrire au bas.

Marcolphe. Comment le put-il, étant mourant?

Phèdre. Bernardin conduisit la main du malade.

Marcolphe. Qu'écrivit-il?

Phèdre. Quiconque tentera de rien changer à cela s'attirera la colère de saint François et de saint Dominique.

Marcolphe. Mais ne craignaient-ils pas qu'on leur fit un procès pour testament inofficieux?

Phèdre. Ce genre de procès n'est point recevable pour les choses consacrées à Dieu, et personne ne se permet d'intenter un procès à Dieu. Cela fait, la femme et les enfants, mettant leur main dans la main du malade, jurèrent de tenir leurs engagements. On s'occupa ensuite de la pompe funèbre, non sans débat. A la fin il fut décidé que les cinq ordres y enverraient chacun neuf membres, en l'honneur des cinq livres de Moïse et des neuf chœurs des anges. Chaque ordre porterait en tête sa croix, et chanterait les cantiques funèbres. Outre les parents, on louerait trente porte-cierges vêtus de noir (le Seigneur avait été vendu pour trente pièces de monnaie), lesquels seraient accompagnés par honneur de douze pleureurs (le nombre douze est cher à l'ordre apostolique). Derrière le corbillard suivrait le cheval de Georges, vêtu de noir, la tête attachée aux genoux afin qu'il parût chercher son maître à terre. Sur la housse du cheval on verrait les armoiries du défunt, de même que sur chaque cierge et sur chaque habit de deuil. Le corps serait mis, à droite du maître-autel, dans un tombeau de marbre, haut de quatre pieds à partir du sol. Au sommet, le général serait couché, sculpté en marbre de Paros, et armé de pied en cap. Son casque serait revêtu d'un panache en plumes de pélican; son bras gauche tiendrait un écu ayant pour blason trois têtes d'or de sanglier sur champ d'argent [1]; à son côté

---

[1]. Les armoiries qui ont métal sur métal sont réputées fausses.

pendrait une épée à poignée dorée ; il porterait un baudrier doré et orné de boutons de pierrerie ; ses talons seraient garnis d'éperons d'or, car il était chevalier de l'Éperon d'or ; à ses pieds se tiendrait un léopard. Les soubassements du sépulcre contiendraient une épitaphe digne d'un tel personnage. Il voulut que son cœur fût renfermé à part dans la chapelle de saint François. Il chargea le curé d'ensevelir honorablement ses entrailles dans la chapelle consacrée à la Vierge mère.

Marcolphe. Ces funérailles sont assurément pompeuses, mais trop chères. A Venise le dernier des savetiers serait enterré avec plus d'honneur et moins de frais. La confrérie fournit un corbillard élégant qu'accompagnent quelquefois six cents moines en robe et en manteau.

Phèdre. Moi aussi j'ai vu cette gloriole absurde des pauvres, et j'en ai ri. Les foulons et les corroyeurs marchent en tête, les cordonniers forment la queue, et les moines sont au milieu ; on dirait la Chimère, et ce n'était pas autre chose, si vous l'aviez vu. Georges ordonna encore que les franciscains et les dominicains tireraient au sort pour savoir lequel des deux ordres aurait le pas dans la cérémonie, et qu'ensuite les autres en feraient de même pour éviter le tumulte. Le curé et son clergé occuperaient le dernier rang, c'est-à-dire le premier. Les moines n'auraient pas souffert qu'il en fût autrement.

Marcolphe. Il ne s'entendait pas seulement à disposer les armées, mais encore les pompes funèbres.

Phèdre. Il voulut aussi que le service funèbre qui se

célébrerait à la paroisse fût chanté en musique, par honneur. Pendant que l'on agitait toutes ces questions, le malade eut le frisson et donna des signes certains que le moment suprême était arrivé. On prépara donc le dernier acte de la pièce.

Marcolphe. Ce n'est pas encore fini?

Phèdre. On lut une bulle du pape qui promettait au mourant la rémission de tous ses crimes, l'affranchissait complétement de la crainte du purgatoire, et déclarait légitime la possession de tous ses biens.

Marcolphe. Même de ceux acquis par le vol?

Phèdre. Ils étaient acquis du moins par le droit de la guerre et suivant l'usage militaire. Mais par hasard le jurisconsulte Philippe, frère de l'épouse, était présent; il signala dans la bulle un passage qui n'était pas rédigé comme il fallait, et il donna à entendre que la pièce était fausse.

Marcolphe. Ce n'était pas le cas; il fallait dissimuler lors même qu'il y aurait eu une erreur, et le malade ne s'en serait pas trouvé plus mal.

Phèdre. Je suis de votre avis. Le malade en fut si troublé qu'il fut sur le point de désespérer de son salut. Alors Vincent paya de courage : il dit à Georges de se tranquilliser, qu'il avait le pouvoir de corriger les erreurs et de suppléer aux omissions qui pourraient se rencontrer dans les bulles. « Si la bulle vous a trompé, ajouta-t-il, je mets mon âme à la place de la vôtre, afin que la vôtre aille au ciel et que la mienne aille en enfer. »

Marcolphe. Dieu accepte-t-il cet échange d'âmes? Et, s'il l'accepte, Georges était-il bien garanti avec un pareil gage? Si l'âme de Vincent, même sans échange, était damnée?

Phèdre. Je raconte ce qui s'est passé. Vincent obtint du moins une chose : le malade parut revenir à la vie. On lut ensuite un engagement dans lequel on promettait à Georges sa participation à toutes les œuvres qui s'accompliraient chez les quatre ordres et chez les chartreux.

Marcolphe. Pour moi, j'aurais peur de rouler en enfer s'il me fallait porter sur mes épaules un pareil fardeau.

Phèdre. Je parle des bonnes œuvres : elles ne chargent pas plus l'âme prête à s'envoler que le plumage ne charge l'oiseau.

Marcolphe. A qui lèguent-ils donc leurs mauvaises œuvres?

Phèdre. Aux soldats levés en Allemagne.

Marcolphe. De quel droit?

Phèdre. Du droit de l'Évangile : *Il sera donné à celui qui a.* En même temps on lut le nombre des messes et des psautiers qui accompagneraient l'âme du défunt. Ce nombre était immense. Ensuite on recommença la confession et on donna l'absolution.

Marcolphe. Rendit-il ainsi l'âme?

Phèdre. Pas encore. On étendit par terre une natte de joncs, roulée par un bout de manière à former une espèce de chevet.

Marcolphe. Que va-t-on faire maintenant?

Phèdre. On jeta dessus des cendres, mais peu ; on y déposa le corps du malade. On étendit sur lui une robe de franciscain, après l'avoir consacrée par des prières et de l'eau bénite. On mit sous sa tête un capuchon, parce qu'il ne pouvait pas l'endosser. On y plaça en même temps la bulle et les cautionnements.

Marcolphe. Singulier genre de mort!

Phèdre. Cependant ils affirment que le démon n'a aucun droit sur ceux qui meurent ainsi. Ils disent que saint Martin et saint François entre autres sont morts de cette manière.

Marcolphe. Mais leur vie avait répondu à leur mort. Que fit on ensuite, je vous prie?

Phèdre. On présenta au malade un crucifix et un cierge. Il dit en voyant le crucifix : « J'avais coutume à la guerre de me couvrir de mon bouclier; maintenant j'opposerai ce bouclier à mon ennemi. » Et, l'ayant baisé, il le mit sur son épaule gauche. A la vue du cierge : « Autrefois, dit-il, je me servais vaillamment de la lance; maintenant je brandirai cette lance contre l'ennemi des âmes. »

Marcolphe. C'est un langage tout à fait militaire.

Phèdre. Ce furent ses dernières paroles. Aussitôt la mort s'empara de sa langue, et il commença à rendre l'âme. Bernardin se tenait à droite du mourant, Vincent à gauche, tous deux doués d'une voix sonore. L'un lui montrait l'image de saint François, l'autre celle de saint Dominique. D'autres, répandus dans la chambre, murmuraient des psaumes d'un ton lugubre. Bernardin écorchait de ses cris l'oreille droite, Vincent l'oreille gauche.

Marcolphe. Que criaient-ils?

Phèdre. Bernardin s'exprimait à peu près en ces termes : « Georges de Baléar, si vous approuvez encore maintenant ce qui a été fait entre nous, tournez la tête à droite. » Il la tourna. Vincent, de son côté : « N'ayez aucune crainte, Georges, vous avez pour défenseurs saint François et saint Dominique. Soyez tranquille. Songez à la quantité d'œuvres méritoires et à la bulle que vous avez ; enfin souvenez-vous que, s'il y avait quelque danger, mon âme est engagée pour la vôtre. Si vous comprenez et approuvez cela, tournez la tête à gauche. » Il la tourna. Puis, criant tous deux à la fois : « Si vous me comprenez, dirent-ils, serrez-moi la main. » Il leur serra la main. Ces mouvements de tête à droite et à gauche et ces serrements de mains durèrent près de trois heures. Lorsque Georges commença à râler, Bernardin debout prononça l'absolution, qu'il ne put achever avant que Georges eût rendu le dernier soupir. Il mourut vers le milieu de la nuit; le matin, on procéda à l'ouverture du corps.

Marcolphe. Quelle maladie y découvrit-on ?

Phèdre. Vous faites bien de me le demander, je l'avais oublié. Un morceau de plomb était attaché au diaphragme,

Marcolphe. Comment cela ?

Phèdre. Sa femme disait qu'il avait été blessé autrefois par un boulet de canon. Les médecins en conclurent qu'il lui était resté dans le corps un morceau de plomb fondu. Ensuite le cadavre mutilé fut revêtu tant bien que mal de l'habit de franciscain. Après dîner on fit l'enterrement avec tout l'appareil qui avait été convenu.

Marcolphe. Je n'ai jamais vu de mort si laborieuse, ni de funérailles si pompeuses. Mais je vous conseille de ne point divulguer cette histoire.

Phèdre. Pourquoi cela?

Marcolphe. De peur d'irriter les frelons.

Phèdre. Il n'y a pas de danger. En effet, si mon récit est pieux, il importe aux moines que le public en soit instruit; s'il ne l'est pas, tous les honnêtes gens qui sont parmi eux me sauront gré de mes révélations, afin que les coupables, corrigés par la honte, ne recommencent plus. Car il existe parmi eux des hommes sensés et vraiment pieux qui se sont souvent plaints à moi de ce que, par la superstition et la perversité d'un petit nombre, l'ordre entier encourait la haine des gens de bien.

Marcolphe. Vous pensez sagement et courageusement. Mais je suis impatient de savoir comment Corneille est décédé.

Phèdre. Comme il a vécu sans gêner personne, il est mort de même. Il avait une fièvre chronique, qui revenait tous les ans à une époque fixe. Cette fièvre, soit en raison du poids de l'âge (car il avait passé soixante ans), soit pour d'autres motifs, le tourmenta plus qu'à l'ordinaire, et il pressentit lui-même que le jour fatal approchait. Quatre jours avant de mourir, c'était un dimanche, il alla à l'église, se confessa à son curé, entendit le sermon et la messe, communia dévotement et rentra chez lui.

Marcolphe. N'eut-il point recours aux médecins?

Phèdre. Il en consulta seulement un, aussi honnête homme que bon médecin; il se nomme Jacques Castrut.

Marcolphe. Je le connais. Il n'y a rien de plus franc que lui.

Phèdre. Celui-ci déclara que ses soins ne manqueraient point à son ami, mais qu'il croyait que la guérison dépendait de Dieu plutôt que des médecins. Corneille accueillit cette parole avec autant d'allégresse que si on lui eût donné l'espérance certaine qu'il vivrait. Quoiqu'il eût toujours été très-charitable envers les pauvres dans la mesure de ses ressources, tout ce qu'il put retrancher de son bien sans nuire à sa femme et à ses enfants, il le distribua aux nécessiteux, non pas à ces mendiants de profession que l'on rencontre partout, mais à de braves gens qui luttaient péniblement par leur travail contre la pauvreté. Je l'engageai à se mettre au lit, et à faire venir un prêtre plutôt que de fatiguer son corps exténué. Il me répondit qu'il avait toujours eu à cœur d'aider ses amis autant qu'il le pouvait plutôt que de leur être à charge, et qu'il ne voulait pas se démentir en mourant. Il ne resta couché que le dernier jour et une partie de la nuit où il quitta la terre. Jusque-là, à cause de sa faiblesse, il s'appuya sur un bâton, ou il s'assit sur une chaise; il se mit rarement au lit, et encore tout habillé et sur son séant. Pendant ce temps il donnait ses ordres pour le soulagement des indigents, surtout de ceux qu'il connaissait et qui demeuraient dans son voisinage, ou bien il lisait dans les livres sacrés les passages qui excitent notre confiance en Dieu et ceux qui témoignent sa charité pour nous. Si la fatigue l'empêchait de lire lui-même, il se faisait faire la lecture par un ami. Souvent il exhortait avec effusion sa famille à vivre dans l'union, la concorde et l'amour de la vraie piété; il consolait tendrement les siens, affligés de sa mort. Il leur recommanda plusieurs fois de ne laisser aucune dette impayée.

Marcolphe. N'avait-il point fait de testament ?

Phèdre. Il en avait fait un depuis longtemps, étant sain de corps et d'esprit. Car il disait que tester au lit de mort n'est point tester, mais extravaguer.

Marcolphe. N'avait-il rien légué aux monastères et aux indigents ?

Phèdre. Pas un denier. « J'ai, dit-il, administré mon bien comme je l'ai pu. Maintenant que je livre à d'autres la possession de ce bien, je leur en livre aussi la gestion. J'espère qu'ils en feront un meilleur usage que moi. »

Marcolphe. Ne manda-t-il pas auprès de lui des hommes pieux, comme fit Georges ?

Phèdre. Pas un ; à l'exception de sa famille et de deux amis intimes, il n'y avait personne.

Marcolphe. Je me demande ce qui a pu le faire agir ainsi.

Phèdre. Il ne voulait pas, disait-il, que sa mort fût plus incommode que ne l'avait été sa naissance.

Marcolphe. J'attends la fin de ce récit.

Phèdre. Vous la saurez bientôt. Le jeudi suivant, il ne quitta pas le lit, éprouvant une très-grande faiblesse. Le curé, appelé, lui donna l'extrême-onction et le communia de nouveau, mais sans le confesser, car il disait que sa conscience n'avait rien à lui reprocher. Alors le curé parla de la sépulture et lui demanda avec quelle pompe et en quel lieu il voulait être enterré. « Enterrez-moi, dit-il, comme vous enterreriez un chrétien de la plus basse condition ; peu m'importe où vous déposerez ce misérable corps que l'on saura bien retrouver au dernier jour en quelque endroit que vous l'ayez mis. Quant à la pompe funèbre, je n'y tiens pas. » On amena ensuite la conversation sur le son des cloches, sur les tricénaires [1] et les anniversaires, sur la bulle, sur l'achat de la participation aux mérites : « Mon pasteur, reprit Corneille, je ne m'en trouverai pas plus mal quand même on ne sonnera point de cloche. Si vous me jugez digne d'une seule messe funèbre, ce sera plus que suffisant. S'il est d'autres cérémonies que l'on ne puisse omettre sans scandaliser les faibles à cause de l'usage général de l'Église, je vous laisse libre d'agir comme vous l'entendrez. Mais je ne veux acheter les prières de personne, ni dépouiller de ses mérites qui que ce soit. Les mérites du Christ sont assez abondants, et j'espère profiter des prières et des mérites de l'Église entière, si toutefois j'en suis un membre vivant. Tout mon espoir se fonde sur deux bulles : l'une est celle de mes péchés que le Seigneur Jésus a détruite en la clouant à la croix, l'autre est celle qu'il a écrite et signée lui-même de son sang sacré et par laquelle il nous a rendus certains du salut éternel, si nous mettions toute notre confiance en lui. A Dieu ne plaise que, armé de mérites et de bulles, je provoque mon Seigneur à venir en jugement avec son serviteur, sachant bien que *devant sa présence nul vivant ne sera justifié.* J'en appelle donc de sa justice à sa miséricorde, parce qu'elle est immense et ineffable. » Après cette réponse, le curé s'en alla. Corneille, transporté de

---

[1]. Le tricénaire consistait à dire trente messes pour les morts en autant de jours.

joie en concevant la ferme espérance de son salut, se fait lire quelques passages des livres saints qui confirment l'espoir de la résurrection et la récompense de l'immortalité, tels que le récit d'Isaïe sur la prolongation des jours d'Ézéchias avec le cantique, le quinzième chapitre de la première épître de saint Paul aux Corinthiens, la mort de Lazare d'après saint Jean, mais surtout l'histoire de la Passion du Christ d'après les Évangiles. Avec quelle avidité il dévorait tout cela, tantôt soupirant, tantôt rendant grâces les mains jointes, tantôt tressaillant de joie, tantôt adressant au ciel des prières jaculatoires! Dans l'après-dînée, ayant un peu dormi, il se fit lire le douzième chapitre de l'Évangile de saint Jean jusqu'à la fin de l'histoire. Vous auriez dit un homme complétement transfiguré et animé d'un nouvel esprit. Le soir venu, il fit appeler sa femme et ses enfants, et, se tenant debout autant qu'il le pouvait, il leur parla en ces termes : « Très-chère épouse, ceux que Dieu avait unis jadis, il les sépare maintenant, mais de corps seulement et pour un temps très-court. Les soins, la tendresse, l'amour que jusqu'à présent vous prodiguiez aux deux gages de notre union et à moi, reportez-les tout entiers sur nos enfants. Soyez bien persuadée que vous ne pourrez rien faire qui soit plus agréable à Dieu et à moi que d'élever, de soigner et d'instruire ces fruits de notre mariage que Dieu nous a donnés, de manière à les rendre dignes du Christ. Redoublez donc de tendresse à leur égard et croyez que ma part rejaillit sur vous. Si vous le faites, comme j'ai la certitude que vous le ferez, ces enfants ne seront point orphelins. Si vous

vous remariez... » A cette parole, sa femme éclata en sanglots et jura qu'elle ne songerait jamais à se remarier. Alors Corneille : « Ma très-chère sœur dans le Christ, lui dit-il, si le Seigneur Jésus daigne vous accorder la force d'accomplir votre résolution, ne refusez pas ce don céleste; cela n'en vaudra que mieux pour vous et pour nos enfants. Si, au contraire, la faiblesse de la chair vous appelle ailleurs, sachez que ma mort vous affranchit des liens du mariage, mais qu'elle ne vous délivre pas de l'obligation que vous avez contractée en mon nom et au vôtre de prendre soin de nos enfants communs. Quant à la question du mariage, usez de la liberté que le Seigneur vous a laissée. Je ne vous recommande instamment qu'une chose, c'est de choisir un mari d'un caractère facile, et de vous conduire envers lui de telle sorte que, soit bonté naturelle, soit désir de vous plaire, il puisse aimer vos enfants d'un premier lit. Prenez donc garde de vous lier par un vœu. Conservez-vous libre pour Dieu et pour nos enfants; formez-les à la pratique de toutes les vertus, en ayant soin de ne leur faire embrasser aucune carrière avant que l'âge et l'expérience aient démontré quel est le genre de vie qui leur convient. » Puis, se tournant vers ses enfants, il les exhorta à aimer le devoir, à obéir à leur mère, à vivre entre eux dans la concorde et l'union. Ensuite il donna un baiser à sa femme, et, ayant fait le signe de la croix, il souhaita à ses enfants de bons sentiments et la miséricorde du Christ. Après cela, s'adressant à tous ceux qui étaient présents : « Demain matin, dit-il, le Seigneur, qui a ressuscité au point du jour, daignera dans sa miséricorde tirer cette âme du sépulcre de ce misérable corps et des ténèbres de cette mortalité pour l'introduire dans sa lumière céleste. Je ne veux pas que ces jeunes enfants se fatiguent par une veille inutile. Que les autres aillent aussi se coucher; il suffit que quelqu'un reste auprès de moi pour me faire une sainte lecture. » La nuit se passa; vers quatre heures, tout le monde étant présent, il se fit lire tout le psaume que le Seigneur a récité en priant sur la croix. Ce psaume achevé, il demanda un cierge et un crucifix. Il dit, en prenant le cierge : *Le Seigneur est ma lumière et mon salut, qui craindrais-je?* En baisant le crucifix, il dit : *Le Seigneur est le protecteur de ma vie, de qui aurais-je peur?* Ensuite, croisant ses mains sur sa poitrine dans la posture d'un suppliant, il leva les yeux au ciel et dit : *Seigneur Jésus, recevez mon âme.* Au même instant il ferma les yeux comme pour dormir, et rendit l'âme avec un léger soupir; on aurait dit qu'il s'endormait, et non qu'il venait d'expirer.

Marcolphe. Je n'ai jamais ouï parler d'une mort aussi tranquille.

Phèdre. Tel il avait été pendant toute sa vie. Tous deux furent mes amis; peut-être ne puis-je pas juger impartialement lequel des deux est mort le plus chrétiennement; vous qui êtes désintéressé, vous en jugerez mieux.

Marcolphe. Je le ferai, mais à loisir.

LA GRANDE CHÈRE

ou

LE REPAS DISPARATE

SPUDÉE, APICIUS.

PUDÉE. Hé! hé! Apicius!

Apicius. Je n'entends pas.

Spudée. Hé! dis-je, Apicius!

Apicius. Quel est cet importun qui m'arrête?

Spudée. J'ai une affaire sérieuse à vous communiquer.

Apicius. Et moi, je cours à une affaire sérieuse.

Spudée. Où allez-vous donc?

Apicius. Dîner.

Spudée. C'est de cela même que je voulais vous parler.

Apicius. Je n'ai pas de temps à perdre en paroles.

Spudée. Vous ne perdrez pas de temps; je vous accompagnerai où vous allez.

Apicius. Voyons, expliquez-vous en trois mots.

Spudée. J'ai grande envie de donner un repas dans lequel je voudrais ne déplaire à aucun des convives et contenter tout le monde. Puisque vous excellez dans cet art, j'ai recours à vous comme à un oracle.

Apicius. Voici ma réponse, et, suivant l'usage des anciens, je vous la donne en vers :

> N'invite pas les gens, si tu crains de déplaire.

Spudée. Cependant il s'agit d'un grand festin; j'ai beaucoup de monde à recevoir.

Apicius. Plus vous inviterez de gens, plus vous ferez de mécontents. Y a-t-il jamais eu une pièce, si bien écrite, si bien jouée qu'elle fût, qui ait satisfait tous les spectateurs. ?

Spudée. Allons, Apicius, enfant chéri de Comus, aidez-moi de vos lumières; je vous regarderai désormais comme un dieu.

Apicius. Voici donc mon premier avis : Ne cherchez point à faire l'impossible.

Spudée. Quel impossible?

Apicius. Vouloir plaire à tous vos convives, tant est grande la diversité des palais.

Spudée. Mais pour déplaire le moins possible?

Apicius. Invitez peu de monde.

Spudée. Je ne le puis pas.

Apicius. Invitez des gens de même condition et de même caractère.

Spudée. Cela ne m'est pas possible non plus. Je ne puis pas moins faire que d'inviter beaucoup de gens, dissemblables, qui ne parlent pas la même langue et n'appartiennent pas au même pays.

Apicius. Ce n'est point là un repas, c'est un vrai brouhaha. Il pourrait bien y arriver le même jeu qui, au dire des Hébreux, s'est produit pendant la construction de la tour de Babel, où lorsque quelqu'un demandait de l'eau froide on lui en présentait de la chaude.

Spudée. Aidez-moi, je vous en prie ; vous n'aurez point affaire à un ingrat.

Apicius. Eh bien ! puisque vous n'êtes pas maître de choisir, je vous donnerai dans ce mauvais cas un bon conseil. La disposition des places ne contribue pas peu à la gaieté d'un repas.

Spudée. C'est très-vrai.

Apicius. Pour bien faire, ayez soin que les places soient tirées au sort.

Spudée. Vous avez raison.

Apicius. Ensuite il faut éviter de faire circuler les plats d'un bout de la table à l'autre de manière à figurer un S, ou plutôt un serpent, pendant que les convives se les passent les uns aux autres, comme autrefois dans les repas on se passait un rameau de myrte.

Spudée. Que faut-il donc faire ?

Apicius. Mettez devant quatre convives trois plats au-dessus desquels vous en placerez un quatrième, comme font les enfants qui sur trois noix en superposent une quatrième. Dans chaque plat il y aura des mets différents afin que chacun puisse choisir ce qu'il voudra.

Spudée. Très-bien. Mais combien de fois changerai-je les plats ?

Apicius. En rhétorique, de combien de parties se compose le discours ?

Spudée. De cinq, si je ne me trompe.

Apicius. De combien d'actes se compose une pièce ?

Spudée. J'ai lu dans Horace : *Que la pièce ne se prolonge pas au delà du cinquième acte.*

Apicius. Vous changerez les plats autant de fois, en ayant soin que le prologue se compose de potage et que la conclusion ou l'épilogue renferme des friandises de toutes sortes.

Spudée. Quel ordre admettez-vous dans les plats ?

Apicius. Celui que Pyrrhus adoptait pour ranger son armée en bataille.

Spudée. Que dites-vous là ?

Apicius. Dans un repas, de même que dans un discours, l'exorde ne doit pas être élaboré, et la péroraison doit se recommander par la variété plutôt que par l'apparat. C'est pourquoi dans les trois services du milieu il faut observer le système de Pyrrhus, en plaçant sur les deux ailes ce qu'il y a de meilleur, et au centre ce qu'il y a de plus commun. De cette façon, vous n'aurez point l'air ladre et vous ne déplairez pas par une profusion fatigante.

Spudée. Voilà pour le manger. Enseignez-moi maintenant comment il faudra boire.

Apicius. Vous ne remplirez le verre de personne, mais vous chargerez vos domestiques de demander d'abord aux convives quelle sorte de vin ils préfèrent et de leur en verser avec empressement au moindre signe. Il en résultera un double avantage : on boira moins et avec plus de plaisir, non-seulement parce qu'on aura toujours du vin frais, mais parce qu'on ne boira qu'à sa soif.

Spudée. Ce conseil est excellent; mais comment faire pour égayer toute la compagnie ?

Apicius. Cela dépend de vous en grande partie.

Spudé. Comment cela ?

Apicius. Vous connaissez ce passage : *Surtout ils firent bon visage*[1].

Spudée. Qu'est-ce que cela signifie ?

Apicius. Qu'il faut recevoir vos convives avec affabilité, et leur parler d'un air gracieux, en adaptant vos propos à l'âge, aux goûts et au caractère de chacun.

Spudée. Je voudrais une explication plus claire.

Apicius. Connaissez-vous leurs langues?

Spudée. Presque toutes.

Apicius. Adressez de temps en temps la parole à chacun dans sa langue, et, pour que le repas soit égayé par des récits agréables, entremêlez la conversation de sujets qui seront écoutés de tout le monde avec plaisir et qui ne froisseront personne.

Spudée. Quels sujets voulez-vous dire ?

Apicius. Il y a dans les caractères des différences particulières que vous saisirez mieux vous-même ; je vais en signaler quelques-unes d'une manière générale. Les vieillards aiment à raconter ce que peu de gens savent,

---

[1]. Ovide, *Métamorphoses*, VIII, 677.

grands admirateurs du temps où ils florissaient. Les dames sont bien aises de réveiller le souvenir de l'époque où on leur faisait la cour. Les marins et ceux qui ont visité des pays lointains se plaisent à raconter ce que personne n'a vu et ce que tout le monde admire. Car, suivant le proverbe, le souvenir des maux passés est doux, pourvu qu'il n'ait rien de déshonorant, comme les dangers de la guerre, des voyages et des naufrages. Enfin chacun aime à s'entretenir de l'art ou du métier qu'il possède. Ce sont là des généralités; les goûts particuliers ne peuvent être décrits en détail; j'en citerai quelques exemples. Celui-ci est avide de louange, celui-là veut passer pour savant, cet autre aime à paraître riche; l'un est bavard, l'autre laconique; ceux-ci sont bourrus, ceux-là sont caressants. Il y en a qui ne veulent point paraître vieux quoiqu'ils le soient; d'autres au contraire veulent paraître plus âgés qu'ils ne le sont, pour qu'on soit émerveillé de les voir si bien porter leur âge. Il y a des femmes qui se complaisent dans leur beauté, il y en a d'autres qui sont disgracieuses. Ces goûts connus, il n'est pas difficile de tenir un langage agréable à chacun et d'éviter ce qui pourrait faire de la peine.

Spudée. Certes, vous possédez à merveille l'art de la table.

Apicius. Ah! si j'avais consacré à l'étude du droit civil et canonique, de la médecine et de la théologie, autant de temps et de travail que j'en ai dépensé pour cet art, j'aurais obtenu depuis longtemps parmi les jurisconsultes, les médecins et les théologiens le titre et le laurier de docteur.

Spudée. Je le crois.

Apicius. Mais, ce qu'il ne faut pas oublier, prenez bien garde que les entretiens ne soient pas trop longs et qu'ils ne dégénèrent pas en ivresse. Car, de même que rien n'est plus agréable que le vin lorsqu'on en use modérément, et que rien n'est plus funeste quand on en boit plus qu'il ne faut, ainsi en est-il des entretiens.

Spudée. Vous avez raison. Mais quel remède indiquez-vous pour ce mal?

Apicius. Dès que vous sentirez naître l'*ébriété sans vin*, coupez court adroitement à la conversation et glissez un autre sujet. Il est inutile sans doute de vous avertir qu'on ne doit pas réveiller à table le chagrin de personne, quoique, au dire de Platon, on puisse dans les repas remédier à certains vices grâce au vin, qui bannit la tristesse et efface le souvenir de l'offense. Cependant je dois vous recommander de ne pas saluer trop souvent les convives; bien que j'approuve qu'en vous promenant de temps en temps, vous leur parliez tour à tour avec affabilité, car un bon maître de maison doit jouer une pièce mouvementée. Mais rien n'est plus incivil que d'indiquer la nature des mets, comment ils ont été assaisonnés, combien ils ont coûté. J'en dis autant du vin. Il vaut mieux rabaisser un peu le service, sans le rabaisser trop, ce qui ressemblerait à de l'ostentation. Il suffit de dire deux fois ou au plus trois fois: « Soyez indulgents. Si la cuisine laisse à désirer, l'intention du moins est excellente. » Il faut glisser de temps en temps des bons mots, qui n'aient rien de mordant. Il sera bon aussi de parler à chacun dans sa langue, mais en peu de mots. J'aurais dû commencer par vous dire une chose qui me vient maintenant à l'esprit.

Spudée. Laquelle ?

Apicius. Si vous ne voulez pas tirer les places au sort, choisissez parmi les convives trois des plus gais et des moins muets, vous en placerez un en haut de la table, l'autre au bas, le troisième au milieu, afin de rompre le silence et la tristesse des autres. Si vous vous apercevez que le repas soit attristé par le silence, ou qu'il soit troublé par les cris et qu'on en vienne aux querelles...

Spudée. Cela arrive souvent chez nous. Que devrai-je faire alors ?

Apicius. Apprenez un secret qui m'a souvent réussi.

Spudée. J'écoute.

Apicius. Introduisez deux mimes ou *bouffons*, qui, sans parler, représenteront une farce risible.

Spudée. Pourquoi sans parler ?

Apicius. Afin que le plaisir de tous soit égal, ils ne parleront pas ou ils parleront dans une langue que tout le monde connaît ; parlant par gestes, tout le monde les comprendra.

Spudée. Quelle farce voulez-vous dire ? Je ne saisis pas bien.

Apicius. Il y en a une infinité. Supposons une femme qui se bat avec son mari pour la primauté, ou quelque scène semblable de la vie ordinaire. Plus la pantomime sera risible, plus on éprouvera de plaisir. Il faut que ces bouffons ne soient qu'à moitié fous, car ceux qui le sont tout à fait débitent quelquefois sans le savoir des mots qui blessent.

Spudle. Puisse Comus vous être toujours propice en considération des sages conseils que vous m'avez donnés!

Apicius. J'ajouterai une dernière recommandation, ou plutôt je répéterai ce que je vous ai dit d'abord : ne soyez pas trop jaloux de plaire à tout le monde, non-seulement en cela, mais dans toute votre conduite. Vous n'en plairez que mieux à tout le monde, car la meilleure règle de conduite est dans cette devise : *Rien de trop.*

LA CHOSE ET LE MOT

BÉAT, BONIFACE.

Béat. Salut! Boniface.

Boniface. Je vous salue de tout mon cœur, Béat. Mais plût à Dieu que nous fussions l'un et l'autre tels qu'on nous nomme, vous riche, et moi beau.

Béat. Comptez-vous donc pour rien d'avoir un nom magnifique?

Boniface. Je trouve que cela ne signifie absolument rien si la chose ne s'y joint.

Béat. Cependant la plupart des mortels pensent différemment.

Boniface. Il peut se faire que ces gens-là soient des mortels, je ne crois pas que ce soient des hommes.

Béat. Ce sont bien des hommes, mon bon ami, à moins que vous ne pensiez que les chameaux et les ânes errent encore aujourd'hui sous la forme humaine.

Boniface. Je croirais plutôt cela que d'admettre qu'il y a des hommes qui font plus de cas du mot que de la chose.

Béat. Dans certains cas, je l'avoue, la plupart préfèrent la chose au mot; dans beaucoup d'autres, c'est le contraire.

Boniface. Je ne comprends pas bien ce que vous voulez dire.

Béat. Nous en avons pourtant un exemple entre nos mains. Vous vous nommez Boniface, et votre physique répond à votre nom; mais, s'il fallait qu'on vous dépouillât du nom ou du physique, lequel aimeriez-vous mieux : avoir une figure laide, ou au lieu de Boniface vous appeler Corneille ?

Boniface. Certes, j'aimerais mieux m'appeler Thersite que d'avoir la figure d'un monstre. Si la mienne est belle, je n'en sais rien.

Béat. De même moi, si j'étais riche et qu'il me fallût quitter mon bien ou mon nom, j'aimerais mieux m'appeler Irus que d'être privé de mon bien.

Boniface. Je suis parfaitement de votre avis.

Béat. Il en sera de même sans doute pour ceux qui jouissent d'une bonne santé et d'autres avantages corporels.

Boniface. C'est probable.

Béat. Mais combien en voyons-nous qui aiment mieux passer pour des hommes savants et vertueux que de l'être réellement !

Boniface. Je n'en connais pas mal de ce calibre-là.

Béat. Ne font-ils pas plus de cas du mot que de la chose ?

Boniface. Évidemment.

Béat. Maintenant, si quelque dialecticien venait nous définir exactement ce que c'est qu'un roi, un évêque, un magistrat, un philosophe, nous trouverions peut-être des gens qui aimeraient mieux le titre que la chose.

Boniface. Oui, certes, si le roi est celui qui dans les lois et la justice envisage l'intérêt de son peuple et non le sien ; l'évêque, celui qui se consacre tout entier à la garde du troupeau du Seigneur ; le magistrat, celui qui veille attentivement au bien de l'État ; le philosophe, celui qui, négligeant les avantages de la fortune, ne vise qu'à acquérir la sagesse.

Béat. Vous voyez à présent combien d'exemples de ce genre je pourrais accumuler.

Boniface. Assurément, un grand nombre.

Béat. Direz-vous que tous ces gens-là ne sont point des hommes ?

Boniface. Je crains plutôt que nous ne perdions nous-mêmes le nom d'homme.

Béat. Mais, si l'homme est un animal raisonnable, n'est-il pas tout à fait contraire à la raison de préférer la chose au mot quand il s'agit des qualités du corps, qui ne sont pas de vrais biens, et des avantages extérieurs que la fortune donne et enlève à son gré, et quand il s'agit des vrais biens de l'âme, de faire plus de cas du mot que de la chose ?

Boniface. Vraiment, c'est juger à rebours, si l'on y réfléchit.

Béat. Le raisonnement est le même dans les contraires.

Boniface. J'attends que vous vous expliquiez.

Béat. Il faut appliquer aux noms des choses à éviter ce que j'ai dit des noms des choses à rechercher.

Boniface. J'entends.

Béat. Il faut plutôt craindre d'être un tyran que d'en porter le nom ; et si un mauvais évêque, suivant la sentence de l'Évangile, est un voleur et un brigand, nous ne devons pas moins détester ces noms que la chose même.

Boniface. C'est très-vrai.

Béat. Concluez de même pour le reste.

Boniface. Je comprends parfaitement.

Béat. Tout le monde n'a-t-il pas de l'aversion pour le nom de fou ?

Boniface. Oui, une aversion très-forte.

Béat. Celui qui pêcherait avec un hameçon d'or, qui préférerait le verre aux diamants, qui aimerait mieux ses chevaux que sa femme et ses enfants, ne serait-il pas un fou ?

Boniface. Il serait plus fou que Corèbe [1].

Béat. Ne sont-ils pas de ce nombre ceux qui courent à la guerre, et, pour un gain minime, exposent au danger leur corps et leur âme; ceux qui s'appliquent à entasser des richesses, et qui ont l'âme vide de tout bien; ceux qui ornent leurs habits et leurs demeures quand leur âme croupit dans la misère et la saleté; ceux qui ménagent soigneusement leur santé et qui

---

1. Fou devenu proverbial, qui voulait compter les flots de la mer.

négligent leur âme en proie à tant de maladies mortelles; enfin ceux qui pour les plaisirs passagers de cette vie méritent des tourments éternels?

Boniface. La raison elle-même oblige de reconnaître qu'ils sont plus que fous.

Béat. Cependant, quoique le monde soit plein de ces fous, on n'en trouverait pas un qui voulût supporter le nom de fou, bien que la chose ne leur déplaise point.

Boniface. C'est vrai.

Béat. Continuons: vous savez combien les mots de menteur et de voleur sont généralement odieux.

Boniface. Ils sont très-odieux, et avec raison.

Béat. D'accord. Mais, quoique déshonorer la femme d'autrui soit un acte plus criminel qu'un vol, on voit des gens se faire gloire du nom d'adultère, qui, si on les traitait de voleurs, mettraient aussitôt flamberge au vent.

Boniface. Il y en a beaucoup de cette trempe.

Béat. De même on voit une foule de gens plongés dans la débauche et le vin, qui s'y livrent avec joie et publiquement, lesquels néanmoins s'offensent du nom de débauché.

Boniface. Ceux-ci se font gloire de la chose et abhorrent le mot qui la caractérise.

Béat. Y a-t-il un terme qui sonne plus mal à nos oreilles que celui de menteur?

Boniface. J'en connais qui ont puni cette injure par le meurtre.

Béat. Plût au Ciel que l'on eût autant d'aversion pour la chose! Ne vous est-il jamais arrivé qu'un débiteur qui avait promis de vous rendre à jour fixe de l'argent prêté ait manqué de parole?

Boniface. Souvent, quoiqu'on me l'ait juré non pas une fois, mais cent fois.

Béat. Peut-être n'avaient-ils pas le moyen de payer?

Boniface. Si fait, mais ils trouvaient plus commode de ne pas rendre ce qu'on leur avait prêté.

Béat. N'est-ce point là mentir?

Boniface. Sans aucun doute.

Béat. Oseriez-vous dire à un pareil débiteur: « Pourquoi m'avez-vous tant de fois menti? »

Boniface. Non, à moins de vouloir me battre.

Béat. Ne trompent-ils pas tous les jours de la même façon, les tailleurs de pierre, les forgerons, les orfévres et les marchands d'habits, qui promettent à jour fixe sans tenir leur engagement, lors même que notre intérêt en souffre?

Boniface. C'est d'une impudence sans égale. Ajoutez-y les avocats promettant leurs soins.

Béat. Vous pourriez ajouter mille noms. Cependant pas un de ces gens-là ne souffrirait le mot de menteur.

Boniface. Le monde fourmille de ces sortes de mensonges.

Béat. De même personne ne supporte le nom de voleur, quoique tous n'aient pas la même aversion pour la chose.

Boniface. J'attends que vous vous expliquiez plus clairement.

Béat. Quelle différence y a-t-il entre celui qui enlève votre argent d'un coffre, ou celui qui nie le dépôt que vous lui avez confié?

Boniface. Aucune, sinon que celui-là est le plus criminel qui abuse de la confiance qu'on lui témoigne.

Béat. Combien peu y en a-t-il qui rendent un dépôt, ou, s'ils le rendent, qui le remettent intact !

Boniface. Je crois qu'il y en a très-peu.

Béat. Cependant pas un de ces dépositaires infidèles ne souffrirait le nom de voleur, bien que la chose ne leur déplaise point.

Boniface. Oui.

Béat. Songez un peu à ce qui se passe ordinairement dans l'administration des biens des pupilles, dans les testaments et les legs, à ce qui reste aux doigts de ceux qui manient les fonds.

Boniface. Souvent tout y reste.

Béat. Ils aiment le vol, ils détestent le mot.

Boniface. Précisément.

Béat. Quant aux intendants des finances qui fabriquent de la monnaie de mauvais aloi, qui, soit en augmentant, soit en diminuant la valeur de l'argent, ruinent les particuliers, leurs actes ne nous sont peut-être pas parfaitement connus; il nous est permis de parler de ce que nous voyons tous les jours. Celui qui emprunte ou qui fait des dettes avec l'intention de ne jamais rendre, s'il se peut, diffère-t-il beaucoup du voleur ?

Boniface. Il est peut-être plus fin, il ne vaut pas mieux.

Béat. Quoique le nombre de ces gens-là soit partout considérable, pas un d'eux ne souffrirait qu'on l'appelât voleur.

Boniface. Dieu seul connaît les intentions ; c'est pourquoi parmi les hommes on les nomme endettés, et non voleurs.

Béat. Qu'importe le nom que les hommes leur donnent, si devant Dieu ce sont des voleurs? Chacun d'ailleurs connaît ses intentions. En outre, celui qui, étant chargé de dettes, prodigue follement l'argent qu'il reçoit; qui, après avoir fait banqueroute dans une ville en trompant ses créanciers, s'enfuit dans une autre pour y faire de nouvelles dupes; celui-là, dis-je, qui répète souvent ce manége, ne montre-t-il pas suffisamment quelles sont ses intentions?

Boniface. Il le montre suffisamment et au delà. Toutefois ces gens-là ne laissent pas de colorer ce qu'ils font d'un prétexte.

Béat. Lequel?

Boniface. Ils disent que devoir beaucoup et à plusieurs leur est commun avec les grands et même avec les rois. Ceux qui sont doués de ce talent affichent ordinairement des prétentions à la noblesse.

Béat. Dans quel but?

Boniface. Vous ne sauriez croire tout ce qu'un chevalier, suivant eux, peut se permettre.

Béat. De quel droit? Par quelles lois?

Boniface. Par les mêmes lois sur lesquelles se fondent les amiraux pour s'arroger tout ce qui est rejeté par un naufrage, quand même le propriétaire existe, et en vertu desquelles d'autres s'approprient tout ce qu'ils prennent aux mains d'un voleur ou d'un pirate.

Béat. Les voleurs eux-mêmes pourraient faire de pareilles lois.

Boniface. Et ils les feraient s'ils pouvaient les défendre, et on les excuserait s'ils déclaraient la guerre avant de voler.

Béat. Qui a donné ce droit-là au cavalier plutôt qu'au fantassin ?

Boniface. La faveur des armes. On les exerce ainsi à la guerre, afin qu'ils soient plus prompts à dépouiller l'ennemi.

Béat. C'est ainsi, je crois, que Pyrrhus exerçait ses soldats à la guerre.

Boniface. Non, mais les Lacédémoniens.

Béat. Qu'ils aillent se faire pendre avec leur exercice ! Mais quels sont les titres à une si grande prérogative ?

Boniface. Les uns la reçoivent de leurs ancêtres, les autres l'achètent à prix d'argent, d'autres l'acquièrent.

Béat. Tout le monde peut-il l'acquérir ?

Boniface. Oui, en s'en rendant digne par ses mœurs.

Béat. Quelles mœurs ?

Boniface. Ne faire rien de bon, être magnifiquement vêtu, porter un anneau, être un franc débauché, jouer assidûment aux dés et aux cartes, passer sa vie à boire et à se divertir ; ne rien dire qui sente le vulgaire, mais ne parler que de forteresses, de combats et de batailles ; en un mot, ressembler à Thrason. Avec cela on se permet de déclarer la guerre à qui l'on veut, lors même qu'on n'aurait pas un coin de terre où poser le pied.

Béat. Vous me parlez là de chevaliers dignes du chevalet. Cependant ils ne sont pas rares en Westphalie.

CARON

CARON, ALASTOR.

Caron. Où cours-tu ainsi tout joyeux, Alastor ?

Alastor. Je te rencontre fort à propos, Caron. Je courais vers toi.

Caron. Qu'y a-t-il de nouveau ?

Alastor. J'apporte une nouvelle qui fera bien plaisir à Proserpine et à toi.

Caron. Quitte donc ce que tu apportes et débarrasse-toi.

Alastor. Les Furies se sont acquittées de leur tâche avec autant de zèle que de succès. Il n'est pas un coin de la terre qu'elles n'aient inondé de maux horribles, de discordes, de guerres, de brigandages, de pestes, si bien qu'elles sont devenues complétement chauves à force de lâcher leurs serpents, et que, n'ayant plus de venin, elles vont cherchant partout des vipères et des aspics, car elles ont la tête pelée et nue comme un œuf, sans une seule goutte de venin dans le cœur. Prépare donc ta barque et tes rames. Il viendra bientôt une si grande quantité d'ombres que je crains que tu ne suffises pas à les transporter toutes.

Caron. Je n'ignorais pas cela.

Alastor. D'où l'as-tu appris?

Caron. La Renommée me l'a annoncé il n'y a pas deux jours.

Alastor. Cette déesse est d'une agilité sans pareille. Mais que fais-tu donc là, loin de ta barque?

Caron. C'est la nécessité qui m'amène. Je suis venu ici pour me pourvoir d'un bon vaisseau à trois rangs de rames. Ma barque, pourrie de vétusté et rapiécetée, ne suffirait pas à un pareil fardeau, si ce que la Renommée m'a dit est vrai. D'ailleurs je n'avais pas besoin de la Renommée; il le fallait bien, car j'ai fait naufrage.

Alastor. Effectivement, tu es tout trempé; j'ai cru que tu sortais du bain.

Caron. Oui, j'ai traversé le marais du Styx à la nage.

Alastor. Où as-tu laissé les ombres?

Caron. Elles nagent avec les grenouilles.

Alastor. Mais que t'a dit la Renommée?

Caron. A l'entendre, trois monarques, pleins d'une haine acharnée, courent à leur perte réciproque, et pas une partie de la chrétienté n'est exempte des fureurs de la guerre, car ces trois-là[1] entraînent tous les autres à prendre part à la mêlée. Ils sont tous animés de telles dispositions que pas un, ni le Danois, ni le Polonais, ni l'Écossais, ne veut céder à l'autre. Le Turc, pendant ce temps, ne reste pas oisif et fait de terribles préparatifs; la peste exerce partout ses ravages, en Espagne, en Angleterre, en Italie, en France. De plus, la variété des opinions a donné naissance à une nouvelle contagion qui a tellement gâté tous les esprits qu'il n'y a plus nulle part d'amitié sincère, que le frère se défie du frère et que la femme ne s'accorde point avec son mari. Il est à espérer qu'il s'ensuivra encore une merveilleuse destruction d'hommes, si des langues et des plumes on en vient aux mains.

Alastor. Tout ce que la Renommée t'a dit là est parfaitement vrai. J'en ai vu de mes yeux bien davantage, moi le compagnon assidu et l'aide des Furies, qui à aucune époque ne se sont montrées plus dignes de leur nom.

Caron. Mais il est à craindre qu'il ne survienne quelque démon qui prêche tout à coup la paix, et les caractères des mortels sont changeants. J'ai ouï dire qu'il y a là-haut un certain polygraphe[2] qui, avec sa plume, ne cesse d'invectiver contre la guerre et d'exhorter à la paix.

Alastor. Il y a longtemps qu'il chante aux oreilles des sourds. Il a écrit dernièrement les doléances de la paix terrassée; il écrit maintenant l'épitaphe de la paix éteinte. En revanche, il y en a d'autres qui soutien-

---

[1]. Charles-Quint, François Ier et Henri VIII.
[2]. Érasme se désigne sous ce nom.

nent nos intérêts autant que les Furies elles-mêmes.

Caron. Quels sont-ils?

Alastor. Ce sont des animaux couverts de manteaux noirs ou blancs, de robes grises, et dont le plumage est varié. Ils sont toujours fourrés à la cour des princes; ils leur inculquent l'amour de la guerre et y poussent les grands et le peuple. Dans leurs discours évangéliques, ils crient que la guerre est juste, sainte et pieuse; et pour te prouver combien l'esprit de l'homme est belliqueux, ils crient la même chose aux deux partis. Aux Français ils prêchent que Dieu combat pour la France, et que quand on a Dieu pour défenseur on ne saurait être vaincu. Aux Anglais et aux Espagnols ils disent que ce n'est point l'empereur qui fait cette guerre, mais Dieu; qu'ils n'ont qu'à se montrer braves; que la victoire est certaine; que, si l'un d'eux vient à succomber, il ne mourra pas, mais s'envolera tout droit au ciel, armé comme il l'était.

Caron. Et l'on ajoute foi à cela?

Alastor. Que ne peut le masque de la religion! Joins à cela la jeunesse, l'inexpérience, la soif de la gloire, la vengeance, une inclination naturelle pour le but proposé. Il est facile d'abuser de pareils esprits, et il n'est pas difficile de pousser un char qui penche de lui-même vers sa ruine.

Caron. Je ferais volontiers du bien à ces animaux-là.

Alastor. Sers-leur un bon repas; tu ne peux rien leur faire de plus agréable.

Caron. Un repas de mauves, de lupins et de poireaux; car tu sais que chez nous il n'y a pas d'autres provisions.

Alastor. Non, un repas de perdrix, de chapons et de faisans, si tu veux leur témoigner ta reconnaissance.

Caron. Mais quel est le motif qui les pousse à tant prêcher la guerre ? Quel profit en retirent-ils ?

Alastor. C'est qu'ils gagnent plus avec les morts qu'avec les vivants. Il y a les testaments, les repas funèbres, les bulles et une foule d'autres gains qui ne sont pas à dédaigner. Ensuite ils aiment mieux vivre dans les camps que dans leurs cellules. La guerre élève à l'épiscopat beaucoup de gens qui en paix ne valaient pas le quart d'une obole.

Caron. Ils ont raison.

Alastor. Mais quel besoin as-tu d'un vaisseau à trois rangs de rames ?

Caron. Aucun, si je veux encore faire naufrage au milieu du marais.

Alastor. Est-ce à cause de la multitude ?

Caron. Sans doute.

Alastor. Mais tu transportes des ombres et non des corps. Qu'est-ce que pèse une ombre ?

Caron. Serait-ce des araignées d'eau, il peut cependant y en avoir une quantité assez grande pour charger une barque. Tu sais d'ailleurs que ma barque est aussi une ombre.

Alastor. Je me souviens pourtant d'avoir vu que quand il y avait une foule considérable et que ta barque ne pouvait pas la contenir toute, trois mille ombres étaient suspendues quelquefois à ton gouvernail, et tu ne t'apercevais pas du poids.

Caron. J'avoue qu'il en est ainsi des âmes qui sortent d'un corps épuisé peu à peu par la phthisie ou la consomption; mais celles qui sont arrachées subitement à un gros corps apportent avec elles beaucoup de matière corporelle. Telles sont les âmes que nous envoient l'apoplexie, l'esquinancie, la peste, et principalement la guerre.

Alastor. Je ne crois pas que les Français et les Espagnols apportent beaucoup de poids.

Caron. Beaucoup moins que les autres; quoique leurs âmes ne soient pas tout à fait de plume. Mais de chez les Anglais et les Allemands bien nourris il en vient quelquefois de telles que, dernièrement, j'ai failli faire naufrage en en transportant seulement dix, et si je n'avais sacrifié une partie de la cargaison, je périssais avec barque, passagers et péage.

Alastor. Terrible danger!

Caron. Figure-toi ce que ce doit être quand il arrive de gros satrapes, des Thrasons et des traîneurs d'épée.

Alastor. De ceux qui périssent dans une guerre juste, je ne crois pas qu'il t'en vienne un seul, car on dit qu'ils s'envolent tout droit au ciel.

Caron. Je ne sais pas où ils s'envolent, mais je sais bien que, chaque fois qu'il y a une guerre, il m'arrive tant de blessés et d'estropiés que je suis surpris qu'il reste encore un vivant. Ces ombres n'arrivent pas seulement gorgées de vin et de mangeaille, mais encore de bulles, de bénéfices et de beaucoup d'autres choses.

Alastor. Mais elles n'apportent pas cela avec elles; elles t'arrivent toutes nues.

Caron. Oui ; mais quand elles sont nouvellement arrivées, elles apportent avec elles les songes de ces choses-là.

Alastor. Des songes chargent-ils ?

Caron. Ils chargent ma barque ; que dis-je, ils la chargent ? ils l'ont fait chavirer. D'ailleurs, crois-tu que tant d'oboles ne soient pas un fardeau ?

Alastor. Je le crois bien, si elles sont en cuivre.

Caron. C'est pour cela que j'ai résolu de me pourvoir d'un vaisseau qui résiste à cette charge.

Alastor. Que tu es heureux !

Caron. Pourquoi ?

Alastor. Parce que tu vas t'enrichir sous peu.

Caron. A cause de la multitude des ombres ?

Alastor. Assurément.

Caron. Oui, si elles apportaient leurs biens avec elles ; mais ceux qui dans ma barque regrettent d'avoir laissé là-haut des royaumes, des prélatures, des abbayes, des monceaux d'or, ne m'apportent rien qu'une obole. Aussi ce que j'ai amassé depuis trois mille ans, il me faudra tout le dépenser pour un vaisseau.

Alastor. Il faut savoir dépenser, si l'on veut gagner.

Caron. Cependant les mortels, à ce que j'entends dire, trafiquent avec plus de succès, puisque, à l'aide de Mercure, ils font fortune en trois ans.

Alastor. Mais ces mêmes individus font quelquefois banqueroute. Ton gain est moindre, mais plus certain.

Caron. Je ne sais pas trop s'il est certain : s'il survenait maintenant quelque dieu qui arrangeât les affaires des princes, ma chance s'en irait toute.

Alastor. Oh ! pour cela, je te le garantis, tu peux

dormir sur tes deux oreilles. Tu n'as pas à craindre la paix pendant plus de dix ans. Seul le pontife romain exhorte chaudement à la concorde, mais il blanchit la tête d'un Maure. Les villes murmurent, affligées de tant de maux; je ne sais quels peuples se plaignent sourdement, disant qu'il est injuste, pour les vengeances personnelles ou l'ambition de deux ou trois hommes, de mettre le monde sens dessus dessous; mais, crois-moi, les Furies l'emporteront sur les avis les plus sages. Mais qu'avais-tu besoin pour ton vaisseau d'aller sur la terre? N'y a-t-il pas chez nous des ouvriers? n'avons-nous pas Vulcain?

Caron. Très-bien, si je voulais un vaisseau en cuivre.

Alastor. Pour très-peu de chose tu feras venir un charpentier.

Caron. Oui, mais les matériaux nous manquent.

Alastor. Qu'entends-je? N'y a-t-il plus de forêts?

Caron. On a employé jusqu'aux bois qui étaient dans les champs Élysées.

Alastor. Pourquoi donc faire?

Caron. Pour brûler les ombres des hérétiques. Nous avons même été forcés dernièrement d'extraire du charbon des entrailles de la terre.

Alastor. Quoi! ne pouvait-on pas punir ces ombres à moins de frais?

Caron. Rhadamante [1] l'a voulu.

Alastor. Quand tu auras acheté ton vaisseau, où prendras-tu des rameurs?

---

[1]. Un des juges des Enfers.

Caron. Ma fonction est de tenir le gouvernail; les ombres rameront si elles veulent traverser.

Alastor. Mais il y en a qui n'ont point appris à manier la rame.

Caron. Chez moi point de privilége. Les monarques rament, les cardinaux rament, chacun à leur tour, tout aussi bien que les gens du peuple, qu'ils l'aient appris ou qu'ils ne l'aient pas appris.

Alastor. Tâche, Mercure aidant, d'acheter ton vaisseau à bon marché. Je ne te retiens pas plus longtemps. Je vais porter à Pluton la bonne nouvelle. Mais, hé! hé! Caron?

Caron. Qu'y a-t-il?

Alastor. Hâte ton retour pour ne pas être accablé par la foule.

Caron. Oui, tu trouveras déjà plus de deux cent mille ombres sur le rivage, sans compter celles qui nagent dans le marais. Je ferai toute la diligence possible. Dis-leur que j'arriverai bientôt.

LE
SYNODE DES GRAMMAIRIENS [1]

ALBIN, BERTULPHE, CANTHÈLE, DIPHYLE, EUMÈNE, FABULLE, GADITAN.

Albin. Y a-t-il quelqu'un dans le nombre qui sache l'arithmétique ?

Bertulphe. Pourquoi cela ?

Albin. Pour dire au juste combien nous sommes de grammairiens.

Bertulphe. Pour cela il n'y a pas besoin de calcul, nos doigts pourront nous le dire. Je vous mets sur le pouce,

---

1. Érasme raconte en ces termes à quelle occasion il composa ce colloque : « Dans le *Synode des grammairiens* je me moque du savoir d'un certain chartreux, très-docte, selon lui, qui, après s'être emporté folle-

moi sur l'index, Canthèle sur le médius, Diphyle sur l'annulaire, Eumène sur le petit doigt. Maintenant je passe à gauche ; je mets sur le pouce Fabulle, sur l'index Gaditan. Par conséquent, si je ne me trompe, nous sommes sept. Mais dans quel but voulez-vous savoir cela ?

Albin. Parce que j'ai ouï dire que le nombre sept rendait un concile légitime.

Bertulphe. De quel concile me parlez-vous ?

Albin. Il s'agit d'une chose sérieuse qui m'a longtemps et beaucoup tourmenté, et qui n'a pas tourmenté que moi, mais encore quantité de personnes qui sont loin d'être ignorantes. Je vais vous soumettre la question afin que, grâce à l'autorité de ce synode, elle soit résolue définitivement.

Canthèle. Une chose que vous ignorez, Albin, ou qui a longtemps et beaucoup tourmenté votre esprit si perspicace, doit être fort extraordinaire. Aussi sommes-nous curieux de savoir de quoi il s'agit. Je réponds seul au nom de tous.

Albin. Ayez donc tous l'oreille attentive. Deux yeux voient mieux qu'un. Y a-t-il quelqu'un de vous qui puisse nous expliquer ce que veut dire le mot *Anticomarita* ?

Bertulphe. Rien n'est plus facile. Il signifie une espèce de bette, que les anciens appelaient nageante, à tige entortillée et noueuse, d'un goût extrêmement

---

ment contre la littérature grecque, vient de donner à son livre un titre grec, mais d'une façon ridicule, en appelant *Anticomaritæ* ceux qu'il aurait dû nommer *Antimariani* ou *Antidicomariani*. » (*Utilité des Colloques.*)

fade, et d'une odeur infecte au toucher; on pourrait la comparer au bois puant.

Canthèle. Vous parlez d'une bette qui nage, ou plutôt d'une bête qui fiente. A-t-on jamais entendu dire ou lu jusqu'à présent le mot de bette nageante?

Bertulphe. Mais oui, ce mot est expliqué très-clairement dans le livre que, par corruption, on appelle communément *Mammetrectus*, et dont le vrai nom est *Mammothreptus*, c'est-à-dire le *Nourrisson de la grand'mère*.

Albin. Pourquoi lui a-t-on donné ce titre?

Bertulphe. Pour faire entendre que dans ce livre on ne trouve que des friandises, vu que les grand'mères ont coutume de traiter leurs petits enfants avec plus de faiblesse que les mères n'en ont pour leurs enfants.

Albin. Vous me parlez d'un ouvrage tout à fait ravissant. Étant tombé dernièrement sur ce volume, j'ai failli crever de rire.

Canthèle. Où avez-vous trouvé ce livre qui est excessivement rare?

Bertulphe. L'abbé de Saint-Bavon, à Bruges, nommé Livin, me conduisit après dîner dans sa bibliothèque particulière, que ce vieillard, jaloux de laisser à la postérité un souvenir de lui, avait acquise à grands frais. Il n'y avait pas un livre qui ne fût écrit à la main, sur parchemin, pas un qui ne fût orné d'enluminures de toute sorte, et garni extérieurement d'un tissu broché d'or. De plus, la grosseur considérable des volumes offrait je ne sais quel aspect imposant.

Albin. Quels étaient ces livres?

Bertulphe. Oh! tous beaux, le *Catholicon*, le *Bra*-

chylogus, Ovide expliqué par allégories, et une foule d'autres parmi lesquels j'ai rencontré le charmant *Mammothreptus.* C'est dans ce livre délicieux que j'ai trouvé la bette nageante.

Albin. Pourquoi la nomme-t-on nageante ?

Bertulphe. Je vais rapporter ce que j'ai lu ; j'en laisse la responsabilité à l'auteur. Parce que, dit-il, elle pousse dans les endroits humides et infects, et qu'elle ne croît nulle part mieux que dans la boue et le fumier, n'en déplaise à vos oreilles.

Albin. Sent-elle mauvais ?

Bertulphe. Il n'y a point d'excréments qui sentent plus mauvais.

Albin. Se sert-on de ce légume ?

Bertulphe. Je crois bien ! il est très-recherché.

Albin. Sans doute des porcs, des ânes ou des bœufs de Cypre.

Bertulphe. Non pas, des hommes, et des plus délicats. Les Pelins sont un peuple chez lequel on prolonge les repas à tour de rôle ; ils appellent dans leur langue le dernier service *reprise,* comme nous dirions confitures ou dessert.

Albin. Les jolies confitures !

Bertulphe. Une des conditions de ce dessert porte qu'il est permis au maître de maison de servir tout ce qu'il voudra et qu'il est défendu aux convives de rien rejeter mais de trouver tout bon.

Albin. Mais si on leur servait de la ciguë ou du chou réchauffé ?

Bertulphe. Tout ce qui est mis sur la table doit être avalé là sans mot dire. Toutefois il est permis de vomir chez soi ce qu'on a mangé. Ils servent ordinairement la bette nageante ou l'*Anticomarita*, car peu importe l'un ou l'autre nom, c'est la même chose. Ils y ajoutent un peu d'écorce de chêne et beaucoup d'ail. C'est ainsi qu'ils composent leurs *moret* [1].

Albin. Qui a fait adopter une condition aussi barbare?

Bertulphe. L'usage, le plus puissant de tous les tyrans.

Albin. C'est une tragédie que vous me racontez là, puisque le dénoûment en est si triste.

Bertulphe. J'ai parlé pour mon compte, sans préjudicier à ceux qui ont à offrir quelque chose de meilleur.

Canthèle. Eh bien! moi, j'ai découvert qu'il y avait chez les anciens un poisson du nom d'*Anticomarita*.

Bertulphe. Nommez l'auteur.

Canthèle. Je puis montrer le livre; je ne puis pas dire le nom de l'auteur. Il est écrit en français, mais en caractères hébraïques.

Bertulphe. Quelle forme a le poisson *Anticomarita*?

Canthèle. Ses écailles sont noires, son ventre seul est blanc.

Bertulphe. Vous nous faites le portrait d'un philosophe cynique en manteau au lieu d'un poisson. Quel goût a-t-il?

Canthèle. Un goût détestable. De plus il est nuisible à la santé. Il naît dans des mares infectes, quelquefois même dans des cloaques; il est inerte et bourbeux;

---

[1]. Mets rustique chanté par Virgile.

rien que d'en goûter donne une forte pituite que les vomissements ont peine à dissiper. Il abonde dans le pays qu'on nomme la Celtithrace. Il y est très-recherché parce que, dans ce pays, manger de la viande passe pour un crime plus abominable que de tuer quelqu'un.

Albin. Je plains ce pays avec son *Anticomarita*.

Canthèle. C'est tout ce que j'ai à dire; je ne voudrais pas que mon sentiment portât préjudice à personne.

Diphyle. A quoi bon chercher l'explication de ce terme dans les *Mammothreptus* ou les livres hébraïques, puisque l'étymologie même du mot indique que par *Anticomaritæ* on entend les jeunes filles mal mariées, c'est-à-dire qui ont de vieux maris; car ce n'est pas la première fois que les copistes ont changé *quo* en *co*, à cause de l'affinité de lettres *c*, *q* et *k*.

Eumène. Ce que dit Diphyle aurait quelque portée s'il était prouvé que le mot fût latin. Pour moi, je le crois grec, composé des trois mots : ἀντὶ, qui veut dire *contre*; κώμη, *village*, et ὀκρίζειν, *causer familièrement*; d'où, en élidant *o* par contraction, on a appelé *Anticomarita* celui qui fatigue tout le monde par un bavardage rustique.

Fabulle. Mon cher Eumène, je l'avoue, a parlé avec talent. Mais il me semble que cette locution est composée d'autant de mots que de syllabes. Car ἀν signifie ἄνους · τι, τίλλων · κω, κώδιξ · μα, μάλα · ρυ, ῥυπαρά (car c'est à tort qu'on l'écrit par un ι) · τα, τάλας · ce qui constitue cette phrase: *insensé et malheureux, arrachant le poil des cuirs pourris.*

Albin. A qui est chargé d'une telle besogne convient

pour nourriture la bette nageante dont Bertulphe a parlé tout à l'heure.

Bertulphe. Oui, l'*Anticomarita* à l'*Anticomarita.*

Gaditan. Vous avez tous parlé avec beaucoup de talent; mais il me semble que la femme qui n'est point soumise à son mari est dite *Anticomarita,* par syncope, pour *Antidicomarita,* parce qu'elle contredit toujours son mari.

Albin. Si nous admettons de pareils tropes, de *foria* on fera aisément *fora,* et *cuniculus* deviendra *cuculus.*

Bertulphe. Au reste, Albin, qui est consul dans ce sénat, n'a pas encore exprimé son avis.

Albin. En vérité, je n'ai rien à offrir de mon cru; toutefois je ne crains pas de rapporter ce que j'ai appris dernièrement de mon hôte, qui est un homme très-versé dans les langues. Il variait son langage dans la conversation plus souvent que le rossignol varie son chant. Il prétendit que c'était un terme chaldaïque composé de trois mots. Chez les Chaldéens, disait-il, *anti* signifie : qui est à l'envers et dont le cerveau se trouble; *comar,* pierre; *ita,* de cordonnier.

Bertulphe. A-t-on jamais attribué un cerveau à la pierre?

Albin. Il n'y a rien d'absurde si l'on change le genre [1].

Canthèle. En résumé, il est arrivé dans ce synode ce qu'on dit communément : *Autant de têtes, autant d'avis.* Qu'a-t-on donc fait? On peut compter les avis, on ne peut pas les diviser, pour que la majorité l'emporte sur la minorité.

---

[1]. *Petra* devient alors *Petrus.*

Albin. Alors le meilleur l'emportera sur le mauvais.

Gadilan. Mais pour cela il faudrait un autre synode, car chacun trouve sa fiancée la plus belle.

Albin. Si cela était vrai, il y aurait moins d'adultères. Mais j'ai un expédient tout prêt : tirons au sort, avec des fèves, lequel de nous aura le droit d'approuver celui de tous les suffrages qu'il voudra.

Canthèle. C'est sur vous que cela retombera. N'ai-je pas dit vrai ?

Albin. Le premier et le dernier avis sont ceux qui me plaisent le plus.

Canthèle. Nous sommes tous unanimes, pour répondre seul au nom de tous.

Albin. Eh bien, que cette décision soit rangée parmi celles dont il est défendu de douter.

Canthèle. Parfaitement.

Albin. Si quelqu'un est d'un avis différent, quelle sera la peine ?

Canthèle. Il portera cette inscription en grosses lettres : hérétique en grammaire.

Albin. J'ajouterai sous de bons auspices une chose qui, selon moi, n'est point à négliger. C'est une recette que m'a indiquée un médecin de Syrie et que je veux communiquer à mes amis.

Bertulphe. Quelle est cette recette ?

Albin. Si vous pilez dans un mortier de la bette nageante, de la noix de galle et du noir de cordonnier, en y ajoutant six onces de fumier, pour faire un emplâtre, vous aurez un remède infaillible contre la rogne des chiens et la ladrerie des porcs.

Bertulphe. Mais, dites-moi, Albin, vous qui nous créez à tous des difficultés au sujet de l'*Anticomarita*, dans quel auteur avez-vous donc lu ce mot?

Albin. Je vous le dirai, mais à l'oreille et à vous seul.

Bertulphe. J'accepte, à la condition qu'à mon tour je le dirai à l'oreille et à un seul.

Albin. Mais l'unité répétée devient un mille.

Bertulphe. Vous avez raison : dès que vous avez fait de l'unité une dyade[1], il ne dépend plus de vous d'arrêter le cours de la dyade.

Albin. Ce que peu de gens savent peut être caché; ce que beaucoup connaissent ne peut pas l'être; or la triade[2] constitue le grand nombre.

Bertulphe. D'un homme qui aurait trois femmes à la fois on dirait fort bien qu'il en a beaucoup; mais de celui qui aurait trois cheveux sur la tête ou trois dents dans la bouche, dirait-on qu'il en a beaucoup ou peu?

Albin. Sophiste, approchez votre oreille....

Bertulphe. Qu'entends-je? Ce n'est pas moins absurde que si les Grecs n'avaient pu nommer par son nom la ville où ils conduisaient tant de flottes pour la prendre d'assaut, et si, au lieu de Troie, ils avaient dit Sutrium.

Albin. Voilà pourtant le rabbin qui dernièrement est tombé des nues. Sous l'influence de pareils êtres, si la Providence divine ne venait en aide au genre

---

1. Le nombre deux.
2. Assemblage de trois unités.

humain, on se demanderait depuis longtemps ce que sont devenues l'humanité, la piété, la philosophie et les lettres.

Bertulphe. Assurément cet être mérite d'occuper le premier rang parmi les princes de la Folie, et c'est avec raison que désormais on l'appellera *Archimorite*[1] avec ses *Anticomarites.*

1. Archifou.

L'HYMEN FUNESTE

ou

L'UNION MAL ASSORTIE

PÉTRONE, GABRIEL.

Pétrone. D'où venez-vous, Gabriel, avec cet air sombre? Sortez-vous de l'antre de Trophonius?

Gabriel. Non, je sors de la noce.

Pétrone. Je n'ai jamais vu de visage qui sentît moins la noce. Quand on revient de la noce, on a ordinairement pour six jours de gaieté et de bonne humeur, les vieillards même rajeunissent de dix ans. Quelle noce voulez-vous donc dire? Sans doute celle de la Mort avec Mars.

Gabriel. Non, celle d'un jeune homme de bonne famille avec une jeune fille de seize ans, qui ne laisse rien à désirer ni pour la beauté, ni pour les mœurs, ni pour la naissance, ni pour la fortune, et qui, en un mot, était digne d'épouser Jupiter.

Pétrone. Oh! une si jeune fille à un si vieux barbon!

Gabriel. Les rois ne vieillissent pas.

Pétrone. D'où vient donc cette tristesse? Vous portez peut-être envie à l'époux, qui a ravi en vainqueur la proie que vous convoitiez?

Gabriel. Oh! pas du tout.

Pétrone. Serait-il arrivé quelque chose de semblable à ce que l'on raconte du festin des Lapithes?

Gabriel. Nullement.

Pétrone. Quoi! la liqueur de Bacchus a-t-elle fait défaut?

Gabriel. Au contraire, il y en avait de reste.

Pétrone. Il n'y avait pas de joueurs de flûte?

Gabriel. Il y avait même des joueurs de violon, de lyre, de trompette et de cornemuse.

Pétrone. Quoi donc? Hyménée n'y était pas?

Gabriel. C'est en vain que mille voix l'ont appelé.

Pétrone. Les Grâces non plus?

Gabriel. Pas l'ombre d'une Grâce; ni Junon qui préside à l'hymen, ni la belle Vénus, ni Jupiter gamélien.

Pétrone. En vérité, vous me parlez d'une union tout à fait sinistre et *impie*, ou plutôt d'*un hymen funeste*.

Gabriel. Vous en diriez bien d'autres si vous y aviez assisté.

Pétrone. On n'a donc pas dansé?

Gabriel. Non, on a cloché pitoyablement.

Pétrone. Aucune divinité propice n'a donc égayé cette noce?

Gabriel. Il n'y avait là d'autre divinité que celle que les Grecs nomment Psora [1].

Pétrone. Voilà une noce qui a dû donner des démangeaisons.

Gabriel. Oui, avec croûtes et pus.

Pétrone. Mais pourquoi, mon cher Gabriel, ce récit vous fait-il verser des larmes?

Gabriel. Cette aventure, cher Pétrone, arracherait des larmes même à une pierre.

Pétrone. Je le crois, si une pierre l'avait vue. Mais, de grâce, quel est ce si grand malheur? Ne me le cachez point, ne me tenez pas plus longtemps en suspens.

Gabriel. Vous connaissez Lampride Eubule?

Pétrone. Il n'y a pas un homme dans cette ville qui soit meilleur et plus heureux.

Gabriel. Vous connaissez aussi sa fille Iphigénie?

Pétrone. Vous avez nommé la fleur de la jeunesse.

Gabriel. Oui. Savez-vous qui elle a épousé?

Pétrone. Je le saurai quand vous me l'aurez dit.

Gabriel. Elle a épousé Pompilius Blennus.

Pétrone. Ce Thrason qui tue tout le monde par ses rodomontades?

Gabriel. Lui-même.

Pétrone. Il est depuis longtemps célèbre dans cette ville, principalement par deux choses : ses mensonges

---

[1]. Ambroise Paré donne ainsi l'explication de ce mot : « Psora, qui est une rongne puante où il est trouvé de petits corps farineux, maladie qui est dite du vulgaire mal Saint-Main. » (PARÉ, *Introd.*, 6.)

et son mal, qui n'a pas encore de nom, quoiqu'il ait les noms de bien des gens.

Gabriel. C'est un mal très-orgueilleux qui ne le céderait ni à la lèpre, ni à l'éléphantiasis, ni au lichen, ni à la goutte, ni à la mentagre, s'il s'agissait de disputer le prix.

Pétrone. Les médecins le disent.

Gabriel. Je n'essayerai point, Pétrone, de vous dépeindre cette jeune fille, puisque vous la connaissez, quoique la parure ajoute beaucoup de charme à la beauté naturelle. Mon cher Pétrone, vous l'auriez prise pour une déesse; tout lui allait à ravir. Ensuite nous vîmes paraître cet heureux époux, le nez tronqué, traînant une jambe, mais avec moins de grâce que ne font les Suisses, les mains rudes, l'haleine forte, les yeux abattus, la tête enveloppée, rendant du pus par le nez et par les oreilles. Les autres portent des anneaux aux doigts, celui-ci en porte jusque sur sa jambe.

Pétrone. Qu'est-il arrivé aux parents pour confier une telle fille à un pareil monstre?

Gabriel. Je ne sais, si ce n'est qu'aujourd'hui la plupart semblent avoir perdu l'esprit.

Pétrone. Il est sans doute fort riche?

Gabriel. Il est puissamment riche, mais de dettes.

Pétrone. Si cette jeune fille avait fait périr par le poison ses aïeuls paternels et maternels, quel plus cruel supplice pouvait-on lui infliger?

Gabriel. Quand elle aurait pissé sur les cendres de son père, elle en serait assez punie en étant forcée de donner un seul baiser à un semblable monstre.

Pétrone. C'est mon avis.

Gabriel. Je trouve que c'est un acte plus barbare que de l'avoir exposée nue aux ours, aux lions ou aux crocodiles. Car ces animaux féroces auraient épargné une si rare beauté, ou la mort aurait promptement terminé ses souffrances.

Pétrone. Vous dites vrai. C'est agir absolument comme Mézence, qui, au dire de Virgile, *accouplait des cadavres à des vivants, joignant mains contre mains et bouche contre bouche.* D'ailleurs, Mézence, si je ne me trompe, n'aurait pas poussé la barbarie jusqu'à unir à un cadavre une jeune fille aussi aimable, et il n'y a point de cadavre auquel on ne préférât être uni plutôt qu'à ce cadavre si infect. Son haleine est un vrai poison; ses paroles sont une peste; son contact, c'est la mort.

Gabriel. Songez un peu, Pétrone, au plaisir que doivent causer ses baisers, ses embrassements, ses ébats nocturnes et ses caresses.

Pétrone. J'ai entendu quelquefois les théologiens raisonner sur le mariage mal assorti. C'est bien ce mariage-là que l'on peut à bon droit qualifier de mal assorti; on dirait une perle enchâssée dans du plomb. Mais ce qui m'étonne, c'est l'audace de cette jeune fille; alors qu'à son âge la vue d'un fantôme ou d'un revenant fait presque mourir d'épouvante, osera-t-elle embrasser la nuit un pareil cadavre?

Gabriel. Elle a pour excuses l'autorité de ses parents, les instances de ses amis, la candeur de son âge. Pour moi, je ne puis comprendre la folie de ses parents. Quel est le père qui voudrait marier sa fille à un lépreux, si laide qu'elle fût?

Pétrone. Il n'y en a pas un assurément, pour peu

qu'il eût un grain de bon sens. Si j'avais une fille qui fût louche, boiteuse, aussi difforme que le Thersite d'Homère, et en même temps sans dot, je ne voudrais point d'un pareil gendre.

Gabriel. Ce mal est plus hideux et plus dangereux que la lèpre. Il se communique plus vite, revient de temps en temps et souvent tue, tandis que la lèpre permet quelquefois de vivre jusqu'à une extrême vieillesse.

Pétrone. Les parents ignoraient peut-être la maladie du futur?

Gabriel. Non, ils la connaissaient fort bien.

Pétrone. S'ils en voulaient tant à leur fille, que ne l'ont-ils cousue dans un sac de cuir et jetée dans l'Escaut?

Gabriel. Certainement l'extravagance eût été moindre.

Pétrone. Quelle qualité leur recommandait ce prétendant? Se distingue-t-il par quelque talent?

Gabriel. Par une foule de talents. Il est joueur intrépide, buveur invincible, libertin fieffé, passé maître dans l'art de nier et de mentir, dissipateur hors ligne, débauché effréné; bref, tandis que les écoles n'enseignent que sept arts libéraux, il possède à lui seul plus de dix arts illibéraux.

Pétrone. Il doit pourtant y avoir eu quelque chose qui l'ait recommandé aux parents.

Gabriel. Pas autre chose que le glorieux titre de chevalier.

Pétrone. Quel chevalier qu'un homme auquel une maladie honteuse permet à peine de se tenir en selle! Il a sans doute une fortune considérable?

Gabriel. Il en avait une médiocre, mais, grâce à son inconduite, il ne lui reste plus qu'une petite tourelle, d'où il sort pour piller, et encore est-elle si bien meublée que vous ne voudriez pas y nourrir vos porcs. En attendant, il a sans cesse à la bouche châteaux forts, droits féodaux et autres mots retentissants ; il affiche partout ses armoiries.

Pétrone. Quel est son blason ?

Gabriel. Trois éléphants d'or sur champ de gueules.

Pétrone. En effet, l'éléphant convient à l'éléphant[1]. Cet homme doit aimer le sang.

Gabriel. Il aime encore plus le vin. Il adore le vin rouge ; c'est ce qui vous a fait croire qu'il était sanguinaire.

Pétrone. Sa trompe lui sert donc pour boire ?

Gabriel. Parfaitement.

Pétrone. Ainsi ses armoiries le représentent comme un grand et sot vaurien et un sac à vin ; car le rouge n'est pas le symbole du sang, mais du vin, et l'éléphant d'or atteste que tout l'or qu'il a volé a été englouti dans la boisson.

Gabriel. C'est cela.

Pétrone. Quelle dot ce Thrason a-t-il donc apportée à son épouse ?

Gabriel. Quelle dot ? Une très-grande...

Pétrone. Comment, une très-grande ! un dissipateur ?

Gabriel. Laissez-moi achever : une très-grande, dis-je, et très-mauvaise maladie honteuse.

Pétrone. Que je meure si je n'aimerais pas mieux marier ma fille à un cheval plutôt qu'à un tel chevalier !

---

1. Allusion à l'éléphantiasis.

Gabriel. Et moi j'aimerais mieux marier la mienne à un moine. Ce n'est point là épouser un homme, mais le cadavre d'un homme. Si vous aviez été témoin de ce spectacle, dites-moi, auriez-vous retenu vos larmes?

Pétrone. Comment aurais-je fait, puisque j'ai peine à les retenir sur un simple récit? Des parents peuvent-ils rester sourds à tout sentiment de la nature, au point de livrer en esclavage à un pareil monstre leur fille unique, d'une telle beauté, d'un caractère si aimable, et cela pour un blason menteur?

Gabriel. Cependant ce crime, le plus cruel, le plus barbare et le plus impie de tous, est aujourd'hui même un jeu pour les grands, quand il serait à désirer que ceux qui naissent pour gouverner l'État fussent doués de la santé la plus florissante. Le tempérament influe sur le moral, et il est hors de doute que cette maladie dessèche le cerveau de l'homme. Il en résulte que l'État est administré par des gens qui ne se portent bien ni au physique ni au moral.

Pétrone. Ceux qui président au gouvernement de l'État doivent non-seulement être sains d'esprit et de corps, mais encore exceller en beauté et en dignité. Car, bien que les princes se recommandent avant tout par la sagesse et l'intégrité, les dehors ne sont point à dédaigner dans celui qui commande aux autres. S'il est cruel, la laideur lui attire encore plus de haine; si, au contraire, il est juste et bon, *la vertu qui émane d'un beau corps n'en plaît que mieux.*

Gabriel. Fort bien.

Pétrone. Ne déplore-t-on pas le malheur de celles

dont les maris, après les noces, attrapent la lèpre ou le mal caduc ?

Gabriel. Sans doute, et avec raison.

Pétrone. Quelle folie donc de livrer sa fille à un homme plus que lépreux !

Gabriel. C'est plus que de la folie. Si un seigneur voulait élever des chiens, je le demande, ferait-il couvrir une femelle de race par un chien galeux et mou ?

Pétrone. Il veillerait au contraire soigneusement à lui adjoindre un chien de race, dans la crainte de former des hybrides.

Gabriel. Et si un général voulait accroître sa cavalerie, ferait-il saillir une belle jument par un cheval malade et abâtardi ?

Pétrone. Il ne recevrait pas même ce cheval malade dans l'écurie commune, de peur que son mal ne se communiquât aux autres.

Gabriel. Cependant ils ne prennent pas garde à l'homme qu'ils donneront à leur fille, et d'où naîtront des enfants appelés non-seulement à hériter de tous leurs biens, mais encore à gouverner l'État.

Pétrone. Le paysan lui-même n'accouple pas tout taureau avec la génisse, ni tout cheval avec la jument, ni tout porc avec la truie, quoique le taureau soit fait pour la charrue, le cheval pour la voiture et le porc pour la cuisine.

Gabriel. Voyez combien les jugements des hommes sont absurdes. Si un roturier baisait par force une jeune fille noble, on verrait là un outrage punissable par la guerre.

Pétrone. Par une guerre acharnée.

Gabriel. Et ces mêmes personnages, de gaieté de cœur et de propos délibéré, donnent à un monstre abominable tout ce qu'ils ont de plus cher, commettant à la fois un double sacrilége envers leur famille et envers l'État.

Pétrone. Si un prétendant, bien portant d'ailleurs, boite un peu, on n'en veut point pour gendre, et cette maladie affreuse est comptée pour rien dans les promesses de mariage.

Gabriel. Si quelqu'un marie sa fille à un franciscain, quelle abomination! comme on plaint le triste sort de la jeune fille! Pourtant, l'habit ôté, elle a un mari dont les membres sont valides, tandis que celle-ci passera sa vie entière avec un cadavre à demi vivant. Si une fille épouse un prêtre, on plaisante sur l'oint, mais celle-ci a pris un mari oint d'une bien autre façon [1].

Pétrone. C'est à peine si les ennemis feraient cela aux jeunes filles prises à la guerre, ou les pirates à celles qu'ils ont enlevées par un crime, et des parents le font à leur fille unique sans que le magistrat leur donne un curateur!

Gabriel. Le médecin peut-il secourir un frénétique s'il est atteint lui même de frénésie?

Pétrone. Il est étrange que les princes, dont le devoir est de veiller au salut de l'État en ce qui concerne le corps, ne cherchent aucun remède à ce mal, quoiqu'il n'y sit rien de plus important et de plus précieux que la santé. Cette horrible peste envahit la majeure

---

1. Allusion aux cataplasmes des précieux dont parle Rabelais.

partie de l'univers, et ils s'endorment comme si cela ne les regardait pas.

Gabriel. Il faut parler respectueusement des princes, Pétrone. Approchez l'oreille, je vais vous dire tout bas deux mots.....

Pétrone. O malheur ! puissiez-vous ne pas dire vrai !

Gabriel. Combien de sortes de maladies pensez-vous que puissent causer des vins corrompus et gâtés de mille façons ?

Pétrone. Des maladies innombrables, si l'on en croit les médecins.

Gabriel. Les édiles veillent-ils à cela ?

Pétrone. Ils ne veillent qu'à percevoir les impôts.

Gabriel. Celle qui épouse un malade mérite peut-être son malheur, parce qu'elle se l'est attiré elle-même ; néanmoins, si j'étais prince, je prononcerais leur séparation de corps. Mais si une fille se mariait à un homme atteint de cette lèpre, qui se serait faussement déclaré sain, et que l'on me nommât souverain pontife, je romprais ce mariage, s'appuyât-il sur cent contrats en forme.

Pétrone. Sous quel prétexte ? L'homme ne peut pas rompre un mariage régulièrement contracté.

Gabriel. Quoi ! vous trouvez régulier un mariage contracté frauduleusement ? Le contrat est nul si la jeune fille trompée, épouse un esclave qu'elle croyait libre. L'homme que celle-ci a épousé est esclave de très-rigoureuse dame Psora, esclavage d'autant plus triste que cette maîtresse n'affranchit personne et que pas une lueur de liberté ne console du malheur de la servitude.

Pétrone. Voilà un bon prétexte.

Gabriel. En outre, il n'y a de mariage qu'entre vifs. Ici, c'est un mort qu'on épouse.

Pétrone. Voilà encore un prétexte. Mais vous n'empêcherez pas sans doute les galeuses d'épouser des galeux, suivant ce vieil adage : *Qui se ressemble s'assemble.*

Gabriel. Si cela dépendait de moi, dans l'intérêt de l'État, je les laisserais se marier, et ensuite je les brûlerais.

Pétrone. Alors vous vous conduiriez en Phalaris et non en prince.

Gabriel. Est-il donc un Phalaris le médecin qui coupe quelques doigts ou qui brûle une partie du corps pour l'empêcher de périr tout entier? Je ne vois pas là de la cruauté, mais de la pitié. Plût à Dieu qu'on eût fait cela à l'origine du mal! La mort d'un petit nombre aurait assuré le salut de tout l'univers. On trouve un exemple de ce fait dans l'histoire de France.

Pétrone. Il serait plus humain de les châtrer et de les séquestrer.

Gabriel. Mais que feriez-vous aux femmes?

Pétrone. Je leur donnerais des ceintures de chasteté.

Gabriel. On empêcherait ainsi que les mauvais corbeaux ne fissent de mauvais œufs; mais je vous avouerai que ce remède est plus humain, à condition que vous m'avouerez que l'autre est plus sûr; car les eunuques éprouvent aussi des désirs, et d'ailleurs le mal ne se communique pas d'une seule façon, il se transmet aux autres par un baiser, par une conversation, par un attouchement, en étant à table. De plus, ce mal a cela de particulièrement fatal que quiconque en est atteint n'a pas de plus grand plaisir que de communiquer sa lèpre au plus grand nombre possible. En les séquestrant, ils peuvent s'enfuir, ils peuvent en imposer soit à la faveur de la nuit, soit en s'adressant à des gens qui ne les connaissent pas : avec les morts il n'y a rien à craindre.

Pétrone. J'avoue que votre remède est plus sûr, mais je ne sais pas s'il convient à la charité chrétienne.

Gabriel. Voyons, dites-moi, quels sont les plus dangereux des simples voleurs ou de ces gens-là?

Pétrone. J'avoue que l'argent est d'un bien moindre prix que la santé.

Gabriel. Et cependant, nous chrétiens, nous pendons les voleurs au gibet; on n'appelle pas cela de la cruauté, mais de la justice, et, au point de vue de l'État, c'est un acte d'humanité.

Pétrone. Mais dans ce cas on punit celui qui a porté préjudice.

Gabriel. Les autres, sans doute procurent des avantages! Mais admettons que beaucoup de gens aient contracté cette maladie nullement par leur faute, quoiqu'il y en ait bien peu qui ne la doivent à la débauche; les jurisconsultes enseignent qu'on a quelquefois le droit de faire mourir des innocents lorsqu'il y va du salut de l'État. C'est ainsi que les Grecs, après la prise de Troie, tuèrent Astyanax, fils d'Hector, dans la crainte qu'il ne recommençât la guerre. On ne considère pas comme un crime, après la mort d'un tyran, d'égorger ses enfants innocents. Nous autres chrétiens, qui sommes toujours en guerre, ne savons-nous pas que la majeure partie des maux qu'elle entraîne retombent sur ceux qui ne sont point coupables? Il en est de même dans ce qu'on appelle les représailles. L'agresseur est en sûreté, et l'on dépouille le marchand qui, loin d'être en faute, ignore même ce qui s'est fait. Si nous employons de tels remèdes dans des cas d'une importance secondaire, que pensez-vous que l'on doive faire lorsqu'il s'agit de la chose la plus horrible de toutes?

Pétrone. Je suis vaincu par l'évidence.

Gabriel. Réfléchissez encore à ceci : en Italie, au premier symptôme de peste, on ferme les maisons; ceux qui servent les malades sont séquestrés. Il y en a qui traitent ces mesures de barbares, tandis qu'elles sont pleines d'humanité : car, grâce à cette vigilance, le mal s'apaise en ne faisant que quelques victimes. N'est-ce pas un grand acte d'humanité que de sauver la vie de tant de milliers d'hommes? Il y en a qui trouvent inhospitaliers les Italiens, qui, en temps de peste, ferment, le soir, leurs portes au voyageur, et l'obligent à passer la nuit à la belle étoile; mais c'est un acte d'humanité d'assurer le bien général au préjudice d'un petit nombre. Certains individus s'estiment très-courageux et officieux parce qu'ils osent s'approcher des pestiférés sans avoir rien à faire auprès d'eux; mais comme, en rentrant au logis, ils apportent la contagion à leur femme, à leurs enfants, à leurs domestiques, quoi de plus fou que ce courage? quoi de plus inofficieux que cet office qui consiste à souhaiter le bonjour à un étranger pour mettre en danger de mort tout ce qu'on a de plus cher? Cependant la peste est bien moins dangereuse que le mal dont nous parlons ; elle se communique plus rarement et n'atteint presque jamais les vieillards ; ceux qu'elle frappe, elle les délivre tout d'un coup ou elle les rend à la santé, plus sains même qu'ils n'étaient auparavant. Mais la psora, qu'est-ce autre chose qu'une mort continuelle, ou, pour mieux dire, une sépulture? Ceux qu'elle frappe sont enveloppés de linges et d'emplâtres, comme des cadavres.

Pétrone. Rien n'est plus vrai. On devrait du moins prendre contre un mal aussi funeste les mêmes précautions que contre les lépreux. Si c'est trop exiger, on ne devrait pas se faire raser, ou bien être à soi-même son barbier.

Gabriel. Mais si tous les deux fermaient la bouche?

Pétrone. Le mal se communique par le nez.

Gabriel. Il y a encore un remède à cela.

Pétrone. Lequel?

Gabriel. C'est de faire comme les alchimistes, de prendre un masque qui permette aux yeux de voir par de petits trous vitrés, et qui facilite la respiration de la bouche et du nez au moyen d'un tuyau qui, passant sous les aisselles, s'étend derrière le dos.

Pétrone. Cela irait au mieux s'il n'y avait rien à craindre du contact des doigts, du linge, du peigne et des ciseaux.

Gabriel. Il vaut donc mieux laisser descendre sa barbe jusqu'aux genoux.

Pétrone. C'est mon avis. Ensuite on fera un édit interdisant d'être à la fois barbier et chirurgien.

Gabriel. Vous réduisez les barbiers à mourir de faim.

Pétrone. Ils diminueront leurs dépenses et ils raseront à un prix un peu plus élevé.

Gabriel. Soit.

Pétrone. Il sera défendu par une loi de boire dans un gobelet commun.

Gabriel. Cette loi ne sera pas bien reçue en Angleterre.

Pétrone. Défense de coucher à deux dans le même lit, à l'exception du mari et de la femme.

Gabriel. D'accord.

Pétrone. Défense aux hôteliers de faire coucher les voyageurs dans des draps qui auront servi.

Gabriel. Que ferez-vous aux Allemands, qui les lavent à peine une fois par an?

Pétrone. Ils stimuleront leurs blanchisseuses. En outre, il faudra abolir, malgré son ancienneté, l'usage de saluer par un baiser.

Gabriel. Même dans les temples?

Pétrone. Chacun mettra sa main devant l'image.

Gabriel. Et dans la conversation?

Pétrone. On évitera ces paroles d'Homère : *approchant la tête de près*; et à son tour celui qui écoute serrera les lèvres.

Gabriel. Pour toutes ces lois les Douze Tables suffiraient à peine.

Pétrone. Mais, en attendant, que conseillez-vous à cette infortunée jeune femme?

Gabriel. Quel conseil puis-je lui donner, sinon d'accepter son malheur afin d'être moins malheureuse, d'opposer la main aux baisers de son mari et de coucher avec lui armée ?

Pétrone. Où courez-vous de ce pas ?

Gabriel. Droit à mon cabinet.

Pétrone. Quoi faire ?

Gabriel. Au lieu de l'épithalame qu'on m'a demandé, je vais écrire une épitaphe.

L'IMPOSTURE

PHILIPPE, LIVIN.

Philippe. Portez-vous bien, Livin.

Livin. Je me porterai bien, si vous le voulez. Mais défiez-vous de moi, car j'ai l'intention de vous tromper si vous ne prenez garde.

Philippe. L'ennemi qui avertit du danger n'est pas bien à craindre. Voyons, trompez-moi, si vous le pouvez.

Livin. C'est déjà fait, et vous ne vous en apercevez pas encore. Pour la seconde fois, prenez garde.

Philippe. J'ai sans doute affaire à un escamoteur, car je ne sens aucune imposture.

Livin. Faites de nouveau attention, si vous ne voulez pas être trompé comme vous l'avez été plus d'une fois.

Philippe. J'y suis; commencez.

Livin. Il y a longtemps que ce que vous me commandez est fait et archifait.

Philippe. Qu'y a-t-il de fait et d'archifait? Je ne sens point de supercherie.

Livin. Après tant d'avertissements, soyez donc enfin attentif.

Philippe. Quelle étrange manière de duper! Je suis joué, dites-vous, et je ne m'aperçois d'aucun artifice, bien que j'observe vos yeux, vos mains et votre langue. Allons, recommencez.

Livin. J'ai beau recommencer et vous tromper chaque fois, vous ne devinez pas les piéges.

Philippe. Avec quoi me tendez-vous des piéges?

Livin. Eh bien, c'est ma langue qui vous dresse des embûches; vos oreilles ne les sentent pas et vos yeux ne les voient pas. Ouvrez donc bien les yeux et les oreilles.

Philippe. Je ne pourrais pas les ouvrir davantage, quand il s'agirait de ma vie. Trompez-moi de nouveau.

Livin. Je vous ai trompé de nouveau, et vous ne découvrez point l'artifice.

Philippe. Vous m'assommez. De grâce, dites-moi quel est ce genre de charlatanisme?

Livin. Je vous ai parlé jusqu'à présent et je vous parle encore en vers.

Philippe. C'est à quoi je m'attendais le moins.

Livin. Je vous ai d'abord répondu par deux trimètres ïambiques, puis par un trochaïque tétramètre catalectique. J'ai employé ensuite, en vous parlant, de simples crétiques, un phaleuce hendécasyllabe, de simples choriambes, de simples anapestes, trois saphiques, un sotadique, et enfin un trochaïque tétramètre.

Philippe. Grand Dieu ! je m'attendais à tout plutôt qu'à cela. Si je vis, je prendrai un jour ma revanche.

Livin. Tout de suite, si vous pouvez.

Philippe. Voilà deux fois que je vous ai rendu la pareille, et vous n'avez rien senti.

Livin. Quoi ! sitôt ?

Philippe. Je vous ai menacé par un ïambique trimètre catalectique, puis j'ai ajouté cinq crétiques.

Livin. Vous avez, à ce que je vois, pleinement justifié le proverbe : *Le Crétois a rencontré le Crétois.*

Philippe. Oui, mais je souhaite que chacun de nous ne rencontre jamais d'imposture plus funeste.

LE CYCLOPE

ou

LE PORTE-ÉVANGILE

CANNIUS, POLYPHÈME.

Cannius. A quoi chasse ici Polyphème?
Polyphème. Vous me demandez à quoi je chasse, sans chiens ni épieu?
Cannius. Peut-être à quelque hamadryade.
Polyphème. Vous devinez joliment! Tenez, voici mon filet de chasse.
Cannius. Que vois-je? Bacchus paré des dépouilles du lion, Polyphème avec un livre! C'est donner une tunique jaune à un chat.

Polyphème. Je n'ai pas point mon livre seulement en jaune, mais en rouge et en bleu.

Cannius. Je ne parle pas de couleur jaune, je me suis servi d'un mot grec. On dirait un livre de guerre, à le voir armé de fermoirs, de plaques et de cercles de cuivre.

Polyphème. Ouvrez-le.

Cannius. Je vois.. Il est très-beau ; mais vous ne l'avez pas encore assez orné.

Polyphème. Que lui manque-t-il ?

Cannius. Vous auriez dû y ajouter vos armes.

Polyphème. Lesquelles ?

Cannius. La tête de Silène regardant hors d'un tonneau. Mais de quoi traite-t-il ? de l'art de boire ?

Polyphème. Prenez garde de ne pas proférer un blasphème à votre insu.

Cannius. Quoi donc! Est-ce quelque chose de sacré ?

Polyphème. Tout ce qu'il y a de plus sacré : c'est l'Évangile.

Cannius. Grand Hercule ! Qu'y a-t-il de commun entre Polyphème et l'Évangile ?

Polyphème. Demandez plutôt ce qu'il y a de commun entre un chrétien et le Christ.

Cannius. Je ne sais pas ; mais, tel que vous êtes, une hallebarde vous conviendrait mieux : car, si je venais à rencontrer sur mer un inconnu de votre mine, je le prendrais pour un pirate, et, dans un bois, pour un sicaire.

Polyphème. Pourtant ce même Évangile nous recommande de ne point juger sur les apparences. Car, de même que souvent sous une robe grise se cache un cœur inhumain, quelquefois aussi une tête rasée, des moustaches en croc, des sourcils menaçants, des yeux farouches, une plume au vent, une casaque militaire, un haut-de-chausses taillé, couvrent une âme évangélique.

Cannius. Pourquoi pas ? La brebis se cache quelquefois sous la peau du loup, et, si l'on en croit les fables, l'âne se couvre de la dépouille du lion.

Polyphème. J'en connais un qui porte un mouton sur la tête et un renard dans le cœur. Je lui souhaite d'avoir des amis aussi candides que ses yeux sont noirs, et d'être aussi bien doré que sa couleur se prête à la dorure.

Cannius. Si celui qui a un bonnet de peau de mouton porte un mouton sur la tête, vous devez être bien chargé, vous qui portez à la fois sur la tête un mouton et une autruche. N'est-il pas plus absurde d'avoir un oiseau sur la tête et un âne dans le cœur?

Polyphème. Vous êtes mordant.

Cannius. Cela irait au mieux si l'Évangile que vous avez décoré de divers ornements vous embellissait à son tour. Vous l'avez orné de couleurs, plût à Dieu qu'il vous ornât de bonnes mœurs !

Polyphème. Je ferai en sorte.

Cannius. Comme d'habitude.

Polyphème. Mais, trêve de reproches. Blâmeriez-vous donc ceux qui portent le livre de l'Évangile ?

Cannius. Pas le moins du monde (*minimē*).

Polyphème. Quoi ! me prenez-vous pour le plus petit du monde (*minimē*), moi qui suis plus grand que vous de la tête d'un âne.

Cannius. Pas autant, je crois, si l'âne dressait les oreilles.

Polyphème. Du moins de la tête d'un bœuf.

Cannius. J'accepte la comparaison; mais j'ai dit le moins (*minimē*), et non le plus petit (*minimĕ*)[1].

Polyphème. Quelle différence y a-t-il entre un œuf et un œuf?

Cannius. Quelle différence y a-t-il entre le doigt du milieu et le petit doigt?

Polyphème. Le doigt du milieu est plus long.

Cannius. Bien dit. Quelle différence y a-t-il entre les oreilles de l'âne et celles du loup?

Polyphème. Celles du loup sont plus courtes.

Cannius. Vous comprenez.

Polyphème. Moi, j'ai pour habitude de mesurer le long et le court avec le palme et l'aune, et non avec les oreilles.

Cannius. Celui qui a porté le Christ a été nommé Christophe (*Porte-Christ*). Vous, qui portez l'Évangile, devriez être nommé, au lieu de Polyphème, Porte-Évangile.

Polyphème. Ne considérez-vous pas comme une chose sainte de porter l'Évangile?

Cannius. Non, à moins de tenir les ânes pour des modèles de sainteté.

Polyphème. Pourquoi cela?

Cannius. Parce qu'il suffit d'un âne pour porter trois mille exemplaires de ce livre; et je ne vous croirais

---

[1]. Ces deux mots diffèrent par la quantité; dans le premier, e est long; dans le second, il est bref. Il en résulte un jeu de mots qui n'a de sel qu'en latin.

pas au-dessous d'une pareille charge, si vous étiez bien bâté.

Polyphème. Il n'est point absurde de décerner la sainteté à l'âne, puisqu'il a porté le Christ.

Cannius. Je ne vous envie pas cette sainteté-là. Je vous donnerai même, si vous voulez, des reliques de l'âne que le Christ a enfourché, afin que vous les baisiez.

Polyphème. Vous me ferez un présent fort agréable, car cet âne a été consacré par le contact du corps du Christ.

Cannius. Assurément, ceux qui ont souffleté le Christ l'ont aussi touché.

Polyphème. Mais, dites-moi sérieusement, n'est-ce pas un acte de piété de porter avec soi le livre de l'Évangile?

Cannius. C'est un acte de piété si l'hypocrisie ne s'en mêle pas, si on agit franchement.

Polyphème. Laissons l'hypocrisie aux moines : qu'a-t-elle de commun avec un soldat?

Cannius. Expliquez-moi d'abord en quoi consiste l'hypocrisie.

Polyphème. A afficher des sentiments que l'on n'a pas dans le cœur.

Cannius. Qu'affiche-t-on en portant avec soi le livre de l'Évangile? N'indique-t-on pas une vie évangélique?

Polyphème. Évidemment.

Cannius. Or, quand la conduite ne répond pas au livre, n'y a-t-il pas hypocrisie?

Polyphème. Oui. Mais qu'entendez-vous par porter véritablement le livre de l'Évangile ?

Cannius. Il y en a qui le portent dans les mains, comme les franciscains la règle de saint François : les crocheteurs parisiens, les ânes et les rosses en feraient autant. Il y en a qui le portent dans la bouche, ne parlant que du Christ et de l'Évangile : c'est agir en pharisiens ; d'autres le portent dans le cœur. Par conséquent, pour porter véritablement l'Évangile, il faut l'avoir dans les mains, dans la bouche et dans le cœur.

Polyphème. Quels sont ceux-là ?

Cannius. Les diacres qui, dans les temples, portent l'Évangile, le récitent au public et le possèdent dans le cœur.

Polyphème. Cependant, tous ceux qui portent l'Évangile dans leur âme ne sont pas des saints.

Cannius. Ne faites pas le sophiste avec moi. On ne porte l'Évangile dans son âme que quand on l'aime du fond du cœur, et on ne l'aime profondément que quand on le traduit par ses actes.

Polyphème. Je ne saisis pas bien ces subtilités.

Cannius. Je vais m'exprimer plus simplement. Si vous portiez sur votre épaule une bouteille de vin de Beaune, n'est-il pas vrai que ce ne serait qu'un fardeau ?

Polyphème. Pas autre chose.

Cannius. Si vous vous mettiez le vin dans la bouche pour le rejeter ensuite ?

Polyphème. Il ne servirait à rien ; mais je vous assure que ce n'est pas mon habitude.

Cannius. Si, au contraire, selon votre habitude, vous l'avaliez d'un trait?

Polyphème. Il n'y aurait rien de meilleur.

Cannius. Tout le corps se réchauffe, le visage se colore, le front s'épanouit.

Polyphème. Parfaitement.

Cannius. Il en est de même de l'Évangile. En circulant dans les veines de l'âme, il renouvelle entièrement la nature de l'homme.

Polyphème. Est-ce que vous pensez que je vis d'une manière peu évangélique?

Cannius. Cette question, nul ne la tranchera mieux que vous.

Polyphème. Si cela peut se faire avec une hache.

Cannius. Si quelqu'un vous appelait en face menteur ou vaurien, que feriez-vous?

Polyphème. Ce que je ferais? Il sentirait mes poings.

Cannius. Et si quelqu'un vous donnait un soufflet?

Polyphème. Je lui couperais le cou pour son soufflet.

Cannius. Pourtant, votre livre recommande de répondre à l'injure par des paroles bienveillantes, et, si l'on vous frappe la joue gauche, de présenter la droite.

Polyphème. Je l'ai lu, mais je l'avais oublié.

Cannius. Vous priez, sans doute, souvent?

Polyphème. C'est bon pour un pharisien.

Cannius. Le pharisien prie longtemps et avec affectation. Votre livre recommande de toujours prier, mais du cœur.

Polyphème. Cependant, je prie quelquefois.

Cannius. Quand cela ?

Polyphème. Quand j'y songe : une ou deux fois par semaine.

Cannius. Quelle prière récitez-vous ?

Polyphème. L'oraison dominicale.

Cannius. Combien de fois ?

Polyphème. Une seule fois, car l'Évangile défend la battologie, c'est-à-dire les répétitions inutiles.

Cannius. Pourriez-vous réciter attentivement l'oraison dominicale ?

Polyphème. Je n'ai jamais essayé. Ne suffit-il pas de la réciter de bouche ?

Cannius. Je ne sais pas ; je sais seulement que Dieu n'entend que la voix du cœur. Jeûnez-vous souvent ?

Polyphème. Jamais.

Cannius. Cependant, votre livre approuve la prière et le jeûne ?

Polyphème. Je l'approuverais aussi si mon ventre ne me réclamait autre chose.

Cannius. Cependant, saint Paul déclare que ceux qui sont esclaves de leur ventre ne peuvent pas servir Jésus-Christ. Mangez-vous de la viande tous les jours ?

Polyphème. Quand on m'en donne.

Cannius. Pourtant ces flancs robustes et athlétiques se contenteraient pour toute nourriture de foin et d'écorces d'arbres.

Polyphème. Mais le Christ a dit que ce qui entre dans la bouche de l'homme ne le souille pas.

Cannius. Oui, pourvu qu'on le prenne modérément et sans scandale. Mais saint Paul, disciple du Christ, aime mieux mourir de faim que de scandaliser par sa nourriture son frère faible, et il nous invite par son exemple à plaire à tous en toutes choses.

Polyphème. Saint Paul est saint Paul; moi je suis moi.

Cannius. Le rôle d'Égon[1] est de faire paître les chèvres.

Polyphème. J'aimerais mieux les manger (*esse*[2]).

Cannius. Le beau souhait! Vous deviendrez plutôt un bouc qu'une chèvre.

Polyphème. J'ai dit *esse* pour *edere*.

Cannius. Élégamment. Faites-vous volontiers l'aumône?

Polyphème. Je n'ai pas de quoi donner.

Cannius. Vous auriez de quoi si vous viviez sobrement, si vous vous appliquiez au travail.

Polyphème. Il est doux de ne rien faire.

Cannius. Observez-vous les commandements de Dieu?

Polyphème. C'est trop pénible.

Cannius. Faites-vous pénitence de vos péchés?

Polyphème. Le Christ a payé pour nous.

Cannius. En quoi montrez-vous donc que vous aimez l'Évangile?

---

1. Jeu de mots qui roule sur *ego*, moi, et *Ægo*, Égon, berger dont parle Virgile.

2. *Esse* signifie également *être* et *manger*. Cannius répond comme si Polyphème, employant le premier sens, avait voulu dire : J'aimerais mieux être une chèvre.

Polyphème. Je vais vous le dire. Un certain franciscain, qui prêchait chez nous, ne cessait de déblatérer contre le Nouveau Testament d'Érasme. J'allai trouver mon homme en particulier; de la main gauche je le saisis aux cheveux, et de la droite je me livrai au pugilat. Je l'ai meurtri fièrement, et de toute sa figure je n'ai fait qu'une bosse. Qu'en dites-vous? n'est-ce pas là soutenir l'Évangile? Ensuite je lui ai donné l'absolution en lui assénant sur la tête trois coups de ce même livre, et je lui ai fait trois bosses au nom du Père, du Fils et du Saint-Esprit.

Cannius. Voilà qui est tout à fait évangélique, car c'est défendre l'Évangile par l'Évangile.

Polyphème. Il en vint un autre de la même confrérie, qui se déchaînait contre Érasme, sans mesure et sans fin. Enflammé d'un zèle évangélique, j'ai forcé mon homme, en le menaçant, à demander pardon à genoux et à avouer que dans tout ce qu'il avait dit il avait suivi l'instigation du diable. S'il ne l'avait pas fait, ma hallebarde était déjà levée sur sa tête; je ressemblais à Mars en courroux. Le fait s'est passé devant plusieurs témoins.

Cannius. Je m'étonne que cet homme ne soit pas mort sur-le-champ. Mais, continuons. Vivez-vous chastement?

Polyphème. Cela viendra peut-être quand je serai vieux. Mais voulez-vous que je vous confesse la vérité, Cannius?

Cannius. Je ne suis pas prêtre; si vous voulez vous confesser, adressez-vous ailleurs.

Polyphème. Je me confesse à Dieu, mais je vous avouerai que je ne suis pas un évangélique parfait, je suis comme tant d'autres. Nous avons quatre Évangiles ; nous autres évangéliques, nous visons surtout à quatre choses : satisfaire le ventre ; contenter ce qui est au bas du ventre ; avoir de quoi bien vivre ; enfin, pouvoir faire tout ce que nous voulons. Quand nous avons tout cela, nous crions, le verre en main : « Io victoire ! Io péan ! Vive l'Évangile ! Règne le Christ ! »

Cannius. C'est vivre en épicurien, et non d'après l'Évangile.

Polyphème. Je ne dis pas non. Mais vous savez que le Christ est tout-puissant ; il peut nous changer tout d'un coup en d'autres hommes.

Cannius. Il peut aussi vous changer en pourceaux, bien plus facilement, j'imagine, qu'en honnêtes gens.

Polyphème. Plût à Dieu qu'il n'y eût rien de pire au monde que les pourceaux, les bœufs, les ânes et les chameaux ! On voit beaucoup de gens plus féroces que les lions, plus rapaces que les loups, plus lascifs que les moineaux, plus hargneux que les chiens, plus dangereux que les vipères.

Cannius. Mais il est temps que vous commenciez à vous changer de bête brute en homme.

Polyphème. Vous avez raison, car les prophètes de ce temps-ci disent que le dernier jour du monde approche.

Cannius. Raison de plus pour vous hâter.

Polyphème. J'attends la main du Christ.

Cannius. Faites en sorte de fournir à cette main une matière souple. Mais d'où vos prophètes concluent-ils que la fin du monde approche ?

Polyphème. Parce que, disent-ils, les hommes font aujourd'hui ce qu'ils faisaient à la veille du déluge : ils mangent, boivent, font bonne chère, se marient, ont des maîtresses, achètent, vendent, prêtent, empruntent à usure, bâtissent. Les rois font la guerre, les prêtres s'appliquent à augmenter leurs revenus, les théologiens inventent des syllogismes, les moines courent le monde, le peuple se soulève, Érasme écrit des colloques ; enfin tous les fléaux existent à la fois : la faim, la soif, le brigandage, la guerre, la peste, la sédition, la disette du bien. Tout cela n'annonce-t-il pas que la fin du monde approche ?

Cannius. De ce déluge de maux, quel est celui qui vous afflige le plus ?

Polyphème. Devinez.

Cannius. C'est que votre bourse est pleine de toiles d'araignée.

Polyphème. Que je meure si vous n'avez pas mis le doigt dessus ! Je sors à l'instant du cabaret ; une autre fois, quand je ne serai pas ivre, je disputerai avec vous sur l'Évangile, si vous voulez.

Cannius. Quand vous verrai-je sans être ivre ?

Polyphème. Quand je ne le serai pas.

Cannius. Quand ne le serez-vous pas ?

Polyphème. Quand vous le verrez. En attendant, mon cher Cannius, soyez heureux.

Cannius. Je souhaite qu'à votre tour vous soyez ce que votre nom indique [1].

Polyphème. Pour n'être pas en reste de politesse, je souhaite que Cannius ne soit jamais privé de l'objet d'où il tire son nom [2].

1. Polyphème en grec signifie fameux.
2. Cannette.

LES QUIPROQUO

ou

LE GALIMATIAS

ANNIUS, LEUCIUS.

Annius. J'apprends que vous avez assisté aux noces de Pancrace et d'Albine.

Leucius. Je n'ai jamais fait sur mer de voyage plus malheureux que celui-ci.

Annius. Que dites-vous? il y avait autant de monde que cela!

Leucius. Jamais je n'ai moins tenu à la vie que cette fois.

Annius. Voyez ce que fait la fortune. Si je me mariais, je n'aurais à ma noce que très-peu de gens, et de pauvres diables.

Leucius. A peine étions-nous en pleine mer qu'une tempête affreuse éclata.

Annius. Vous parlez d'une assemblée des dieux. Comment, il y avait tant de grands personnages, tant de femmes de qualité ?

Leucius. Le vent déchira la voile et en dispersa les lambeaux.

Annius. Je connais l'épousée. On ne peut rien imaginer de plus charmant.

Leucius. Bientôt les lames brisèrent le gouvernail.

Annius. Tout le monde la juge ainsi. Son époux, dit-on, ne lui cède guère en beauté.

Leucius. Devinez-vous dans quelle situation d'esprit nous étions ?

Annius. C'est chose bien rare aujourd'hui que d'épouser des vierges.

Leucius. Il nous fallut ramer.

Annius. Bah! une si grosse dot? C'est incroyable!

Leucius. Voici bien un autre malheur.

Annius. Pourquoi livrer une jeune fille à peine formée à un gaillard aussi fougueux?

Leucius. Nous aperçûmes un vaisseau de corsaires.

Annius. C'est bien cela : chez beaucoup de gens, la malice supplée à l'âge.

Leucius. Nous eûmes deux batailles à soutenir, l'une contre la mer, l'autre contre les pirates.

Annius. Ciel! que de cadeaux! et l'on refuse aux pauvres un fétu.

Leucius. Que faire? Nous rendre? Non, le désespoir nous donna du cœur.

Annius. Si ce que vous dites est vrai, j'ai bien peur que ce soit là une union stérile.

Leucius. Nous accrochâmes l'ennemi.

Annius. Voilà qui est étrange! Grosse avant d'être mariée?

Leucius. Si vous aviez assisté au combat, vous ne me prendriez pas pour une femme.

Annius. A ce que je vois, le mariage n'est pas seulement ratifié, il est, de plus, consommé.

Leucius. Nous sautâmes sur le vaisseau corsaire.

Annius. Mais ce qui m'étonne, c'est que l'on vous ait invité, vous qui leur êtes étranger, et que l'on m'ait oublié, moi qui suis parent au troisième degré du père de l'épousée.

Leucius. Nous les jetâmes à la mer.

Annius. Vous avez raison. Pour les malheureux il n'y a pas de parenté.

Leucius. Nous partageâmes entre nous tout le butin.

Annius. J'en parlerai à la jeune fille à la première occasion.

Leucius. Le calme reparut tout à coup; on se serait cru aux jours alcyoniens [1].

Annius. Si elle a du bien, moi j'ai du cœur. Je ne tiens pas à ses bonnes grâces.

---

[1]. On nomme ainsi les sept jours qui précèdent et les sept jours qui suivent le solstice d'hiver, pendant lesquels l'alcyon, dit-on, fait son nid, et la mer passe pour calme.

Leucius. Ainsi, au lieu d'un vaisseau, nous en ramenâmes deux au port.

Annius. Celui-là seul qui nous héberge a le droit de se fâcher.

Leucius. Vous me demandez où je vais? A l'église, offrir à saint Nicolas un lambeau de notre voile.

Annius. Aujourd'hui cela m'est impossible, j'attends du monde à dîner; sans quoi je ne me ferais pas prier.

LE CHEVALIER SANS CHEVAL

ou

LA FAUSSE NOBLESSE

HARPALUS, NESTORIUS.

Harpalus. Pouvez-vous m'aider de vos conseils? Vous n'aurez point affaire à un oublieux, ni à un ingrat.

Nestorius. Je vous donnerai un moyen très-simple d'être ce que vous voulez être.

Harpalus. Mais il ne dépend pas de nous de naître nobles.

Nestorius. Si vous ne l'êtes pas, efforcez-vous par de belles actions de commencer par vous votre noblesse.

Harpalus. C'est trop long.

Nestorius. Pour un peu d'argent, César vous en vendra.

Harpalus. Le public se moque de la noblesse achetée.

Nestorius. Puisqu'il n'y a rien de plus ridicule que la noblesse achetée, pourquoi ambitionnez-vous tant le titre de chevalier ?

Harpalus. J'ai des raisons puissantes, que je vous exposerai volontiers quand vous m'aurez indiqué les moyens d'acquérir aux yeux du public une réputation de noblesse.

Nestorius. Le nom sans la chose ?

Harpalus. Mais quand la chose fait défaut, l'opinion y supplée. Voyons, Nestorius, conseillez-moi ; quand vous connaîtrez mes raisons, vous avouerez que la chose en vaut la peine.

Nestorius. Puisque vous le voulez, je vais vous le dire. D'abord, éloignez-vous de votre pays.

Harpalus. Oui.

Nestorius. Ingérez-vous dans la compagnie de jeunes gens vraiment nobles.

Harpalus. Je comprends.

Nestorius. On croira tout de suite que vous ressemblez à ceux avec lesquels vous vivez.

Harpalus. C'est vrai.

Nestorius. Tâchez de n'avoir rien de plébéien.

Harpalus. En quoi ?

Nestorius. Je parle de votre mise. N'ayez point d'habits de laine, mais de soie, ou, si vous n'avez pas de quoi en acheter, de futaine ; enfin, usez de toile au lieu de coton.

Harpalus. Bien.

Nestorius. N'ayez rien qui ne soit endommagé ; tailladez votre chapeau, votre pourpoint, vos bas, vos souliers, vos ongles, si vous pouvez. Tenez toujours un langage élevé. Si un voyageur arrive d'Espagne, demandez-lui comment s'accordent le Pape et l'Empereur ; ce que fait votre cousin le comte de Nassau ; ce que deviennent vos autres camarades.

Harpalus. Parfaitement.

Nestorius. Portez au doigt un anneau avec une pierre précieuse formant cachet.

Harpalus. Si ma bourse le permet.

Nestorius. Mais un anneau de cuivre doré avec une pierre fausse ne coûte pas cher. Ajoutez-y un écusson avec armes.

Harpalus. Quelles armes me conseillez-vous de choisir ?

Nestorius. Deux vases à traire le lait, si vous voulez, et un pot de bière.

Harpalus. Vous plaisantez ; parlez donc sérieusement.

Nestorius. N'avez-vous jamais été à la guerre ?

Harpalus. Je ne l'ai pas même vue.

Nestorius. Mais du moins vous avez sans doute décapité les oies et les chapons des paysans ?

Harpalus. Plus d'une fois, et vaillamment.

Nestorius. Mettez un coutelas d'argent et trois têtes d'oie en or.

Harpalus. Sur quel champ ?

Nestorius. Sur quel champ ? Sur champ de gueules, pour indiquer le sang versé vaillamment.

Harpalus. Pourquoi pas ? Le sang de l'oie est aussi

rouge que celui de l'homme. Mais continuez, je vous prie.

Nestorius. Ayez bien soin de faire suspendre cet écusson à la porte de toutes les hôtelleries où vous logerez.

Harpalus. Qu'ajoutera-t-on au casque ?

Nestorius. Votre remarque est juste. Vous lui mettrez une grille.

Harpalus. Pourquoi cela ?

Nestorius. Pour respirer, et ensuite pour qu'il réponde à votre costume. Que mettrez-vous à la cime ?

Harpalus. Je me le demande.

Nestorius. Une tête de chien, les oreilles baissées.

Harpalus. C'est trop commun.

Nestorius. Mettez-y deux cornes, c'est plus rare.

Harpalus. Oui. Mais quels animaux soutiendront l'écusson ?

Nestorius. Les cerfs, les chiens, les dragons, les griffons, sont réservés aux princes ; mettez deux harpies.

Harpalus. Vous conseillez à merveille.

Nestorius. Reste le nom. Il faut bien prendre garde de ne pas vous laisser appeler, suivant l'usage du peuple, Harpalus le Cômois, mais Harpalus de Côme. Ce dernier nom sent le noble ; l'autre convient à de vils théologiens.

Harpalus. C'est entendu.

Nestorius. Avez-vous quelque chose dont vous puissiez vous dire le maître ?

Harpalus. Pas même un toit à porcs.

Nestorius. Êtes-vous né dans une ville célèbre ?

Harpalus. Dans un obscur village; car on ne doit pas mentir à son médecin.

Nestorius. C'est bien. Mais n'y a-t-il pas une montagne voisine de ce village?

Harpalus. Oui.

Nestorius. A-t-elle quelque part une roche?

Harpalus. Elle en a une très-escarpée.

Nestorius. Soyez donc Harpalus, chevalier de la Roche-d'Or.

Harpalus. Mais il est d'usage chez les grands d'adopter chacun sa devise, témoin celle de Maximilien : *Garde la mesure;* celle de Philippe : *Qui voudra;* celle de Charles : *Au delà;* et ainsi des autres.

Nestorius. Inscrivez, vous : *Le sort en est jeté.*

Harpalus. Certes, cette devise est pleine d'à-propos.

Nestorius. Maintenant, pour mieux convaincre l'opinion du monde, fabriquez des lettres qui vous seront adressées par des grands, dans lesquelles vous serez qualifié à plusieurs reprises de très-illustre chevalier, et où il sera question de grandes choses, de fiefs, de châteaux forts, de milliers de florins, de gouvernements, d'un mariage opulent. Vous aurez soin que ces lettres, comme échappées de votre poche ou laissées par oubli, tombent en d'autres mains.

Harpalus. Cela me sera très-commode, car j'ai une belle main, et j'ai acquis par une longue habitude le talent d'imiter l'écriture de n'importe qui.

Nestorius. Cousez ces lettres dans vos vêtements, ou laissez-les dans votre sac, afin que les gens auxquels vous ferez raccommoder ces objets les y trouvent. Ils ne garderont pas le silence, et quand vous viendrez à le savoir, vous prendrez un air triste et irrité, comme si cet événement vous affligeait.

Harpalus. Je m'exerce depuis longtemps à changer de visage aussi bien que de personne.

Nestorius. Il en résultera que l'on ne se doutera point de l'artifice, et que le bruit, en se répandant, s'accréditera.

Harpalus. Je le ferai exactement.

Nestorius. Ensuite il faudra vous adjoindre quelques camarades ou même des serviteurs, qui vous céderont la préséance et vous appelleront monseigneur devant tout le monde. Si vous craignez la dépense, il ne manque pas de jeunes gens qui se prêteront volontiers à cette comédie. Ajoutez à cela que ce pays fourmille de jeunes gens instruits, qui sont tourmentés de la passion d'écrire, pour ne pas dire de la rage; il y a beaucoup d'imprimeurs faméliques, qui ne reculent devant rien pour gagner de l'argent. Subornez-en quelques-uns qui vous décerneront, dans leurs livres, le titre de grand de l'État, et cela répété plusieurs fois en lettres majuscules. Par ce procédé votre réputation de grand de l'État s'étendra jusqu'en Bohême; car les livres se répandent plus vite et plus loin que la parole, et ils ont plus de portée que les serviteurs les plus bavards.

Harpalus. Ce moyen ne me déplaît pas. Mais il faudra nourrir ces serviteurs.

Nestorius. Oui; mais vous ne nourrirez pas des serviteurs *sans mains*, c'est-à-dire *sans utilité*. Vous les enverrez de côté et d'autre, et ils trouveront quelque chose: vous savez que les occasions ne manquent pas.

Harpalus. Assez. Je comprends.

Nestorius. Il y a encore d'autres talents.

Harpalus. Je voudrais bien les connaître.

Nestorius. Si vous n'êtes pas grand joueur, habile faussaire, paillard effréné, buveur intrépide, dissipateur hardi, ruiné et criblé de dettes, enfin orné du mal français, on vous prendra difficilement pour un chevalier.

Harpalus. Je me suis exercé depuis longtemps dans tout cela; mais où trouverai-je de l'argent?

Nestorius. Attendez, c'est là que je voulais en venir. Avez-vous un patrimoine?

Harpalus. Très-peu de chose.

Nestorius. Quand votre réputation de noblesse sera bien établie, vous trouverez aisément des fous qui vous prêteront; les uns n'oseront pas, les autres craindront de vous refuser. Maintenant, pour tromper vos créanciers, vous avez mille moyens.

Harpalus. Je ne suis pas sans les connaître; mais, quand mes créanciers verront que je les paye de mots, ils finiront par m'attaquer.

Nestorius. Au contraire, le meilleur moyen de dominer est d'avoir beaucoup de dettes.

Harpalus. Comment cela?

Nestorius. D'abord, votre créancier a pour vous autant d'égards que s'il vous était lié par un grand bienfait, et il craint de donner prise à la perte de son argent. Les esclaves ne sont pas plus dépendants de leur maître que les créanciers ne le sont de leur débiteur; si on leur paye un à-compte, ils l'acceptent avec plus de plaisir qu'un don.

Harpalus. Je l'ai remarqué.

Nestorius. Gardez-vous toutefois d'avoir affaire à des gens pauvres ; car, pour une petite somme ils feront un grand bruit. Les riches sont plus traitables : la honte les retient, l'espoir les séduit, la crainte agit sur eux ; ils savent ce que peuvent les chevaliers. Enfin, quand vos dettes auront atteint un chiffre excessif, sous un prétexte quelconque, émigrez dans un endroit, et de là dans un autre. Il n'y a pas à rougir de cela, car personne n'est plus endetté que les grands princes. Si un manant vous attaque, ayez l'air d'être offensé de sa méchanceté. Cependant donnez de temps en temps quelque chose, sans payer le tout ni à tous. C'est une précaution à prendre pour qu'on ne se doute pas que votre bourse est complétement vide. Montrez toujours.

Harpalus. Quoi montrer quand on n'a rien ?

Nestorius. Si un ami vous a confié un dépôt, montrez-le comme étant à vous, mais en cachant l'artifice et en ayant l'air d'agir par hasard. A cet effet, empruntez de temps en temps une somme que vous rendrez tout de suite. D'une bourse pleine de monnaie de cuivre tirez deux écus d'or que vous y aurez mis. Pour le reste, agissez d'après vous-même.

Harpalus. Je comprends. Mais je finirai par être écrasé de dettes.

Nestorius. Vous savez tout ce que les chevaliers peuvent se permettre chez nous.

Harpalus. Absolument tout, et cela impunément.

Nestorius. Ayez donc pour serviteurs des gens actifs, ou même des parents que sans cela vous seriez obligé de nourrir. S'ils viennent à rencontrer en chemin un marchand, ils le dépouilleront. Ils trouveront, soit dans les hôtelleries, soit dans les maisons, soit sur les vaisseaux, quelque chose non gardé. Vous comprenez? Ils se souviendront que les doigts n'ont pas été donnés à l'homme pour rien.

Harpalus. Pourvu qu'il n'y ait pas de danger.

Nestorius. Ayez soin qu'ils soient bien vêtus, avec votre livrée. Confiez-leur de fausses lettres à des grands. S'ils dérobent quelque chose en secret, on n'osera pas les accuser; les soupçonnât-on, on aura peur du chevalier leur maître; s'ils extorquent du butin par la violence, on dira que c'est la guerre. C'est par un tel apprentissage que l'on prélude à la guerre.

Harpalus. O le bon conseil!

Nestorius. Observez toujours cette maxime chevaleresque : *Le chevalier a le droit de débarrasser de son argent le voyageur plébéien.* Quoi de plus indigne, en effet, qu'un vil marchand regorge d'écus pendant qu'un chevalier n'a rien à dépenser en débauche ni au jeu? Ayez soin de toujours vous mêler ou plutôt vous ingérer parmi les grands; pour ne pas rougir, faites-vous un front d'airain, surtout devant les étrangers, et à cet effet il est bon de vivre dans un endroit très-fréquenté, par exemple aux eaux, où les voyageurs abondent.

Harpalus. J'y avais songé.

Nestorius. Là, souvent la fortune offre une trouvaille.

Harpalus. Comment, je vous prie?

Nestorius. Par exemple, tel ou tel a laissé sa bourse ou a oublié de prendre la clef de son armoire. Vous comprenez le reste.

Harpalus. Mais...

Nestorius. Que craignez-vous? Qui osera soupçonner un homme si bien mis, qui tient un langage si magnifique, un chevalier de la Roche-d'Or? Et si par hasard il y avait quelqu'un d'assez malhonnête pour concevoir des soupçons, aura-t-il la hardiesse de vous actionner? Les soupçons se porteront sur un voyageur qui sera parti la veille. L'hôtelier fera grand bruit devant ses domestiques. Pour vous, votre rôle sera de rester tranquille. Si cela arrive à un homme sage et sensé, il n'en parlera pas, dans la crainte d'ajouter à cette perte la honte de n'avoir pas su garder son bien.

Harpalus. Ce que vous dites là ne manque pas de vérité, car vous connaissez sans doute le comte du Vautour-Blanc?

Nestorius. Pourquoi pas?

Harpalus. A ce que j'ai entendu dire, un Espagnol, d'un extérieur et d'une mise fort honnêtes, logea chez lui. Il lui enleva 600 florins, et jamais le comte n'a osé s'en plaindre, tant ce personnage était imposant.

Nestorius. Cela vous sert d'exemple. Vous détacherez de temps en temps un de vos domestiques, sous prétexte de l'envoyer à la guerre. Celui-ci, après avoir pillé les temples et les monastères, reviendra chargé d'un butin conquis à la guerre.

Harpalus. Ce moyen-là est très-sûr.

Nestorius. Il y a encore une autre manière de s'enrichir.

Harpalus. Indiquez-la-moi, je vous prie.

Nestorius. Prétextez des motifs de vengeance contre des gens qui ont beaucoup d'argent, notamment contre les moines ou les prêtres, qui sont fort mal vus aujourd'hui. L'un se sera moqué de votre écusson et aura craché dessus, l'autre aura parlé de vous d'une façon peu respectueuse, celui-ci aura écrit quelque chose qu'il vous sera aisé de convertir en calomnie. Déclarez-leur, par vos hérauts d'armes, *une guerre acharnée*. Semez d'horribles menaces, la destruction, la mort, *l'anéantissement* complet; ils viendront, pleins d'effroi, pour traiter. Alors, faites sonner bien haut votre honneur, c'est-à-dire réclamez beaucoup, pour avoir raisonnablement. Si vous demandez trois mille écus d'or, on n'osera pas vous en offrir moins de deux cents.

Harpalus. Je menacerai les autres des lois.

Nestorius. Cela se rapproche beaucoup de l'art du sycophante; cependant cela ne laisse pas d'aider un peu. Mais voyons, Harpalus, j'allais oublier une chose que j'aurais dû vous dire en premier lieu : il vous faudra prendre dans la nasse du mariage une jeune fille bien dotée. Vous avez en vous un philtre; vous êtes jeune, vous êtes beau garçon, vous débitez de jolis riens, vous riez agréablement. Faites courir le bruit que vous êtes appelé à la Cour de César avec de brillantes promesses. Les jeunes filles aiment à épouser des grands seigneurs.

Harpalus. J'en connais à qui cela a bien réussi. Mais si la fourberie finit par percer, et si mes créanciers m'assaillent de tous les côtés? On rira de moi comme d'un chevalier de théâtre; car, pour ces gens-là, c'est plus honteux que de piller un temple par un sacrilége.

Nestorius. C'est alors qu'il faut savoir payer d'effronterie. Et cela d'autant mieux qu'en aucun temps il n'a été plus facile qu'aujourd'hui de remplacer la sagesse par l'audace. Vous imaginerez un prétexte pour vous excuser. Il ne manquera pas de gens naïfs qui accueilleront votre fable; d'autres, par bonté, dissimuleront la fourberie dont ils se seront aperçus. Enfin, à défaut d'autre ressource, vous vous réfugierez quelque part, à la guerre, dans les troubles. De même que *la mer lave tous les maux des humains,* la guerre cache la sentine de tous les vices. Aujourd'hui on n'est pas bon général sans avoir passé par cet apprentissage. Ce sera votre dernier asile si tout vient à vous manquer. Mais il vous faudra faire flèche de tout bois avant d'en arriver là. Prenez garde que la sécurité ne vous perde; fuyez les petites villes, où l'on ne peut pas même péter sans que tout le monde ne le sache; il y a plus de licence dans les grandes et populeuses cités, à moins qu'elles ne ressemblent à Marseille [1]. Épiez secrètement ce que l'on dit de vous. Dès que vous entendrez circuler des paroles de ce genre : « Que fait-il? Pourquoi reste-t-il ici depuis tant d'années? Pourquoi ne retourne-t-il pas dans son pays? Pourquoi ne s'occupe-t-il pas de ses châteaux? D'où lui viennent ses armoiries? Où prend-il de l'argent pour tant de dépenses? » Quand de tels propos, dis-je, commenceront à se répandre, il vous faudra songer à déguerpir promptement; mais fuyez en lion et non en lièvre. Prétextez que vous êtes appelé à la Cour de César pour des affaires importantes; et que vous re-

---

[1]. Les Marseillais avaient autrefois une police très-sévère.

viendrez bientôt avec une armée. Tous les gens intéressés à ne pas perdre n'oseront souffler mot contre vous pendant votre absence. Mais je vous recommande bien de prendre garde aux poëtes, engeance irritable et malfaisante. Ils confient au papier tout ce qui leur déplaît, et leurs confidences se répandent en un clin d'œil dans l'univers.

Harpalus. Que je meure si vos conseils ne me plaisent pas infiniment! Je vous prouverai que vous avez eu affaire à un esprit docile et à un cœur nullement ingrat. Le premier cheval digne de vous que je rencontrerai au pâturage, je vous en ferai cadeau.

Nestorius. Il reste maintenant à tenir, à votre tour, votre promesse. Qu'est-ce qui vous pousse à désirer si vivement une fausse réputation de noblesse?

Harpalus. Pas d'autre motif que celui de pouvoir tout me permettre impunément. Croyez-vous que ce ne soit rien?

Nestorius. Supposé que cela tournât mal, la mort est une dette que nous devons payer à la nature, lors même que nous aurions vécu à la Chartreuse, et il est plus doux de mourir sur la roue que de mourir de la goutte, de la pierre ou de la paralysie. Or il est militaire de croire qu'après la mort il ne reste de l'homme qu'un cadavre.

Harpalus. C'est mon avis.

LE JEU DES OSSELETS

CHARLES, QUIRIN.

QUIRIN. « Apprends, dit Caton, mais auprès des doctes. » Je désire donc, mon cher d'Utenhof[1], savoir de vous, mon maître, pourquoi les anciens pontifes de la religion ont ordonné que les clercs porteraient des robes qui descendent jusqu'à la cheville.

Charles. Sans doute pour deux raisons. Premièrement, par décence, afin que rien de nu ne s'offrît aux regards. Car autrefois on ne connaissait pas ce genre de vêtement qui couvre depuis les hanches jusqu'au bas des pieds, et l'on ne portait pas de haut-de-

---

[1]. Charles d'Utenhof, né à Gand, était un savant, ami d'Érasme.

chausses. Par la même raison, l'usage de vêtements trop courts est inconvenant pour les femmes, qui ont surtout à ménager la pudeur de leur sexe. On a voulu ensuite que les clercs différassent non-seulement par leurs mœurs, mais encore par leur costume, du public, chez lequel les plus profanes se plaisent à porter des habits très-courts.

Quirin. Ce que vous dites là est assez juste. Cependant j'ai lu dans Aristote et dans Pline que la *cheville*[1] n'existe pas dans l'homme, mais seulement dans les quadrupèdes, et non pas chez tous, mais chez ceux qui ont le pied fendu, et encore ne se trouve-t-il que dans les jambes de derrière. Comment donc peut-on dire d'une robe portée par l'homme, qu'elle descend jusqu'à la cheville, à moins que les hommes n'aient été jadis des quadrupèdes, suivant la comédie d'Aristophane?

Charles. Bien plus, si nous en croyons Œdipe, on trouve des hommes à quatre pieds, à trois pieds et à deux pieds; en outre, il nous arrive souvent de la guerre des hommes à un pied, et quelquefois sans pieds. Mais, pour ce qui concerne le mot *cheville*, vous seriez bien plus surpris, en lisant Horace, de voir qu'il donne des chevilles même aux pièces de théâtre. Voici, je crois, ce qu'il écrit dans l'*Art poétique*: *Sans s'inquiéter si sa pièce tombe ou si elle se tient droite sur ses chevilles*[2].

---

[1]. Il y a ici un jeu de mots intraduisible. *Talus*, dans le sens de Pline, ne veut pas dire *cheville*, mais *osselet*.

[2]. Ce passage d'Horace n'est point dans l'*Art poétique*, mais dans la première épître du livre II.

Quirin. Les poètes sont libres de s'exprimer comme ils l'entendent. Chez eux le Tmolus[1] a des oreilles, les vaisseaux parlent et les chênes dansent.

Charles. Votre Aristote pouvait encore vous apprendre qu'il existe des demi-osselets, qu'il nomme ἡμιαστράγαλοι et qu'il attribue à la famille des lynx. Il ajoute que les lions ont une espèce d'osselet tortueux qu'il nomme λαβυρινθώδης et que Pline traduit par *tortuosus*. Partout où les os sont joints aux os, pour la commodité de la flexion, les parties creuses correspondent aux parties saillantes ; les unes et les autres sont garnies et comme incrustées d'un cartilage glissant, de peur qu'elles ne s'endommagent par un frottement mutuel, suivant la remarque du même Aristote. Parmi ces os, il en est qui diffèrent peu de la forme et de l'usage de l'osselet ; ainsi, au bas de la jambe, près du talon, où s'exerce la flexion du pied, fait saillie une espèce d'osselet que les Grecs nomment σφυρόν ; puis dans le fléchissement du genou, qu'ils nomment, si je ne me trompe, ἰσχίον, et d'autres *vertebrum*[2]. Nous voyons pareille chose dans les hanches, dans les épaules, et enfin dans les articulations des doigts du pied et de la main. Pour que cela ne vous étonne pas, les Grecs rapportent que le mot ἀστράγαλος est affecté par d'excellents auteurs aux os qui forment la colonne vertébrale, surtout vers le cou. Ils citent ce vers :

Ἐκ δὲ μοι αὐχὴν ἀστραγάλων ἐάγη[3].

1. Montagne de la Lydie où le Pactole prend sa source.
2. C'est une erreur : ἰσχίον et *vertebrum* signifient l'os du bassin.
3. « Ma tête fut brisée hors des vertèbres. »

Suivant le dire d'Aristote, les jambes de devant ont été données à l'animal pour courir, et à cause de cela elles n'ont point d'osselets; les jambes de derrière contribuent à la solidité, parce que le poids du corps incline de leur côté, de même qu'elles servent de défense aux animaux qui ruent. Horace, voulant faire entendre qu'une pièce de théâtre n'a point été rejetée, mais a été jouée jusqu'au bout, dit qu'*elle s'est tenue debout sur ses chevilles;* il attribue à la pièce de théâtre des chevilles, de même que nous attribuons au livre une fin (*calx*) et au volume un cylindre (*umbilicus*).

Quirin. Certes, vous faites à merveille le grammairien.

Charles. Pour mieux vous convaincre, les grammairiens grecs veulent qu'ἀστράγαλος vienne de στρέφω et de la particule privative α, parce qu'il ne bouge pas et qu'il est immobile. Cependant d'autres prétendent qu'ἀστράγαλος a le même sens qu'ἀστάγαλος avec ρ en plus, parce que, doué d'une extrême mobilité, il ne peut rester en place.

Quirin. De cette manière-là, on peut deviner bien des choses. Il était plus simple de dire : « Je ne sais pas. »

Charles. La divination ne vous paraîtra point si absurde si vous songez à l'obscurité qui enveloppe la dérivation des mots. D'ailleurs, dans ce cas, il n'y a aucune contradiction, comme vous pourrez le voir en regardant de près. L'osselet est mobile; mais, tout en étant mobile, il rend plus ferme la partie à laquelle il est fixé; ensuite, l'os est joint à l'os pour qu'il ne puisse pas se luxer aisément.

Quirin. Vous pourriez même, à ce que je vois, faire le sophiste, si bon vous semblait.

Charles. Mais, Talésien[1], l'étymologie du mot n'a rien qui nous embarrasse. Car ce que les Grecs nomment aujourd'hui ἀστράγαλος, les anciens Grecs l'ont nommé ἄστριος, témoin Callimaque, dont on cite cet hémistiche : Δίκα δ' ἄστρια αἴνυτο λίτρον[2] ; aussi ἀστραγαλίζειν et ἀστρίζειν signifiaient également *jouer aux osselets*.

Quirin. Qu'appelle-t-on donc proprement osselet?

Charles. C'est le jeu auquel s'adonnent aujourd'hui les jeunes filles; c'était autrefois le jeu des enfants, de même que les noix. Il a fourni ce mot aux Grecs : *En colère pour des osselets*, quand on indique une colère qui provient d'un motif léger. Ensuite, Horace a écrit dans ses *Odes* : *Tu ne tireras point au sort avec des osselets le roi du festin*; puis dans ses *Épîtres* : *Les osselets et les noix, Aulus*, etc.; enfin un Lacédémonien, si je ne m'abuse, a dit qu'*il fallait tromper les enfants avec des osselets et les hommes avec des serments*. On prétend que cet osselet ne se trouve ni dans les animaux solipèdes, c'est-à-dire à sabot plein, excepté l'âne indien armé d'une corne, ni dans les *fissipèdes*, dont le pied est divisé en plusieurs doigts ou sabots, tels que le lion, la panthère, le chien, le singe, l'homme, l'oiseau et une foule d'autres. Quant aux animaux à pied fourchu, la plupart ont un osselet, et cela, comme vous le disiez fort bien, dans les jambes

---

1. Mot forgé par Érasme, et qui veut dire *Amateur d'osselets*.
2. « Il prit en payement dix osselets. »

de derrière. L'homme seul n'a point d'osselet, pour deux raisons : d'abord parce qu'il est bipède, ensuite parce qu'il a les pieds divisés en cinq doigts.

Quirin. J'ai souvent entendu dire cela. Mais je voudrais bien qu'on me fît une description de la structure et de la forme de l'osselet, car ce genre de jeu est dédaigné aujourd'hui, même des jeunes filles, qui préfèrent les dés, les cartes et autres jeux virils.

Charles. Ce n'est pas étonnant, puisqu'elles s'occupent même de théologie. Mais, quand je serais mathématicien, peintre ou sculpteur, je ne pourrais mieux vous représenter la forme de l'osselet qu'à l'aide d'un véritable osselet, à moins que vous ne préfériez que je vous en donne la description par lettres, comme font les mathématiciens.

Quirin. Avez-vous un osselet ?

Charles. En voici un de mouton, pris sur la jambe droite. Vous voyez qu'il n'a que quatre côtés, tandis que le cube, le dé et la tessère en ont six : quatre à la circonférence et deux en haut et en bas.

Quirin. Oui.

Charles. Dans l'osselet, comme la partie du haut et celle du bas sont creuses, il n'y a que quatre côtés, dont l'un, comme vous voyez, est arrondi en forme de dos.

Quirin. Je vois.

Charles. Le côté qui lui fait face est creux. Aristote appelle l'un πρηνὲς, c'est-à-dire le dessus, et l'autre ὕπτιον, c'est-à-dire le dessous. De même, dans l'union des sexes, la position respective de l'homme et de la femme ; de même encore la paume de la main, qui, tournée vers la terre, présente le dessus, et qui, dans le sens opposé, présente le dessous. D'ailleurs, les orateurs et les poëtes emploient souvent ces mots, ce qui est en dehors de notre sujet.

Quirin. Vous m'avez mis parfaitement la chose sous les yeux. Quelle différence y a-t-il entre les deux autres côtés ?

Charles. L'un est légèrement creux, afin de s'adapter à l'os auquel il est fixé ; l'autre n'a presque rien de concave : il n'est point muni d'une enveloppe cartilagineuse, mais couvert seulement par le nerf et la peau.

Quirin. Je vois.

Charles. Le côté de dessus n'a point de nerfs ; le nerf adhère à la concavité du côté de dessous, de même qu'au sommet du côté droit et au bas du côté gauche.

Quirin. Vous parlez à merveille ; mais comment distinguerai-je l'osselet de droite de celui de gauche ?

Charles. Vous avez raison. Ma leçon ne vaudrait rien si vous ne saviez reconnaître l'osselet de la jambe droite. Je vais donc mieux m'expliquer, et, en même temps, selon votre désir, vous indiquer la place de l'osselet. Il se trouve dans le jarret même, au-dessous de l'os de la hanche.

Quirin. Beaucoup de gens s'imaginent qu'il est près du pied.

Charles. C'est une erreur. Ce qu'on appelle proprement osselet existe dans les jarrets, que les Grecs nomment καμπαί, mais, comme je vous l'ai dit, des jambes de derrière. Entre votre pied et votre genou, il y a le tibia.

Quirin. Oui.

Charles. Derrière le genou est le jarret.

Quirin. Oui.

Charles. Le fléchissement qui chez l'homme a lieu dans les bras se produit chez le quadrupède dans les jambes de derrière, à l'exception du singe, qui est à moitié homme. Donc, ce que le genou est aux jambes, le coude l'est aux bras.

Quirin. En effet.

Charles. Donc le fléchissement répond au fléchissement.

Quirin. Vous dites cela des jambes de derrière et de celles de devant.

Charles. Précisément. Dans la jointure qui répond à celle qui est derrière le genou, il y a un osselet droit, quand le quadrupède est debout, et dont les parties haute et basse sont légèrement arrondies, quoique d'une façon inégale. La partie supérieure présente de certaines cornes qu'Aristote nomme κεραια et que Théodore traduit par *antennes*, auxquelles est adhérent le côté du dessus; la partie inférieure n'a rien de semblable.

Quirin. Je vois parfaitement.

Charles. Le côté qui regarde les jambes de devant est nommé par Aristote *le dessus*, le côté opposé *le dessous;* il y a deux autres côtés dont l'un, intérieur, regarde la jambe de derrière, soit la gauche, soit la droite, et l'autre est tourné en dehors.

Aristote nomme *as* le côté qui est en dedans, et *six* celui qui est en dehors.

Quirin. Je vois la chose on ne peut plus clairement. Il vous reste maintenant à m'indiquer quelle était jadis la manière de jouer aux osselets. Car la façon dont on y jouait de notre temps n'a aucun rapport avec les détails que nous trouvons chez les anciens auteurs sur ce genre de jeu.

Charles. De même que nous appliquons les cartes et les dés à différentes formes de jeux, il peut se faire que les anciens aient eu plusieurs manières de jouer aux osselets.

Quirin. C'est probable.

Charles. Théodore Gaza, ou, comme d'autres préfèrent le nommer, le Thessalonicien, traduisant le second livre de l'*Histoire des animaux* d'Aristote, dit que le côté de l'osselet qui est en dehors de la jambe s'appelle *chien*, et que celui qui est en dedans se nomme *Vénus*. Mais il a ajouté cela de son cru, car Aristote dit seulement ceci : *Le dessus de l'osselet est en arrière, le dessous en avant; le côté auquel on donne le nom d'as est en dedans de la jambe, le côté qui porte le nom de six est en dehors; enfin, les antennes sont en haut.* Mais, puisqu'il demeure établi par d'autres témoignages que le coup de Vénus se produit quand sur quatre osselets il n'y en a pas un dont la face supérieure ressemble à un autre, je me demande en vertu de quoi Théodore appelle *Vénus* un seul côté. Notre compatriote Érasme, que nous avons pour ami commun, et qui est très-friand de ces sortes de remarques, fournit dans quelques proverbes, d'après le témoignage des anciens, certains détails sur le jeu des osselets. Ainsi, dans le proverbe : *Non l'as, mais le six*, il rapporte que le six est ce que les Grecs nomment ἑξίτης. Dans le proverbe : *L'as comparé au six*, après avoir montré que l'as et le chien sont la même chose, il dit que le six était un coup heureux et le chien un coup malheureux, d'après ces paroles de Perse : *Tout mon rêve était de savoir ce que gagnait l'heureux six, ce que perdait le chien funeste.* Properce a dit de même : *Toujours sortirent les chiens funestes.* Ovide, au second livre des *Tristes*, appelle les chiens funestes. Érasme ajoute que le six, heureux par lui-même, devient malheureux s'il est uni à l'as, d'après ce vers de Martial : *Je ne mêle point dans mon cornet le six avec l'as.* De plus, Martial indique, dans les *Étrennes*, que le coup de Vénus, par cela même qu'il était rare, était très-heureux : *Comme aucune de mes surfaces, dit-il, ne présente le même aspect, conviens que le don que je te fais est de quelque importance.* On jouait avec autant d'osselets qu'il y a de côtés dans l'osselet, car aux dés le nombre ne dépasse pas ordinairement trois. Mais ce qui caractérise mieux la manière de jouer, c'est ce passage d'une lettre d'Octave-Auguste à Tibère, cité par Suétone : *Nous avons joué pendant le dîner comme des vieillards, hier et aujourd'hui. Après avoir jeté les osselets, celui qui avait amené le chien ou le six mettait au jeu un denier pour chaque osselet, et celui qui avait amené Vénus raflait le tout.*

Quirin. Vous m'avez appris que le coup le plus heureux se produisait quand les quatre osselets présentaient chacun une face différente, de même qu'au jeu de dés le plus beau coup est celui qui s'appelle *Midas*; mais vous ne m'aviez pas encore dit que ce coup portait le nom de *Vénus*.

Charles. Lucien vous l'expliquera. Voici comment il s'exprime dans les *Amours* : *Il jetait les osselets; si par un coup heureux il amenait celui de la Déesse même, aucun osselet ne tombant dans la même position, alors il adorait Vénus et se flattait de jouir bientôt de l'objet de sa passion.* Or Lucien mentionne ici le coup de *Vénus*.

Quirin. Si Théodore est dans l'erreur, il n'y a que deux côtés qui ont une dénomination particulière.

Charles. Peut-être s'en est-il rapporté au témoignage d'un écrivain que nous ne connaissons pas. Pour moi, je cite des faits qui ont la garantie des auteurs. Il y en a qui parlent du nombre de Stésichore dans les osselets, qu'ils croient être de huit points, et du nombre d'Euripide, qui contenait quarante points.

Quirin. Il vous reste à prescrire les règles du jeu.

Charles. Je ne crois pas que les enfants aient adopté les mêmes règles qu'Octave dit avoir suivies. Et il n'est pas probable que la manière de jouer dont parle ce prince ait été commune; autrement il se serait contenté de dire : *Pendant le dîner, nous avons joué aux osselets*. Mais il me paraît sous-entendre une nouvelle règle du jeu imaginée entre eux, laquelle était à la portée des vieillards, et ne tourmentait point l'esprit par une attention soutenue, comme font aujourd'hui beaucoup de jeux pour rendre plus facile le retour à l'étude.

Quirin. Montrez, je vous prie, les autres osselets, afin que nous essayions.

Charles. Mais il nous manque un cornet pour agiter les osselets, puis une table à jeu.

Quirin. Cette table à manger suffira pour nous en donner une idée. Le cornet sera remplacé par un verre ou un chapeau.

Charles. Non, par le creux de nos mains. On amène plus souvent le dessus de l'osselet que le dessous, et plus souvent le dessous que le chien ou le six.

Quirin. Il paraît.

Charles. Si dans les quatre osselets il se trouve un chien, vous déposerez un écu; si deux chiens, deux écus; si trois chiens, trois écus; si quatre chiens, quatre écus. Puis, autant de fois que vous amènerez le six, vous prendrez un des écus.

Quirin. Mais si j'amène le six avec le chien?

Charles. Si vous voulez, nous ajouterons tous deux un écu, nous ne retirerons rien; le premier qui amènera Vénus empochera le tas.

Quirin. Mais si l'osselet présente le dessus ou le dessous?

Charles. Ce coup ne comptera pas; ou vous recommencerez, ou le tour me sera dévolu.

Quirin. Va pour la dévolution.

Charles. Maintenant, mettez votre enjeu.

Quirin. Essayons sans risque.

Charles. Voudriez-vous apprendre pour rien un si grand art?

Quirin. Mais la lutte serait inégale entre l'artiste et l'apprenti.

Charles. Mais l'espoir de gagner et la crainte de perdre vous rendront plus attentif.

Quirin. Combien jouerons-nous?

Charles. Si vous voulez vous enrichir vite, cent ducats.

Quirin. Plût à Dieu que je pusse les déposer! Il est plus sûr de s'enrichir peu à peu. Tenez, voilà un sou.

Charles. Eh bien, nous ajouterons petit à petit, suivant le conseil d'Hésiode, ce qui finira par faire un monceau énorme. Agitez et jetez. Heureux auspice! vous avez un chien; mettez un sou, et reconnaissez désormais le côté funeste. Donnez-moi les osselets.

Quirin. Plus heureux auspice! vous avez trois chiens; mettez trois sous.

Charles. La fortune vous tend des piéges; jetez les osselets, mais après les avoir bien remués, mon bon ami. Peine perdue, vous avez un dessous et un dessus. A mon tour; passez-moi les osselets.

Quirin. O bonheur! je vois encore trois chiens.

Charles. Ne chantons pas avant la victoire. Je vous le répète, la fortune vous amorce. Mais, dites-moi: voilà le jeu qu'on m'a appris; mais, à mon avis, Octave jouait autrement.

Quirin. Comment jouait-il?

Charles. Celui qui avait amené un chien mettait au jeu un denier, comme nous l'avons dit; celui qui avait amené un six ne gagnait rien, mais le partenaire mettait au jeu.

Quirin. Et si plusieurs six étaient sortis?

Charles. Le partenaire ajoutait autant de pièces de monnaie. Quand le tas s'était bien arrondi, Vénus le raflait d'un seul coup. Nous devrions donc ajouter cette clause : Celui qui n'amènera ni le six ni le chien ne perdra que son tour de jouer.

Quirin. Je veux bien.

Charles. Il me paraît aussi plus convenable que celui qui tient les osselets joue trois coups avant de céder le tour.

Quirin. D'accord ; mais combien faudra-t-il de Vénus pour finir la partie ?

Charles. Trois, si vous voulez. Ensuite on sera libre de faire de nouvelles conventions. D'ailleurs, les faveurs de Vénus sont rares. Maintenant, commençons sous de bons auspices.

Quirin. Oui, mais il vaut mieux fermer la porte, pour que la reine de ma cuisine ne nous voie pas nous occuper de niaiseries comme des enfants.

Charles. Dites plutôt comme des vieillards. Votre servante est donc bien bavarde ?

Quirin. Si bavarde que, si elle ne trouvait personne à qui raconter ce qui se passe à la maison, elle le raconterait longuement aux poules et aux chats.

Charles. Hé ! petit, ferme la porte et tire le verrou, pour que personne ne nous dérange et que nous puissions jouer tout notre soûl.

LE PETIT SÉNAT

ou

L'ASSEMBLÉE DES FEMMES

CORNÉLIE, MARGUERITE, PERRETTE, JULIE, CATHERINE.

CORNÉLIE. L'empressement avec lequel vous vous êtes réunies en ce jour, le zèle qui vous anime, sont un excellent présage pour notre ordre et pour toute la république des femmes. J'en conçois la douce espérance que le ciel daignera vous inspirer à chacune des idées avantageuses à notre honneur et à notre intérêt communs. Vous n'ignorez pas sans doute quel préjudice immense nous avons éprouvé depuis que les hommes discutent journellement leurs affaires dans des assemblées, tandis que nous, la quenouille et le fil en mains, nous abandonnons notre cause. Les choses en sont venues au point que nous n'avons entre nous aucune règle de gouvernement, que les hommes nous considèrent pour ainsi dire comme leurs jouets, et que c'est tout au plus s'ils nous jugent dignes d'être comprises sous le nom d'humains. Si nous persévérons dans cette voie, devinez vous-mêmes ce qui arrivera, car pour moi je veux m'abstenir de toute parole de mauvais augure. Faisons bon marché de notre honneur, mais du moins veillons à notre sûreté. Or le plus sage des rois a dit : « Il n'y a de salut que là où les conseils abondent. » Les évêques ont leurs synodes, les troupeaux de moines ont leurs chapitres, les soldats ont leurs garnisons, les voleurs ont leurs repaires, enfin il n'est pas jusqu'au peuple des fourmis qui n'ait son association. Seules de tous les êtres vivants, nous autres femmes nous ne nous unissons jamais[1].

Marguerite. Plus souvent qu'il ne faut.

Cornélie. Il n'est pas encore temps d'interrompre. Laissez-moi débiter ma harangue; vous pourrez parler ensuite chacune à votre tour. Notre projet n'est pas nouveau ; c'est un exemple que nous empruntons au passé. En effet, il y a treize cents ans, si je ne me trompe, Héliogabale, un empereur digne de tous éloges...

---

[1]. Le verbe *coire*, qu'Érasme emploie à dessein, signifie en même temps s'unir et s'accoupler. Marguerite, dans sa réponse, joue sur le second sens.

Perrette. Oh! digne de tous éloges, un homme qui de notoriété publique fut traîné au croc et jeté dans un égout !

Cornélie. Voilà deux fois qu'on m'interrompt. Si nous mesurons là-dessus la louange ou le blâme, nous déclarerons le Christ infâme parce qu'il a été crucifié, nous ferons de Domitius un saint parce qu'il est mort dans son lit. Eh bien ! ce que l'on reproche à Héliogabale de plus affreux, c'est d'avoir jeté par terre le feu sacré que gardaient les Vestales, c'est d'avoir placé dans son oratoire les portraits de Moïse et du Christ, que par dérision on nommait *Chrest*. Or cet Héliogabale décida que, comme l'empereur possédait un sénat composé des siens, dans lequel il s'occupait des choses de l'État, son auguste mère aurait, elle aussi, son sénat, où seraient traitées les affaires qui concernent les femmes. Soit par esprit de raillerie, soit pour établir une distinction, les hommes l'appelèrent le *petit sénat*. Cet exemple, interrompu depuis tant de siècles, il y a longtemps que nous aurions dû le faire revivre. Ne vous effrayez pas de ce que l'apôtre saint Paul interdit à la femme de parler dans l'assemblée qu'il désigne sous le nom d'Église : il entend une réunion d'hommes ; ici c'est une réunion de femmes. D'ailleurs, si les femmes devaient toujours se taire, pour quel usage la nature nous a-t-elle donné des langues non moins déliées que celles des hommes, et une voix non moins sonore, quoique la leur ait des sons rauques qui les rapprochent plus de l'âne que de nous ? Il nous faut donc apporter toutes dans cette affaire une sérieuse attention, afin que les hommes ne nous qualifient plus de *petit sénat*, et qu'ils n'aillent pas inventer un terme plus injurieux encore, suivant l'habitude qu'ils ont de nous railler. Et pourtant, si nous voulions apprécier au juste la façon dont ils se comportent dans leurs assemblées, nous les trouverions bien au-dessous de la femme. Nous voyons les monarques constamment en guerre, depuis nombre d'années; les théologiens, les prêtres, les évêques, le peuple, dans un désaccord complet; autant d'hommes, autant d'opinions; ils sont eux-mêmes cent fois plus inconstants que les femmes. De ville à ville, de voisin à voisin, aucune entente. Ah! si l'on nous confiait les rênes du gouvernement, je suis convaincue qu'avant peu les choses humaines iraient beaucoup mieux. Peut-être est-il inconvenant pour une femme d'accuser de folie d'aussi grands personnages; du moins nous pouvons, il me semble, rappeler ces paroles de Salomon dans son treizième chapitre des Proverbes : « Les esprits orgueilleux sont toujours en querelle, tandis que ceux qui agissent avec prudence sont guidés par la sagesse. » Mais je ne veux pas vous retenir par un plus long préambule, et pour que tout se passe avec ordre, avec décence et sans bruit, il nous faut examiner d'abord quelles sont celles qui seront admises à l'assemblée, et celles qui en seront exclues. Une foule trop nombreuse est une cohue plutôt qu'une assemblée, et un cercle restreint a quelque chose de tyrannique. Pour moi, je suis d'avis de ne recevoir aucune vierge, parce qu'il se présentera plusieurs questions qu'elles ne doivent pas entendre.

Julie. A quel signe reconnaîtrez-vous les vierges?

Acceptera-t-on comme telles toutes celles qui portent une couronne?

Cornélie. Non. Je propose de n'admettre que les femmes mariées.

Julie. Mais parmi les femmes mariées, celles qui ont des maris eunuques sont vierges.

Cornélie. Faisons au mariage l'honneur de considérer comme femmes toutes celles qui sont mariées.

Julie. Au surplus, si nous n'excluons que les vierges, il restera encore une foule immense et le nombre ne sera pas sensiblement diminué.

Cornélie. On exclura également celles qui auront été mariées plus de trois fois.

Julie. Pourquoi cela?

Cornélie. Parce que, comme aux vétérans, le congé leur est dû. J'en dis autant de celles qui auront dépassé soixante-dix ans. Il sera convenu que nulle ne parlera de son mari d'une façon trop vive; on pourra s'exprimer en termes généraux, mais avec mesure et sans exagération.

Catherine. Pourquoi nous gêner ici en parlant de nos maris, puisqu'ils sont eux-mêmes sans cesse à s'entretenir de nous? Chaque fois que mon Titus est un peu gai à table, il raconte ce qu'il a fait avec moi pendant la nuit, ce que j'ai dit, et toujours en enchérissant.

Cornélie. Si nous voulons reconnaître la vérité, notre dignité dépend de nos maris; les décrier, c'est nous déshonorer nous-mêmes. Bien que nous ayons contre eux de justes sujets de plainte, à tout prendre, notre condition est préférable à la leur. Pour chercher fortune, ils courent, au péril de leur vie, à travers les mers et les continents ; la guerre vient-elle à se déclarer, debout aux sons de la trompette, les voilà bardés de fer sur un champ de bataille, tandis que nous sommes assises tranquillement au logis. S'ils commettent une infraction aux lois, on les punit sévèrement, et l'on pardonne à notre sexe. Enfin il dépend de nous en grande partie d'avoir des maris commodes. Reste à fixer l'ordre de la séance, pour ne pas faire comme les ambassadeurs des rois, des princes et des papes, qui ne manquent jamais de discuter trois mois entiers dans des conférences avant de pouvoir siéger. Par conséquent, je propose d'accorder la préséance à la noblesse. Celles qui ont quatre quartiers occuperont le premier rang ; après viendront celles qui en ont trois ; ensuite celles qui en ont deux ; puis celles qui en ont un ; enfin celles qui en ont un demi. Dans chaque rang, la place sera désignée par l'ancienneté. Les bâtardes occuperont la dernière place dans chacun de leurs rangs. Le second ordre sera pour la bourgeoisie. Les premières places y seront destinées à celles qui auront eu le plus d'enfants. A titres égaux, l'âge fera loi. En troisième lieu viendront celles qui n'auront pas encore enfanté.

Catherine. Que faites-vous des veuves ?

Cornélie. Votre observation est juste. Nous les mettrons à côté des mères, pourvu qu'elles aient ou qu'elles aient eu des enfants. Celles qui seront stériles auront la dernière place.

Julie. Quel endroit assignerez-vous aux femmes de prêtres et de moines ?

Cornélie. Nous examinerons cela à la prochaine séance.

Julie. Que ferez-vous de celles qui trafiquent de leur corps ?

Cornélie. Nous ne souffrirons pas que notre sénat soit souillé de leur présence.

Julie. Et les concubines ?

Cornélie. Il en est de plus d'une sorte : nous verrons cela à loisir. Parlons de la forme à donner à nos sénatus-consultes. Nous avons les points, les cailloux, le suffrage oral, le vote à main levée, le vote par division.

Catherine. Les cailloux, ainsi que les points, prêtent à la fraude. En adoptant le vote par division, avec nos longues robes, nous ferons trop de poussière. Le mieux est donc que chacune de nous expose verbalement son avis.

Cornélie. Mais il est difficile de compter les voix. Ensuite il faut prendre garde d'introduire le vacarme dans notre assemblée.

Catherine. Rien ne se fera sans secrétaires, pour éviter toute omission.

Cornélie. Nous avons obvié à l'inconvénient du nombre. Maintenant par quels moyens empêcherez-vous le tapage ?

Catherine. Nulle ne parlera qu'autorisée et à son tour. Les délinquantes seront chassées du sénat. En outre, celle qui répétera au dehors un seul mot de ce qui se passe ici sera condamnée à trois jours de silence.

Cornélie. Jusque-là nous n'avons agité que des questions de forme. Occupons-nous maintenant de ce qui doit faire l'objet de nos délibérations. Avant tout, il faut aviser au maintien de notre dignité. Elle a pour base principale la toilette, dont les règlements ont été si négligés qu'aujourd'hui l'on ne sait plus comment distinguer la noble de la bourgeoise, la femme mariée de la demoiselle ou de la veuve, la femme honnête de la courtisane. Il y a si peu de retenue que la première venue usurpe tout ce qu'il lui plaît. Nous voyons des femmes au-dessous du commun et de la plus basse extraction vêtues de satin moiré, à palmes, à rayures; de velours lamé d'or et d'argent; de martre zibeline et de maroquin, pendant que chez elles leurs maris raccommodent des souliers. Elles ont les doigts chargés d'émeraudes et de diamants, car aujourd'hui l'on fait fi des perles. Je passe sous silence l'ambre, le corail et les pantoufles dorées. Ne suffirait-il pas qu'en l'honneur du sexe les femmes du commun portassent des ceintures de soie, et que leurs robes fussent garnies d'un parement de soie? Il résulte de cela deux maux : les familles se ruinent; et l'ordre, qui est le gardien de notre dignité, est bouleversé. Si les bourgeoises ont des carrosses et des chaises d'ivoire garnies de velours, que feront les nobles et les titrées? Si la femme d'un simple chevalier traîne une queue de quinze aunes, que fera celle d'un duc ou d'un comte? Mais ce qu'il y a de plus fâcheux, c'est la témérité incroyable avec laquelle nous changeons de modes coup sur coup. On portait jadis derrière la tête deux longues pointes garnies de rubans. Cette parure distinguait les grandes dames de la bourgeoisie. Pour éviter toute confusion, elles adoptèrent des chapeaux en peau blanche tachetée de noir. Aussitôt le peuple s'en saisit. Changeant de nouveau la mode, elles choisirent des coiffes de crêpe noir. Les femmes du commun osèrent non-seulement les imiter, mais y ajouter des franges d'or et jusqu'à des pierreries. Anciennement les nobles, le front et les tempes découverts, groupaient leurs cheveux sur la tête. Cela ne dura pas; bientôt tout le monde en fit autant. Alors elles ramenèrent leurs cheveux sur le front; les bourgeoises s'empressèrent de les imiter. Autrefois il n'y avait que les nobles qui eussent des avant-coureurs et des écuyers, notamment un page chargé de leur tendre la main pour les aider à se lever et de leur offrir le bras droit pour les soutenir en marchant. C'était un honneur réservé aux fils de bonne famille. Aujourd'hui, les bourgeoises, voulant toutes se passer ce luxe, acceptent le premier venu, soit pour cet office, soit pour porter la queue de leur robe. Anciennement encore les nobles seules saluaient par un baiser; loin de se laisser embrasser indistinctement, elles ne donnaient pas même la main à tout le monde. Aujourd'hui, des gens qui puent le cuir vont brutalement embrasser des femmes de la plus haute noblesse. Dans les mariages on ne tient plus compte de la dignité. Les nobles épousent des bourgeoises, les bourgeoises des nobles, et il en résulte des rejetons hybrides. Il n'est pas de femme de basse condition qui se fasse un scrupule d'employer les cosmétiques des dames de qualité. Ne suffirait-il pas aux bourgeoises d'user de levûre de bière, de jus d'écorce fraîche ou autre préparation peu coûteuse, et de laisser aux grandes dames le vermillon, la céruse, l'antimoine et les autres couleurs de prix? Dans les repas, dans les promenades, quel désordre! Il arrive souvent que la femme d'un marchand refuse de céder le pas à une dame noble de père et de mère. Il est temps enfin de mettre bon ordre à cet état de choses. Nous le ferons ensemble d'autant mieux que ce sont des questions qui intéressent purement les femmes.

Nous aurons d'autres points à débattre avec les hommes, qui nous excluent de toute charge, qui nous prennent uniquement pour leurs blanchisseuses, pour leurs cuisinières, et qui dirigent toutes les affaires à leur gré. Nous leur céderons les fonctions publiques et les travaux de la guerre. Peut-on souffrir que sur l'écusson les armoiries de la femme soient toujours du côté gauche, lors même qu'elle surpasserait de trois quartiers la noblesse de son mari? De plus il, est juste que, pour l'établissement de ses enfants, la mère ait droit de suffrage. Peut-être même parviendrons-nous à remplir à notre tour les emplois publics : j'entends ceux de l'intérieur, qui ne nécessitent pas le port des armes.

Tel est l'aperçu des principaux sujets que je crois bon de soumettre à vos délibérations. J'appelle sur eux toute votre attention avant de leur appliquer nos sénatus-consultes. Si par hasard l'une de vous avait d'autres idées, elle les exposera demain. Car nous nous réunirons tous les jours jusqu'à ce que le congrès soit terminé. Nous prendrons quatre secrétaires qui tiendront note de tout ce qui sera dit. Nous choisirons aussi deux conseillères chargées d'accorder et de retirer la parole. Cette première séance n'est qu'un essai.

LE POINT DU JOUR

NÉPHALE, PHILYPNE.

Néphale. Je voulais aller vous voir aujourd'hui, Philypne; mais on m'a dit que vous n'étiez pas chez vous.

Philypne. On n'a pas tout à fait menti : pour vous, je n'y étais pas; mais pour moi, j'y étais on ne peut plus.

Néphale. Que signifie cette énigme?

Philypne. Vous connaissez ce vieux proverbe : *Je ne dors pas pour tout le monde.* Vous vous rappelez aussi le bon mot de Nasica. Un jour qu'il désirait voir son ami Ennius, celui-ci lui fit dire par sa servante qu'il n'y était pas. Nasica s'en aperçut et se retira. Ennius, à son tour, s'étant présenté chez Nasica et ayant demandé à l'esclave si son maître était chez lui, Nasica, du fond de son appartement, cria : « Non, je n'y suis pas. » Ennius, reconnaissant sa voix : « Impertinent, dit-il, n'est-ce pas toi que j'entends parler ? — Tu es bien plus impertinent, répliqua Ennius, de ne pas t'en rapporter à moi qui m'en suis rapporté à ta servante. »

Néphale. Vous étiez probablement très-occupé.

Philypne. Du tout ; je jouissais agréablement du repos.

Néphale. Vous me mettez à la torture par une nouvelle énigme.

Philypne. Je vais donc parler sans détours et appeler figue une figue.

Néphale. Parlez.

Philypne. Je dormais profondément.

Néphale. Que dites-vous ? Il était plus de huit heures, et dans ce mois le soleil est levé avant quatre heures.

Philypne. Je n'empêche pas le soleil de se lever à minuit, pourvu qu'on me laisse dormir tout mon soûl.

Néphale. Était-ce par hasard ou par habitude ?

Philypne. Uniquement par habitude.

Néphale. L'habitude d'une chose qui n'est pas bonne est très-mauvaise.

Philypne. Au contraire, on ne dort jamais mieux qu'après le lever du soleil.

Néphale. A quelle heure sortez-vous donc du lit ?

Philypne. Entre quatre et neuf.

Néphale. L'intervalle est assez long. Les reines ne mettent pas tant de temps à leur toilette. Mais d'où vous est venue cette habitude ?

Philypne. Comme nous passons une bonne partie de la nuit en festins, en jeux et en divertissements, nous réparons le temps perdu en dormant la matinée.

Néphale. Je n'ai jamais vu de prodigue pareil à vous.

Philypne. Il me semble que c'est plutôt économie que prodigalité, car pendant ce temps je ne brûle pas de chandelles et je n'use point d'habits.

Néphale. Fausse économie : vous ménagez du verre pour perdre des diamants. Il en jugeait autrement ce philosophe qui, lorsqu'on lui demanda quelle était la chose la plus précieuse, répondit : « Le temps. » Or, comme il est certain que le point du jour est la plus belle partie de la journée, vous prenez plaisir à perdre ce qu'il y a de plus précieux dans la chose du monde la plus précieuse.

Philypne. Est-ce du temps perdu que le temps qu'on donne à son corps ?

Néphale. Dites plutôt qu'on retranche à son corps, qui ne se porte jamais mieux, qui n'a jamais plus de vigueur que quand un sommeil modéré et opportun a réparé ses forces, et qu'il s'est retrempé par le travail du matin.

Philypne. Mais il est doux de dormir.

Néphale. Quelle douceur peut-il y avoir à ne rien sentir ?

Philypne. La douceur de ne sentir rien de désagréable.

Néphale. A ce compte-là, ceux qui dorment dans leurs sépulcres ne sont-ils pas plus heureux ? car le sommeil est souvent troublé par des songes désagréables.

Philypne. On dit que ce sommeil engraisse beaucoup.

Néphale. Cet engraissement convient aux loirs et non aux hommes. On fait bien d'engraisser les animaux qui sont destinés à la table; mais à quoi l'embonpoint peut-il servir à l'homme, sinon à le charger, quand il marche, d'un plus lourd fardeau? Dites-moi, si vous aviez un domestique, aimeriez-vous mieux qu'il fût obèse ou vif et alerte?

Philypne. Mais je ne suis pas un domestique.

Néphale. Je vous demande seulement si vous préféreriez un serviteur dispos à un autre chargé de cuisine.

Philypne. Je le préférerais sans aucun doute.

Néphale. Platon a dit que ce qui fait l'homme, c'est l'esprit, et que le corps n'est autre chose que le domicile ou l'instrument de l'esprit. Vous avouerez du moins, j'imagine, que l'esprit est la partie principale de l'homme, et que le corps est le serviteur de l'esprit?

Philypne. Soit, si vous le voulez.

Néphale. Puisque vous ne voudriez pas d'un serviteur ventru et que vous en aimeriez un qui fût agile et leste, pourquoi procurez-vous à votre esprit un serviteur paresseux et obèse?

Philypne. Je suis vaincu par l'évidence.

Néphale. Il y a encore un autre préjudice. Puisque l'esprit l'emporte de beaucoup sur le corps, vous avouerez que les avantages de l'esprit sont bien supérieurs à ceux du corps?

Philypne. C'est probable.

Néphale. Parmi les avantages de l'esprit, la sagesse occupe le premier rang.

Philypne. Je l'avoue.

Néphale. Pour l'acquérir, le moment le plus favorable de la journée est le matin, quand le soleil, commençant à paraître, répand dans toute la nature la force et la vigueur et dissipe les vapeurs qui, s'échappant de l'estomac, obscurcissent le siége de l'intelligence.

Philypne. Je n'en disconviens pas.

Néphale. Calculez maintenant tout le savoir que vous pourriez acquérir pendant ces quatre heures que vous perdez dans un sommeil intempestif.

Philypne. Il est certain que je pourrais en acquérir beaucoup.

Néphale. J'ai éprouvé que l'on fait plus de progrès en étudiant une heure le matin qu'en étudiant trois heures l'après-midi, et cela sans nuire à sa santé.

Philypne. Je l'ai ouï dire.

Néphale. Additionnez vos pertes de chaque jour, et voyez ensuite où monterait le total.

Philypne. Assurément, il serait considérable.

Néphale. Celui qui dépense mal à propos l'or et les pierreries passe pour prodigue et est mis en tutelle; n'est-ce pas une prodigalité plus honteuse que de perdre des trésors bien autrement précieux?

Philypne. C'est vrai, à juger la chose sainement.

Néphale. Pesez maintenant ce mot de Platon : *Rien n'est plus beau, rien n'est plus aimable que la sagesse, et, si on pouvait la voir des yeux du corps, elle exciterait en nous un amour d'elle incroyable.*

Philypne. Mais elle est invisible.

Néphale. Oui, pour les yeux du corps; mais on la voit des yeux de l'esprit, qui est la meilleure partie de l'homme. Et comme l'amour qu'elle inspire est incroyable, l'esprit éprouve un bonheur extrême chaque fois qu'il s'abouche avec une pareille amie.

Philypne. Ce que vous dites me paraît vrai.

Néphale. Eh bien, puisque vous en convenez, changez donc maintenant votre sommeil, qui est l'image de la mort, contre un tel bonheur.

Philypne. Mais alors les divertissements de la nuit seront perdus.

Néphale. C'est une perte heureuse que d'échanger le mal contre le bien, le laid contre le beau, le vil contre le précieux. Celui qui convertit du plomb en or perd avantageusement. La nature a destiné la nuit au sommeil; le soleil, en se levant, rappelle tous les animaux, et particulièrement l'homme, aux fonctions de la vie. *Ceux qui dorment,* dit saint Paul, *dorment la nuit, et ceux qui sont ivres sont ivres la nuit.* En effet, quand tous les animaux se réveillent avec le soleil, que quelques-uns même le saluent de leurs chants avant qu'il ne paraisse, que l'éléphant adore son lever, quelle honte pour l'homme de dormir profondément longtemps après le lever de cet astre! Chaque fois que ses rayons dorés éclairent votre chambre, ne semble-t-il pas vous reprocher votre sommeil et vous dire : « Insensé, pourquoi prends-tu plaisir à perdre la meilleure partie de ta vie? Je ne luis pas pour que vous dormiez dans les ténèbres, mais pour que vous vous occupiez honnêtement. » On n'allume point une lampe pour dormir, mais pour se livrer à quelque occupation, et devant cette lampe, la plus belle de toutes, vous ne faites que ronfler!

Philypne. Vous déclamez avec art.

Néphale. Non pas avec art, mais avec vérité. Vous avez sans doute entendu dire souvent ce mot d'Hésiode : *Il est trop tard d'épargner quand on est au fond.*

Philypne. Très-souvent, car c'est au milieu du tonneau que le vin est le meilleur.

Néphale. Le plus beau temps de la vie est le commencement, c'est-à-dire la jeunesse.

Philypne. Vous avez raison.

Néphale. Eh bien, le matin est à la journée ce que la jeunesse est à la vie. N'est-ce donc pas une folie de perdre sa jeunesse en ne rien faisant et ses matinées en dormant ?

Philypne. Oui.

Néphale. Est-il un bien comparable à la vie ?

Philypne. Non, pas même tous les trésors des Perses.

Néphale. Ne détesteriez-vous pas beaucoup un homme qui, par un pouvoir magique, essayerait de retrancher de votre vie quelques années ?

Philypne. Je lui arracherais plutôt la vie.

Néphale. Je trouve bien plus méchants et plus coupables ceux qui abrégent volontairement leurs jours.

Philypne. Oui, s'il en existe.

Néphale. Mais c'est ce que font tous ceux qui vous ressemblent.

Philypne. Que dites-vous là ?

Néphale. La vérité. Réfléchissez un peu. Pline n'a-t-il pas eu raison de dire : *La vie est une veille ; plus un homme consacre de temps à l'étude, plus il prolonge la durée de sa vie, car le sommeil est l'image de la mort.* C'est pour cela qu'on le fait venir des enfers et qu'Homère l'a nommé le *frère du Trépas.* En effet, ceux qui dorment, sans être ni vivants ni morts, sont plus morts que vivants.

Philypne. Je suis parfaitement de votre avis.

Néphale. Maintenant, calculez combien on abrége sa vie quand on perd tous les jours trois ou quatre heures à dormir.

Philypne. Je vois un chiffre immense.

Néphale. Ne regarderiez-vous pas comme un dieu l'alchimiste qui pourrait ajouter dix ans à la durée de votre vie et vous rendre dans un âge avancé toute la vigueur de la jeunesse?

Philypne. Si fait.

Néphale. Eh bien, il ne tient qu'à vous de jouir de ce divin bienfait.

Philypne. Comment cela?

Néphale. Le matin est l'adolescence de la journée; jusqu'à midi, c'est le feu de la jeunesse; puis vient l'âge viril, auquel succède le soir, qui est la vieillesse; après le soir vient le coucher, qui est la mort du jour. Or, si l'économie est un gros revenu, c'est surtout là. N'est-ce donc pas gagner beaucoup que de cesser de perdre une grande partie de sa vie et la meilleure?

Philypne. Vous avez raison.

Néphale. Quelle impudence n'y a-t-il pas à se plaindre de la nature en l'accusant d'avoir renfermé la vie de l'homme dans des bornes si étroites, quand on raccourcit soi-même volontairement le temps qui nous est accordé! La vie est assez longue si on sait la ménager, et il y a grand profit à faire chaque chose en son temps. Après dîner, à peine sommes-nous à moitié hommes, tant le corps chargé de nourriture alourdit l'esprit; il ne serait pas prudent de faire monter à la tête les esprits qui dans le laboratoire de l'estomac accomplissent le travail de la digestion. Après souper, encore moins. Mais, le matin, l'homme est entièrement homme; le corps est apte à toutes ses fonctions, l'esprit est plein de force et de vivacité, tous les organes de l'intelligence sont calmes et reposés, et *cette parcelle du souffle divin*, comme dit Horace, se rappelle son origine et se sent entraînée vers le beau.

Philypne. Vous prêchez à ravir.

Néphale. C'est à Agamemnon, je crois, que l'on dit dans Homère : *Il ne faut pas qu'un chef d'armée dorme toute la nuit.* N'est-il pas cent fois plus honteux de perdre par le sommeil une si grande partie de la journée?

Philypne. Oui, pour un général; mais moi je n'ai pas d'armée à conduire.

Néphale. Si vous avez quelque chose qui vous soit plus cher que vous-même, ne vous inquiétez pas de la maxime d'Homère. Un forgeron, pour un misérable gain, se lève avant le jour; et l'amour de la sagesse ne peut nous réveiller pour nous faire entendre la voix du soleil qui nous convie à un gain inappréciable! Les médecins n'administrent généralement leurs remèdes qu'au point du jour. Ils connaissent ces heures précieuses pour soulager le corps, et nous ne les connaissons pas pour enrichir et guérir notre âme! Si ces considérations ne vous paraissent point assez fortes, écoutez ce que dit la Sagesse céleste dans Salomon (Proverbes, VIII, verset 17) : *Ceux qui veilleront le matin pour moi me trouveront.* Et dans les Psaumes mystiques 58, 59 et 87, quel magnifique éloge du matin ! C'est le matin que le Prophète chante la miséricorde du Seigneur; c'est le matin que sa voix est exaucée; c'est le matin que sa prière prévient le Tout-Puissant. Et dans l'évangéliste saint Luc, quand le peuple veut demander au Seigneur la guérison et la science, c'est le matin qu'il accourt en foule auprès de lui... Pourquoi soupirez-vous, Philypne?

Philypne. J'ai peine à retenir mes larmes quand je songe à tout le temps que j'ai perdu dans ma vie.

Néphale. Il est inutile de se tourmenter pour des choses que l'on ne peut ressusciter, mais qui peuvent être réparées désormais en travaillant. Appliquez-vous donc à le faire, au lieu de perdre encore l'avenir à pleurer vainement le passé.

Philypne. Vos conseils sont excellents; mais une longue habitude m'a rendu esclave.

Néphale. Bah! un clou chasse l'autre, et l'habitude triomphe de l'habitude.

Philypne. Mais il est dur de renoncer à de vieilles habitudes.

Néphale. Au commencement, je ne dis pas; mais l'habitude contraire adoucira d'abord cette peine, puis elle la changera en un plaisir extrême, en sorte que vous n'aurez point à vous plaindre d'un désagrément passager.

Philypne. Je crains de ne pas réussir.

Néphale. Si vous étiez septuagénaire, je ne vous détournerais pas de vos habitudes; mais je crois que vous n'avez pas encore dix-sept ans. Or, on peut tout vaincre à cet âge avec de la bonne volonté.

Philypne. Je vais essayer, et je tâcherai que Philypne [1] se change en Philologue [2].

Néphale. Si vous le faites, mon cher Philypne, je suis persuadé que dans peu de jours vous vous applaudirez sincèrement et que vous me remercierez de mes avis.

1. Ami du sommeil.
2. Ami du savoir.

LE REPAS SOBRE

ALBERT, BARTHOLIN, CHARLES, DENIS, ÉMILE, FRANÇOIS, GIRARD, JÉROME, JACQUES, LAURENT.

ALBERT. Avez-vous jamais rien vu de plus délicieux que ce jardin?

Bartholin. Je ne crois pas que dans les îles Fortunées il y ait rien de plus agréable.

Charles. Il me semble voir le paradis que Dieu avait chargé Adam de garder et de cultiver.

Denis. Nestor ou Priam rajeuniraient ici.

François. Mieux que cela, un mort y ressusciterait.

Girard. J'enchérirais volontiers sur votre hyperbole si je le pouvais.

Jérôme. Assurément, ici tout enchante.

Jacques. Il faut inaugurer ce jardin par une petite collation.

Laurent. Notre ami Jacques a raison.

Albert. Il y a longtemps que ce lieu a été inauguré par de semblables cérémonies. Du reste, sachez que je n'ai pas de quoi vous servir un goûter, à moins que vous ne vous contentiez d'une collation *sans vin*. Vous aurez une salade de laitues sans sel, sans vinaigre et sans huile. Je n'ai d'autre vin que celui que fournit ce puits. Il n'y a ni pain ni verre, et nous sommes dans une saison qui repaît les yeux plutôt que l'estomac.

Bartholin. Mais vous avez des damiers, des boules : au défaut d'un repas, nous inaugurerons ce jardin par des jeux.

Albert. Puisque nous sommes tous gens de bonne compagnie, je vais vous proposer un jeu ou un régal qui, à mon avis, inaugurera ce jardin bien plus dignement.

Charles. Qu'est-ce?

Albert. Que chacun fournisse son écot, et nous aurons un repas aussi somptueux qu'agréable.

Émile. Que pouvons-nous fournir, puisque nous sommes venus ici les mains vides?

Albert. Les mains vides! vous dont le cerveau contient tant de richesses!

François. Nous attendons vos ordres.

Albert. Que chacun de nous raconte ce qu'il a lu dans la semaine de plus remarquable.

Girard. Vous avez raison. Rien n'est plus digne des

convives, de l'hôte et du lieu. Donnez-nous l'exemple, et nous le suivrons.

Albert. J'accepte, puisque vous le voulez bien. Aujourd'hui, j'ai lu avec un vif plaisir une parole tout à fait chrétienne dans la bouche d'un homme qui n'était pas chrétien. Phocion, le plus honnête homme d'Athènes et le plus zélé pour le bien public, ayant été condamné par la jalousie de ses concitoyens à boire la ciguë, ses amis lui demandèrent s'il n'avait pas quelque chose à faire dire à ses fils. *Dites-leur,* répondit-il, *qu'ils ne se souviennent jamais du mal qui m'est fait.*

Bartholin. On trouverait difficilement aujourd'hui un si bel exemple de patience entre les Dominicains et les Franciscains. Je me bornerai donc à citer un trait qui approche de celui-là, puisque je n'en connais pas de pareil. Aristide ressemblait beaucoup à Phocion, et la pureté de ses mœurs lui avait valu le surnom de *Juste.* Par suite de la jalousie que ce titre excita, ce grand citoyen, qui avait si bien mérité de son pays, fut banni par l'ostracisme du peuple. Aristide, comprenant que le peuple n'avait contre lui d'autre grief que le surnom de Juste, et que d'ailleurs personnellement il n'avait toujours eu qu'à se louer de la pratique de la vertu, obéit sans murmurer. Dans son exil, ses amis lui demandèrent ce qu'il souhaitait à sa patrie, qui s'était montrée si ingrate. *Je lui souhaite,* répondit-il, *tant de prospérités qu'elle ne puisse jamais songer à Aristide.*

Charles. Et dire que des chrétiens ne rougissent pas de s'emporter à la moindre injure et de ne reculer devant rien pour en tirer vengeance! La vie entière de

Socrate n'est à mes yeux qu'un long exemple de patience et de modération. Pour ne pas rester tout à fait sans payer mon écot, je vous rapporterai un mot de lui qui m'a plu infiniment. Comme il passait dans la rue, un drôle lui appliqua un soufflet. Voyant que Socrate subissait cet affront sans rien dire, quelques-uns de ses amis l'engagèrent à s'en venger. *Que voulez-vous que je fasse,* répondit-il, *à l'homme qui m'a frappé ?* — *Appelez-le en justice,* lui dit-on. — *Quelle plaisanterie ! ré*pliqua-t-il ; *si un âne m'avait donné un coup de pied, me conseilleriez-vous d'appeler cet âne en justice?* Voulant dire par là qu'un mauvais plaisant ne vaut pas mieux qu'un âne, et qu'il y a de la petitesse à ne pouvoir supporter d'un fou une insulte que l'on supporterait d'une brute.

Denis. Dans l'histoire romaine, les exemples de modération sont plus rares et moins beaux. Je ne crois pas, en effet, qu'on soit un modèle de tolérance quand on se borne *à pardonner aux vaincus et à dompter les superbes.* Voici pourtant un trait de Caton l'Ancien qui ne me paraît pas indigne d'être rapporté. Un certain Lentulus lui ayant craché au visage de la façon la plus dégoûtante, il se contenta de lui dire : *Désormais j'ai de quoi répondre à ceux qui prétendent que tu n'as point de bouche.* Or, en latin, n'avoir point de bouche (os) signifie ne rougir de rien. La plaisanterie consiste dans le jeu de mots.

Émile. A chacun son goût. Pour ma part, je trouve admirables toutes les paroles de Diogène; mais rien ne me sourit plus que cette réponse qu'il fit à quelqu'un qui lui demandait de quelle manière il pourrait le mieux se venger d'un ennemi : *En faisant tout ton possible pour te rendre honnête et vertueux.* Je me demande quel Dieu inspirait à ces hommes de tels sentiments. On cite même une parole d'Aristide qui est tout à fait conforme à la doctrine de saint Paul. A quelqu'un qui lui demandait quel fruit il avait recueilli de sa philosophie : *J'y ai gagné,* dit-il, *de faire volontairement ce que la plupart ne font que par force, dans la crainte des lois.* Or saint Paul enseigne que ceux qu'anime la charité chrétienne ne sont point esclaves de la loi, parce qu'ils font de leur propre mouvement plus que la loi ne pourrait tirer d'eux par la crainte du châtiment.

François. Le Christ, entendant les Juifs murmurer parce qu'il s'asseyait à la table des publicains et des pécheurs, répondit qu'il ne fallait point de médecin à ceux qui se portaient bien, mais à ceux dont la santé était mauvaise. Phocion a dit dans Plutarque quelque chose d'approchant. Comme on le blâmait d'avoir plaidé en faveur d'un homme qui ne jouissait pas d'une bonne réputation, il répondit avec autant d'esprit que d'humanité : *Pourquoi ne l'aurais-je pas défendu ? Un honnête homme n'a pas besoin de défense.*

Girard. C'est bien là un modèle de charité chrétienne de faire tout le bien possible aux bons et aux méchants, à l'exemple du Père éternel, qui fait lever son soleil non-seulement pour le juste, mais pour l'impie. Un exemple de modération surprendra peut-être davantage de la part d'un roi. Démocharès, neveu de Démosthène, fut député, au nom des Athéniens, vers Philippe, roi de Macédoine. Ce prince, lui ayant accordé tout ce qu'il voulait, lui demanda poliment, avant de le quitter, s'il désirait quelque chose : *Que tu te pendes*, s'écria Démocharès. Ce propos attestait une haine implacable : c'était à un roi, et à un roi qui avait acquis des titres à la reconnaissance, que s'adressait l'outrage. Néanmoins Philippe, sans se fâcher, se tournant vers les autres ambassadeurs : *Rapportez, leur dit-il, au peuple d'Athènes ce que vous venez d'entendre, afin qu'il juge lequel est le meilleur de celui qui m'a fait une telle insulte ou de moi qui l'ai supportée patiemment.* Que dire maintenant de ces maîtres du monde qui se croient tout à fait des dieux et qui suscitent des guerres affreuses pour un mot échappé dans le vin ?

Jérôme. La soif de la gloire a des appétits désordonnés et entraîne dans bien des écarts. Quelqu'un qui éprouvait cette passion demanda à Socrate par quel moyen il pourrait acquérir promptement une brillante réputation. *En te rendant, lui dit-il, tel que tu veux paraître.*

Jacques. En vérité, je ne connais point de réponse plus concise et plus nette. Il n'est pas nécessaire de rechercher la gloire, car elle accompagne naturellement la vertu, comme l'infamie suit le vice. Vous admirez des hommes ; moi, je suis charmé d'une jeune fille de Lacédémone. Comme on la vendait à l'enchère, un acheteur s'approcha d'elle et lui dit : *Seras-tu sage, si je t'achète ? — Je le serai*, répliqua-t-elle, *quand même tu ne m'achèterais pas.* Montrant par là qu'elle voulait être vertueuse, non par déférence pour qui que ce fût, mais de son plein gré, parce que la vertu porte en elle sa récompense.

Laurent. Cette jeune fille a fait une réponse tout à fait virile. Je vais vous citer un bel exemple de constance envers la fortune, malgré ses plus brillantes faveurs. Philippe, roi de Macédoine, reçut le même jour la nouvelle de trois avantages considérables : il avait remporté le prix aux jeux olympiques ; Parménion, son général, avait gagné une bataille contre les Grecs ; Olympias, sa femme, était accouchée d'un fils. Philippe, levant les mains au ciel, pria Dieu de lui faire expier tant de prospérité par une légère infortune.

Albert. Aujourd'hui, il n'est pas de bonheur dont on redoute la chute ; chacun se vante de ses succès, comme si Némésis était morte ou sourde. Si cette collation vous plaît, ce petit jardin, que vous avez inauguré par un entretien aussi agréable que fructueux, vous en fournira de semblables quand vous le voudrez.

Bartholin. Assurément, Apicius n'aurait pu nous servir des plats plus exquis. Attendez-vous donc à nous voir souvent. Vous nous excuserez si ce que nous avons dit n'était pas digne de vos oreilles, car il nous a fallu improviser. Quand nous nous serons préparés, nous vous offrirons quelque chose de mieux.

Albert. Vous ne m'en ferez que plus de plaisir.

L'ART NOTOIRE

DIDIER, ÉRASME.

DIDIER [1]. Comment vont tes études, mon cher Érasme ?

Érasme. Les Muses, à ce qu'il paraît, me sont peu favorables; mais je ferais plus de progrès si je pouvais obtenir de vous certaine chose.

Didier. Je n'ai rien à te refuser dès qu'il s'agira de ton intérêt. Dis-moi seulement ce que c'est.

---

1. Sous le nom de Didier, qui est le sien, Érasme s'adresse dans ce colloque à son filleul, Jean-Érasme Froben, dont le père dirigeait à Bâle une des imprimeries les plus renommées du temps. C'est à ce même filleul qu'Érasme a dédié les *Colloques*. Le jeune Froben n'a pas répondu aux soins éclairés dont il fut l'objet.

Érasme. Je suis persuadé qu'il n'y a point d'art si caché qui ne vous soit connu.

Didier. Plaise à Dieu que tu dises vrai !

Érasme. J'apprends qu'il y a une espèce d'art notoire, à l'aide duquel on peut acquérir sans peine toutes les sciences.

Didier. Qu'entends-je ? As-tu vu le livre ?

Érasme. Oui, mais je n'ai fait que le voir, n'ayant trouvé personne pour me l'expliquer.

Didier. Que contenait-il ?

Érasme. Différentes figures d'animaux tels que des dragons, des lions, des léopards ; plusieurs cercles où étaient écrits des mots grecs, latins, hébreux et barbares.

Didier. En combien de jours le titre de l'ouvrage promettait-il la connaissance des sciences ?

Érasme. En quatorze jours.

Didier. Cette promesse est assurément magnifique. Mais connais-tu quelqu'un que cet art notoire ait rendu savant ?

Érasme. Non.

Didier. On n'en a jamais vu et on n'en verra jamais, à moins de voir quelqu'un s'enrichir par l'alchimie.

Érasme. Je voudrais bien que cet art fût vrai.

Didier. Apparemment parce qu'il t'en coûte d'acheter le savoir au prix de tant de sueurs ?

Érasme. Précisément.

Didier. Le Ciel l'a décidé ainsi. Les biens vulgaires, tels que l'or, les diamants, l'argent, les palais, le trône, il les accorde quelquefois à des âmes basses qui ne les méritent point ; mais il a voulu que les véritables richesses, celles qui nous appartiennent en propre fussent le prix du travail. Il ne faut pas se plaindre de la peine que nécessite l'acquisition d'un bien si précieux, quand on voit tant de gens qui s'exposent à des périls affreux, à des fatigues inouïes pour des avantages passagers et tout à fait méprisables en comparaison de la science, et qui cependant n'obtiennent pas toujours ce qu'ils recherchent. D'ailleurs le travail de l'étude ne laisse pas d'avoir beaucoup de charme, lorsqu'on est un peu avancé ; et il ne tient qu'à toi de t'épargner bien de l'ennui.

Érasme. De quelle manière ?

Didier. D'abord en t'appliquant à aimer l'étude, ensuite en l'estimant.

Érasme. Comment faire pour cela ?

Didier. Songe à tous ceux que les lettres ont enrichis, à tous ceux qu'elles ont élevés aux honneurs et au pouvoir, et considère en même temps toute la différence qui existe entre l'homme et la bête.

Érasme. Vos avis sont excellents.

Didier. Ensuite il faut apprivoiser ton esprit en l'habituant à se fixer et à aimer l'utile plutôt que l'agréable. Ce qui est bon en soi a beau paraître dur au commencement, l'habitude le fait trouver doux. De cette façon, tu fatigueras moins ton maître et tu apprendras plus facilement, suivant cette maxime d'Isocrate que tu devrais inscrire en lettres d'or sur le frontispice de ton cahier : *Si vous aimez la science, vous deviendrez savant.*

Érasme. J'apprends assez vite, mais j'oublie bientôt ce que j'ai appris.

Didier. Alors tu es un tonneau percé.

Érasme. Vous avez à peu près deviné. Mais le remède ?

Didier. Il faut boucher la fente pour que rien ne se perde.

Érasme. Avec quoi ?

Didier. Ce n'est ni avec de la mousse, ni avec du plâtre, mais avec du travail. Celui qui apprend des mots sans en comprendre le sens les oublie vite ; car les paroles, comme dit Homère, sont *ailées ;* elles s'envolent aisément si les pensées ne leur servent de contrepoids. Applique-toi donc d'abord à bien comprendre ce que tu lis et à le repasser en toi-même de temps en temps ; c'est en cela que tu dois, comme je l'ai dit, apprivoiser ton esprit afin de l'accoutumer à réfléchir quand il le faut. Un esprit qui est trop sauvage pour se plier à la réflexion ne vaut rien pour l'étude.

Érasme. Je ne vois que trop combien cela est difficile.

Didier. Celui qui a l'esprit trop léger pour s'arrêter sur une pensée ne peut ni écouter un long discours, ni retenir ce qu'il a appris. On peut graver sur le plomb, parce que c'est un corps solide ; on ne peut rien graver sur l'eau ni sur le vif-argent à cause de leur fluidité. Si tu parviens à maîtriser ton esprit, comme tu vis au milieu de savants dont les entretiens roulent journellement sur une infinité de choses dignes d'être sues, tu peux apprendre beaucoup sans peine.

Érasme. Assurément.

Didier. Car, outre ce qu'on dit pendant les repas, outre les conversations journalières, tu entends immédiatement après le dîner huit belles sentences, tirées des meilleurs auteurs, et autant après le souper. Calcule maintenant quel produit cela te donne par mois et par année.

Érasme. Un produit magnifique, si je pouvais tout retenir.

Didier. De plus, comme tu n'entends que des gens qui parlent bien le latin, qui t'empêche d'apprendre cette langue en quelques mois, puisque des enfants qui n'ont aucune teinture des lettres apprennent en fort peu de temps le français ou l'espagnol?

Érasme. Je suivrai votre conseil, et je verrai si mon esprit pourra se plier au joug des Muses.

Didier. Pour moi, je ne connais d'autre art notoire que le travail, l'amour de l'étude et l'assiduité.

LE SERMON OU MERDARD

HILAIRE, LEVIN.

Hilaire. Grand Dieu! quels fléaux enfante et nourrit la terre! Ces hommes séraphiques ont-ils aussi peu de honte? Ils croient sans doute parler devant des bûches et non devant des hommes.

Levin. Qu'est-ce qu'Hilaire marmotte entre ses dents? Il compose sans doute des vers.

Hilaire. Avec quel plaisir j'aurais fermé avec des excréments la bouche impure de ce bavard!

Levin. Abordons-le. Que faites-vous, Hilaire peu hilarant?

Hilaire. Je vous trouve fort à propos, Levin, pour vomir sur vous toute l'amertume de mon âme.

Levin. J'aime mieux que vous vomissiez dans un bassin que sur moi. Mais de quel malheur s'agit-il? et d'où venez-vous?

Hilaire. Du sermon.

Levin. Qu'est-ce qu'un poëte a de commun avec la parole sacrée?

Hilaire. Je ne fuis pas les exercices sacrés, mais celui auquel je viens d'assister mérite l'épithète de sacré dans le sens que Virgile attribue à la soif de l'or[1]. Ce sont ces braillards-là qui sont cause que je vais rarement au sermon.

Levin. Où ce sermon a-t-il été prononcé?

Hilaire. A la cathédrale.

Levin. Après dîner? A cette heure-là, on dort généralement.

Hilaire. Plût à Dieu que tout le monde eût dormi en présence de cet insipide bavard, qui mérite à peine de prêcher devant des oies!

Levin. L'oie est un animal bruyant. On rapporte pourtant que le patriarche François prêcha quelquefois devant ses frères les petits oiseaux, qui l'écoutaient en grand silence. Mais, dites-moi, est-ce que l'on prêche aussi le samedi?

Hilaire. Oui, en l'honneur de la sainte Vierge mère; car le dimanche on prêche le Christ, or il est juste que la mère ait la préséance.

Levin. Quel était le thème?

Hilaire. L'explication du cantique de la Vierge.

Levin. C'est un sujet bien commun.

---

[1]. Dans ce passage de Virgile, *sacra* signifie *maudite*.

Hilaire. Il était approprié au prédicateur. Je crois même que c'est le seul thème qu'il ait appris, comme on prétend qu'il y a des prêtres qui ne connaissent d'autre liturgie que celle des morts.

Levin. Appelons-le donc le prédicateur du *Magnificat*, ou, si vous aimez mieux, le *Magnificatien*. Mais enfin, quelle espèce d'oiseau était-ce, et de quelles plumes était-il orné?

Hilaire. Il ressemblait à un vautour.

Levin. De quelle basse-cour sortait-il?

Hilaire. De celle des franciscains.

Levin. Qu'entends-je? d'une si sainte communauté? Il était peut-être du genre dégénéré de ceux qu'on nomme *relâchés*, robe noire, souliers pleins, ceinture blanche, et qui (je frémis de le dire) ne craignent point de manier l'argent avec des doigts nus.

Hilaire. Au contraire, il était du troupeau choisi de ceux qui sont fiers du nom d'*observantins*, robe cendrée, ceinture de chanvre, souliers déchiquetés [1], et qui tueraient plutôt quelqu'un que de toucher de l'argent avec leur peau nue.

Levin. Il n'y a rien d'étonnant que dans un champ de roses il pousse une rose de chien. Mais qui a introduit sur ce théâtre un pareil histrion?

Hilaire. Vous le diriez encore plus si vous aviez vu ce personnage tragique. Il avait une haute stature, des joues rubicondes, un ventre proéminent, des flancs de

---

[1]. Ce genre de chaussure était si peu imposé par la règle que les actes capitulaires des ordres monastiques en défendent sévèrement l'usage. Voir le *Glossaire* de Du Cange au mot *Calceus fenestratus*. Érasme a voulu probablement désigner ainsi les sandales.

gladiateur; on aurait dit un athlète, et, autant que je puis le deviner, il avait bu en dînant plus d'un setier de vin.

Levin. Où prenait-il tant de vin, puisqu'il ne touchait pas à l'argent?

Hilaire. Il en recevait tous les jours quatre setiers de la cour du roi Ferdinand.

Levin. Quelle libéralité mal placée! Il était sans doute savant?

Hilaire. Il n'avait que beaucoup d'effronterie et une langue effrénée.

Levin. Qui a donc trompé Ferdinand au point d'amener un bœuf au gymnase?

Hilaire. Pour le dire en un mot, c'est sa piété et sa royale bonté. Il lui avait été recommandé; il portait la tête penchée sur l'épaule droite.

Levin. C'est ainsi que le Christ est pendu à la croix. L'assemblée était-elle nombreuse?

Hilaire. Comment ne l'aurait-elle pas été à Augsbourg, dans l'église la plus fréquentée, avec la réunion de tant de monarques que l'empereur Charles y avait rassemblés de toute l'Allemagne, de l'Italie, des Espagnes et de l'Angleterre? Il y avait même dans l'assistance plusieurs savants, notamment de la cour des rois.

Levin. Je serais bien surpris que ce porc ait pu dire quelque chose digne d'un tel auditoire.

Hilaire. Mais il a proféré beaucoup de choses dignes de lui.

Levin. Lesquelles, je vous prie? Mais auparavant dites-moi, s'il vous plaît, son nom.

Hilaire. Ce n'est pas utile.

Levin. Pourquoi cela, Hilaire ?

Hilaire. Je ne veux pas obliger de pareilles gens.

Levin. Oh ! est-ce obliger quelqu'un que de le décrier ?

Hilaire. Le plus grand service que l'on puisse leur rendre est de les faire connaître, n'importe comment.

Levin. Dites-moi au moins son nom ; sous le sceau du secret.

Hilaire. On le nomme Merdard.

Levin. Je connais bien ce Merdard. N'est-ce pas lui qui, dernièrement, à table a appelé notre ami Érasme un diable ?

Hilaire. Précisément. Mais quoiqu'il ait tenu ce propos à table, il ne l'a pas tenu impunément ; les convives, plus polis, l'ont imputé à l'ivresse et l'ont mis sur le compte du vin.

Levin. Quelle excuse a-t-il donnée quand on le lui a reproché ?

Hilaire. Il a répondu qu'il ne l'avait pas dit avec intention.

Levin. Comment l'aurait-il dit avec intention, puisqu'il n'a ni intelligence ni jugement ?

Hilaire. Mais ce qui a paru intolérable à tous les savants et à moi, c'est que, publiquement, dans un pareil lieu, devant de tels auditeurs, en présence de tant de monarques, Merdard ait évacué son pus merdeux.

Levin. Je suis curieux de savoir ce qu'il a dit.

Hilaire. Il a vomi contre notre ami Érasme un tas d'injures grossières dont voici le résumé. Il a paru de nos jours, a-t-il dit, un nouveau docteur Érasme, je me trompe, je voulais dire Ane, et en même temps il a expliqué en public ce que signifiait âne en allemand.

Levin. La bonne plaisanterie !

Hilaire. De la plaisanterie ? C'est bien plutôt de la folie.

Levin. N'est-il pas plaisant de voir un pareil âne traiter d'âne quelqu'un, et à plus forte raison Érasme ? Tout ce que je sais, c'est que, si Érasme avait été présent, il n'aurait pu s'empêcher de rire.

Hilaire. Assurément il ne ressemble pas moins à l'âne par la stupidité de son esprit que par la couleur de son habit.

Levin. Je ne crois pas que dans toute l'Arcadie il y ait un âne aussi âne et qui ne mérite mieux que lui de manger du foin.

Hilaire. C'est tout le contraire d'Apulée : celui-ci, sous la forme d'un âne, cachait un homme ; celui-là, sous la forme d'un homme, cache un âne.

Levin. Ce sont pourtant ces ânes-là que nous engraissons aujourd'hui avec du vin miellé et des gâteaux : aussi ne faut-il pas s'étonner s'ils mordent tout le monde et s'ils envoient des ruades.

Hilaire. « Ce docteur âne, dit-il, ose corriger le *Magnificat*, quoique ce cantique soit émané du Saint-Esprit par la bouche de la très-sainte Vierge. »

Levin. Je reconnais *le style des frères*.

Hilaire. Et il insistait là-dessus comme si Érasme avait commis un gros blasphème.

Levin. Le cœur me bat de frayeur. De quel crime s'agissait-il ?

Hilaire. Il disait qu'au lieu de ces paroles que chante l'Église : *Parce que le Seigneur a regardé la bassesse de sa servante*, Érasme avait traduit : *Parce* qu'il a regardé la vileté de sa servante. Or le mot *vileté* a un sens plus odieux en allemand qu'en latin.

Levin. Qui n'avouera que c'est un horrible blasphème d'appeler vile servante la très-sainte mère du Christ, qui surpasse même les anges en dignité?

Hilaire. Dites-moi, que feriez-vous si l'on appelait les Apôtres des serviteurs inutiles?

Levin. Je préparerais des fagots pour le blasphémateur.

Hilaire. Et si l'on disait du grand saint Paul qu'il est indigne du nom d'apôtre?

Levin. Je crierais : Au feu!

Hilaire. Cependant le Christ, le seul docteur irréfutable, a dicté ce langage à ses Apôtres : *Lorsque vous aurez fait tout ce qui vous a été commandé, dites : Nous sommes des serviteurs inutiles.* Luc, XVII. Et saint Paul, fidèle à ce précepte, dit de lui : *Je suis le moindre de tous les Apôtres, et même je ne suis pas digne d'être appelé apôtre.* Cor. I, 15.

Levin. Quand des gens pieux parlent ainsi d'eux-mêmes, ils font preuve de modestie, vertu la plus agréable à Dieu. Si un autre en dit autant d'eux, surtout de ceux qui sont rangés parmi les saints, il commet un gros blasphème.

Hilaire. Vous avez parfaitement tranché la difficulté. Par conséquent, si Érasme avait dit que cette Vierge adorable est une vile servante du Seigneur, tout le monde aurait trouvé ce propos impie. Mais comme elle parle ainsi d'elle-même, cela tourne à sa gloire, et elle nous donne un exemple salutaire de modestie en nous montrant que, puisque tout ce que nous sommes, nous le sommes par la munificence de Dieu, plus on est grand, plus on doit s'humilier.

Levin. Jusqu'ici nous sommes d'accord; mais quand ces gens-là disent corriger, ils entendent corrompre ou falsifier. Voyons donc si le mot *vileté* répond au mot grec employé par saint Luc.

Hilaire. C'est pour cela même qu'après le sermon, j'ai couru tout de suite au texte.

Levin. J'attends le produit de la chasse.

Hilaire. Voici les mots que saint Luc, sous l'inspiration du Saint-Esprit, a tracés de ses propres doigts : Ὅτι ἐπέβλεψεν ἐπὶ τὴν ταπείνωσιν τῆς δούλης αὐτοῦ. Et notre ami Érasme les a ainsi rendus : *Parce qu'il a regardé à la bassesse de sa servante.* Il n'a fait qu'ajouter une préposition que saint Luc n'a point omise, préposition qui n'est ni contraire à l'élégance du latin, ni vaine pour le sens; car Térence dit dans *Phormion* : *Respice ad me.* Toutefois Érasme fait remarquer dans ses annotations que saint Luc a dit plutôt *Adspice ad me* que *Respice ad me.*

Levin. Il y a donc une différence entre *respicere* et *adspicere*?

Hilaire. Pas beaucoup, mais il y en a. *Respicit* est celui qui regarde en détournant la tête ce qui est derrière lui; *Adspicit,* celui qui regarde franchement. Ainsi, dans Térence, Phèdre regarde (*adspicit*) Thaïs sortant du logis; Parménon dit : *Je suis tout tremblant depuis que je l'ai regardée* (*adspexi*). Mais son frère Chéréa s'exprime ainsi : *Quand je regarde* (*respicio ad*) *cette jeune fille,* car il s'était penché vers un vieillard, et c'est dans cette posture qu'il se tourna vers la jeune fille. On emploie quelquefois *respicere* dans le sens d'examiner ou de considérer soit l'avenir, soit le présent. Ainsi le satirique : *Il conseilla d'envisager (respicere) le dernier terme d'une longue vie* [1], car la mort nous suit en quelque sorte par derrière, et nous détournons les yeux vers elle chaque fois que nous y pensons. Et Térence : *Songe (respice) à ta vieillesse.* Aussi dit-on de celui qui, occupé ailleurs, néglige ses enfants, qu'il ne les surveille pas (*non respicere*). On dit très-bien, au contraire, de celui qui, négligeant le reste, s'occupe de ses enfants, qu'il les surveille (*respicere*). Dieu embrasse tout d'un seul coup d'œil, le passé, le présent et l'avenir; et néanmoins dans l'Écriture sainte il s'entretient avec nous comme un simple mortel. On dit qu'il détourne ses regards (*aversari*) de ceux qu'il réprouve; qu'il regarde (*respicere*) ceux qu'après avoir oubliés quelque temps, il juge dignes de sa faveur. Saint Luc aurait mieux rendu cette pensée s'il eût dit ἀπέβλεψεν au lieu d'ἐπέβλεψεν que nous lisons maintenant. Du reste, que l'on adopte l'une ou l'autre leçon, le sens reste à peu près le même.

Levin. Mais la préposition répétée paraît inutile.

Hilaire. Les Latins disent fort bien : *Accessit ad me* (*Il s'est approché de moi*); *Appulit animum ad scribendum* (*Il s'est mis à écrire*). Dans le passage en question, la préposition ne me semble pas inutile. *Respicere* peut signifier quelqu'un qui, par hasard, tourne les yeux derrière soi, sans arrêter ses regards sur un objet déterminé; mais en disant : *Respexit ad me*, on exprime une

---

1. Juvénal, X, 275.

faveur spéciale qui s'attache à tel ou tel. De même, nous regardons (*adspicimus*) quelquefois par hasard des choses dont nous ne nous soucions pas, et même que nous ne voudrions pas voir. Mais quiconque regarde (*aspicit ad*) quelqu'un est particulièrement attentif à ce qu'il contemple. Enfin nous voyons (*adspicimus*) plusieurs choses à la fois, mais nous ne les regardons pas (*adspicimus ad*) toutes à la fois. C'est pourquoi le Saint-Esprit, voulant nous exprimer sa faveur spéciale envers la très-sainte Vierge, a parlé ainsi par sa bouche : *Quia respexit ad humilitatem ancillæ suæ*. Il détourne la vue des orgueilleux qui se croient grands, et il a abaissé ses regards vers celle qui se jugeait une humble servante. Il n'est point douteux que beaucoup de gens, savants, puissants, riches, nobles, espéraient que le Messie sortirait de leur souche ; mais Dieu, les rejetant, dirigea ses regards favorables sur une vierge obscure, pauvre, mariée à un ouvrier, et qui n'avait point eu d'enfants.

Levin. Je n'ai encore rien vu du mot *vileté*.

Hilaire. Ce mot est du sycophante et non d'Érasme.

Levin. Mais dans les annotations il a peut-être parlé de *vileté*.

Hilaire. Du tout. Au sujet du mot ταπείνωσιν, il a fait seulement cette simple remarque : « Il faut entendre par ce mot la *petitesse* et non l'*humilité*, ce qui signifie : *Quoique je sois son humble servante, le Seigneur n'a point détourné de moi ses regards*. »

Levin. Puisque cette interprétation est juste et pleine de piété, pourquoi ces ânes sauvages braient-ils ?

Hilaire. L'ignorance du mot latin est cause de tout

ce bruit. Chez les anciens écrivains d'un style pur, *humilitas* signifie non la vertu de l'âme, qui est l'opposé de l'arrogance et que l'on appelle modestie, mais la bassesse de la condition : c'est dans ce sens que les gens obscurs, pauvres, bornés et méprisés, sont nommés *humiles,* c'est-à-dire rampant à terre. De même qu'en nous adressant aux grands, nous disons : *Je prie Votre Grandeur de me favoriser en cela,* de même ceux qui, en parlant d'eux-mêmes, veulent se rabaisser, disent : *Je vous prie de venir en aide par votre bonté à mon insuffisance* (*humilitatem*). L'emploi affecté de la première personne du pronom a généralement quelque chose d'arrogant, comme, par exemple : *Moi, je dis; moi, je ferai.* Ainsi cette vierge, doublement modeste, a tout à la fois rabaissé sa condition et exalté la munificence de Dieu envers elle : non contente de se dire *servante,* elle a ajouté *humble* et de basse condition. De même que, suivant le proverbe : *L'esclave l'emporte sur l'esclave,* il existe parmi les servantes une certaine supériorité, relativement à l'importance de leurs fonctions. En effet, la coiffeuse est plus considérée que la blanchisseuse.

Levin. Je m'étonne que Merdard n'ait point reconnu cette forme de langage, car moi-même j'ai souvent entendu les franciscains s'exprimer ainsi : *Ma Petitesse vous rend grâces de ce bon dîner.*

Hilaire. Quelques-uns ne se tromperaient guère en disant : *Ma Scélératesse.* Mais, comme le mot grec ταπεινοφροσύνη semble exprimer quelque chose de plus que le mot latin *modestia,* les chrétiens ont mieux aimé dire *humilitas* que *modestia,* préférant ainsi la netteté du langage à l'élégance. On dit que quelqu'un est *modeste* quand il a une sage opinion de lui-même et qu'il ne s'attribue que ce qu'il mérite; mais la gloire de l'*humilité* n'appartient qu'à celui qui s'attribue moins qu'il n'a.

Levin. Mais il est à craindre qu'en visant à la modestie nous ne tombions dans la vanité.

Hilaire. Comment cela?

Levin. Si saint Paul a eu raison de dire : *Je ne suis pas digne d'être appelé Apôtre*, et si Marie a dit avec vérité qu'elle était *une humble servante*, c'est-à-dire de basse condition, on risque de mentir en les exaltant tous deux par des louanges si magnifiques.

Hilaire. Ce danger-là, mon bon ami, n'est point à craindre. Quand nous élevons par nos louanges les saints et les saintes, nous célébrons en eux la bonté de Dieu; et quand ils se rabaissent eux-mêmes, ils songent à leur valeur et à leurs mérites, privés du secours de la grâce. Ce n'est point mentir que de ne pas s'attribuer ce que l'on a; si l'on parle sincèrement, il y a peut-être *erreur*, il n'y a pas *mensonge*. Or cette erreur de notre part plaît à Dieu.

Levin. Cependant saint Paul, qui se déclare indigne du titre d'Apôtre, parle ailleurs de lui avec orgueil en citant ses propres actions : *J'ai travaillé*, dit-il, *plus que tous les autres, et ceux qui paraissaient être quelque chose ne sauraient se comparer à moi*, tandis que la très-sainte Vierge n'a jamais rien dit de semblable.

Hilaire. Mais ces actions, saint Paul les appelle ses faiblesses, qui prouvent la puissance de Dieu, et la mention qu'il en fait il la nomme *une folie*, à laquelle il a été poussé par la malignité des faux apôtres, qui l'ont mis dans la nécessité de revendiquer pour lui l'autorité apostolique, non pour les satisfactions de la gloire humaine, mais dans l'intérêt de l'Évangile, dont le ministère lui avait été confié. La Vierge mère n'eut point à tenir la même conduite, car elle n'avait pas été chargée de prêcher l'Évangile. D'ailleurs son sexe, sa virginité, son titre de mère de Jésus, exigeaient beaucoup de pudeur et de modestie. Passons maintenant à la source de cette erreur. Ceux qui ne savent pas le latin s'imaginent que le mot *humilitas* ne signifie pas autre chose qu'une insigne modestie, tandis qu'il s'applique au lieu ou à la condition, mais non à une vertu de l'âme; si on le fait rapporter à l'âme, il désigne un défaut.

Levin. Même dans l'Écriture sainte?

Hilaire. Oui. Voici un passage de saint Paul aux Colossiens, chap. II : *Que nul ne vous séduise en affectant de paraître humble par un culte d'anges.* Il n'y a pas ici ἐν ταπεινώσει comme dans le Cantique de la Vierge, mais ἐν ταπεινοφροσύνῃ. Ce passage présente quelque obscurité, je l'avoue, mais pour moi son vrai sens est dans cette explication des savants : *Une fois que vous vous serez voués au Christ, l'unique auteur du salut, n'ayez point l'âme assez basse et assez abjecte pour vous laisser persuader qu'il faut attendre votre salut des anges que quelques-uns prétendent avoir vus. Ayez l'âme élevée, afin que, dans le cas où un ange venant du ciel vous annoncerait un Évangile autre que celui que le Christ a légué, vous le regardiez avec horreur comme un impie et un ennemi du Christ.* Il n'est pas convenable que vous ayez l'âme assez basse pour vous laisser détourner du Christ par les fausses apparitions des anges. Espérer son salut du Christ seul, c'est de la religion ; l'attendre des anges ou des saints, c'est de la superstition. Saint Paul veut donc dire qu'il est d'une âme basse et abjecte d'abandonner le Christ sublime pour les fausses apparitions des anges, car c'est le propre d'un esprit bas de se laisser entraîner par les conseils du premier venu. Vous voyez qu'ici ταπεινοφροσύνη est pris en mauvaise part.

Levin. Cela saute aux yeux.

Hilaire. On lit dans le même chapitre : *Ces choses sont selon les préceptes et les ordonnances des hommes, quoiqu'elles aient quelque apparence de sagesse par une superstition et une humilité affectée.* Là encore ταπεινοφροσύνη est pris en mauvaise part.

Levin. C'est évident.

Hilaire. Cependant dans saint Pierre (I, 5) ce mot est pris pour la vertu opposée à l'orgueil : τὴν ταπεινοφροσύνην ἐγκομβώσασθε, ce que nous traduisons par : *inspirez l'humilité*. Il en est de même dans l'Épître aux Philippiens, ch. II : τῇ ταπεινοφροσύνῃ ἀλλήλους ἡγούμενοι ὑπερέχοντας ἑαυτῶν, c'est-à-dire *que chacun, par humilité, croie les autres au-dessus de soi*.

Levin. Vous m'avez appris que ταπεινοφροσύνη se prend en bonne et mauvaise part, tandis que chez les Latins *modestia* ne se prend qu'en bonne part. Pourriez-vous me dire si ταπείνωσις est l'équivalent de *modestia*?

Hilaire. Il n'y a pas d'inconvénient à l'employer dans ce sens, car rien n'empêche d'attribuer à l'esprit la soumission ou l'abaissement au lieu de la modestie.

Du reste, je ne sais pas si on le trouve employé de cette façon dans les saintes Écritures.

Levin. Voyez si dans saint Jacques il n'a pas cette acception : *Glorietur autem frater humilis in exaltatione sua, dives autem in humilitate sua* [1].

Hilaire. Dans ce passage, il y a bien ἐν ταπεινώσει et non ταπεινοφροσύνῃ. Si vous prétendez qu'ici *humilitas* est pris pour *modestia*, il faut, par une conséquence nécessaire, que nous prenions *exaltatio* pour *superbia*; et il en résultera deux absurdités, car, de même que l'on n'est point modeste quand on se glorifie et que l'on se vante de sa modestie, on est doublement arrogant lorsqu'on se glorifie de son orgueil.

Levin. Que veut donc dire l'Apôtre?

Hilaire. Il recommande l'égalité entre les chrétiens. Le pauvre est dit humble à cause de la bassesse de sa condition ; le riche est qualifié de grand, aux yeux du monde bien entendu, à cause de l'éclat de sa fortune. Ici le riche s'abaisse au rang des pauvres et le pauvre s'élève au niveau des riches. Tous deux ont de quoi se glorifier : l'un se réjouit de soulager par ses richesses l'indigence des pauvres ; l'autre glorifie le Christ d'avoir inspiré cette pensée aux riches.

Levin. Ce riche ne laisse pas d'avoir le mérite de la modestie.

Hilaire. Peut-être, mais il ne s'ensuit pas de là que ταπείνωσις signifie *modestie* : car il y a des gens qui,

---

1. « Que celui d'entre nos frères qui est d'une condition basse se glorifie de sa véritable élévation, et, au contraire, que celui qui est riche se glorifie de son véritable abaissement. »

pour gagner les louanges des hommes, font d'abondantes aumônes. Disons plutôt que le riche et le pauvre seront tous deux modestes s'ils sont animés d'une piété sincère : le premier, en ne dédaignant pas d'être égalé au pauvre pour le Christ ; le second, en ne s'enorgueillissant point de l'honneur qu'on lui fait, mais en rendant grâces au Christ et en se glorifiant en lui. Il est hors de doute que ταπείνωσις est employé très-souvent dans les livres saints pour l'*abattement* ou l'*humiliation* qui résultent soit de l'affliction, soit de la faiblesse de notre condition. Ainsi, dans saint Paul aux Philippiens, III : *Il transformera notre corps tout vil et abject qu'il est*, ταπεινώσεως. De même au Psaume IX : *Voyez l'état d'humiliation où mes ennemis m'ont réduit*, ταπείνωσιν. Puis au Psaume CXVIII : *C'est ce qui m'a consolé dans mon abattement*, ἐν ταπεινώσει, c'est-à-dire dans l'affliction. Il y a beaucoup de passages de ce genre qu'il serait trop long de rapporter ici. Or, de même qu'on a pu dire métaphoriquement ταπεινός au lieu de ὁ ταπεινόφρων pour caractériser un esprit modeste et sans fierté, il n'y aura rien d'étonnant que l'on dise ταπείνωσις pour ταπεινοφροσύνη. Nous parlons d'après l'usage de l'Écriture. Au reste, ceux qui prétendent que dans le cantique de Marie ταπείνωσιν signifie *modestie*, que n'attribuent-ils également le même sens à ce passage de la Genèse, XXIX : *Le Seigneur a vu mon humiliation*, ταπείνωσιν ? Lia ne parle point de sa modestie ; mais, comme sa laideur la rendait moins chère à son mari, elle appelle cela *humiliation*. Il en est de même au Deutéronome, chap. XXVI : *Et qui a regardé favorablement notre affliction, nos travaux et l'extrémité où nous étions réduits?* Ici ταπείνωσιν ne signifie-t-il pas *affliction?*

Levin. D'où leur est donc venue l'idée de traduire, dans le cantique de la Vierge, *humilitatem* par *modestie?*

Hilaire. Je n'en vois pas d'autre cause sinon que beaucoup de théologiens ont négligé d'apprendre les langues et d'étudier le latin en même temps que les anciens docteurs de l'Église, qui sans de tels secours ne sauraient être parfaitement compris. En outre, il est très-difficile de détruire les préjugés. Or on voit des gens si attachés à la scolastique qu'ils aiment mieux subordonner l'Écriture à ses décrets que de corriger les opinions humaines d'après la règle de l'Écriture.

Levin. Mais cela est plus absurde que ce que l'on raconte de la règle lesbienne¹.

Hilaire. Le moine Béda, écrivain sans grande autorité chaque fois qu'il ne suit pas les traces des autres, voit dans le passage en question la vertu opposée à l'orgueil; mais Théophylacte, écrivain grec qui a puisé presque toute son érudition chez les meilleurs écrivains de la Grèce, déclare que ταπείνωσιν ne peut pas être pris ici pour une vertu.

Levin. Qu'est-il besoin de prouver cela par des autorités, puisque le simple bon sens repousse une pareille interprétation?

Hilaire. C'est très-juste, car, la *modestie* étant en

---

1. La règle lesbienne était de plomb, de sorte que l'ouvrage ne s'adaptait pas à la règle, mais la règle à l'ouvrage.

quelque sorte le couronnement et le soutien de toutes les vertus, il y aurait de l'immodestie à s'en vanter. Nous confessons, à la vérité, que la très-sainte Vierge a possédé cette vertu à un degré suprême et incomparable (j'excepte toujours le Christ); mais sa modestie est d'autant plus louable qu'elle ne la loue pas elle-même, et que, reconnaissant la bassesse de sa condition, elle attribue à la miséricorde divine la grandeur du mystère. Marie, dit-on, a mérité par sa modestie de devenir la mère de Dieu. Supposons qu'il y ait à cela quelque chose de vrai, quelle sorte de modestie serait-ce donc que celle d'une jeune fille qui en tirerait vanité ?

Levin. De plus, la teneur même du cantique annonce que Marie parle de son indignité. C'est pour cela qu'elle débute ainsi : *Mon âme glorifie le Seigneur.* Or, dire qu'elle a mérité par sa modestie de devenir la mère de Dieu, c'est se glorifier soi-même et non le Seigneur. Elle ajoute ensuite : *Voici que désormais je serai appelée bienheureuse dans la succession de tous les siècles. Voici* indique un événement subit et imprévu. Or on ne s'attend point à être comblé d'honneurs quand on ne se juge digne d'aucun honneur. On ne nomme pas non plus un bonheur ce qui est la récompense du mérite. En effet, Horace ne veut pas qu'on l'appelle un homme heureux par la raison que Mécène l'a mis au nombre de ses amis.

Hilaire. Pourquoi cela ?

Levin. Parce qu'il avait été admis par choix et non par faveur gratuite. Mécène lui accordait ce qu'il avait jugé devoir à ses talents.

Hilaire. Ce qui suit tend au même but : *Parce que celui qui est tout-puissant a fait en moi de grandes choses, et son nom est saint.* Elle n'a pas dit : « Il a fait en moi de grandes choses parce qu'il m'en a jugé digne, » mais « parce qu'il est tout-puissant, qu'il fait tout ce qu'il veut, et qu'il rend dignes de ses faveurs ceux qui en sont indignes ; et c'est pour cela que son nom est saint. » Par *saint* elle a voulu dire *glorieux.* Or, plus nous attribuons à notre mérite, plus nous ôtons à la gloire du nom divin : car, suivant saint Paul, la puissance de Dieu s'exerce par notre faiblesse. Ensuite, dans ce verset : *Il a renversé les grands de leurs trônes, et il a élevé les humbles,* il n'y a pas ταπεινόφρονας, mais ταπεινούς, c'est-à-dire ceux qui sont *méprisés* selon le monde, pour les opposer *aux grands.* Ce verset est expliqué par celui qui suit, comme il est d'usage dans le style des Prophètes : *Il a rempli de biens ceux qui étaient affamés, et il a renvoyé vides ceux qui étaient riches.* Ceux que Marie venait d'appeler *humbles,* elle les nomme ici *affamés,* c'est-à-dire petits, et ceux qu'elle avait appelés *grands,* elle les nomme *riches.* Dans le verset suivant, elle fait mention de la miséricorde qui se répand chez toutes les nations de la terre. Au dernier verset, elle publie la fidélité de Dieu à ses promesses : *Comme il a parlé,* etc. Dans tout le cantique elle célèbre la gloire, c'est-à-dire la puissance, la bonté et la vérité de Dieu ; elle ne dit pas un mot de ses mérites.

Levin. Mais, de même que l'orgueil marche à la suite de la grandeur et des richesses, la pauvreté enseigne la modestie.

Hilaire. Je ne disconviens pas que cela arrive quelquefois, mais il n'est pas rare de voir des pauvres très-arrogants. Si vous le niez, je vous mettrai devant les yeux plusieurs Merdards. Mais admettons que ce fait particulier soit général, il ne s'agit point ici de ce que la très-sainte Mère de Jésus a été, mais de ce qu'elle a dit d'elle-même dans ce cantique.

Levin. J'admire l'entêtement de ces gens-là, qui, tant de fois avertis, souvent même tournés en ridicule, ne veulent pas ouvrir les yeux.

Hilaire. Que de fois leur a-t-on dit qu'*une déclamation* consistait à traiter un thème faux afin de s'exercer à la parole! et cependant pour eux *une déclamation* n'est pas autre chose qu'un sermon. Combien de fois leur a-t-on corné aux oreilles que *vivre dans le célibat*, c'était n'être point marié, lors même que l'on entretiendrait mille concubines! et cependant pour eux *le célibat* n'est pas autre chose que la continence et la chasteté. Il en va de même de l'*humilité* et de quantité d'autres choses semblables.

Levin. D'où peut venir cette sottise incarnée?

Hilaire. Je vais vous le dire en ce qui concerne les Merdards. Ils ne se sont point appliqués à l'étude dès l'enfance; ils n'ont pas les moyens de se procurer des maîtres ni des livres, et si, par hasard, il leur survient quelque argent, ils aiment mieux le dépenser pour leur ventre. Ils s'imaginent que leur habit sacro-saint suffit abondamment pour donner une haute opinion de leur piété et de leur savoir. Enfin ils se font un point de religion de ne pas même savoir le latin, à l'exemple de leur saint François.

Levin. Certes, j'en connais beaucoup qui, sous ce

rapport-là, sont le vrai portrait du chef de leur institut, lequel disait *capero* pour *galerus*, et, je crois, *vestimentibus* pour *vestibus*. Mais saint François refusa constamment l'honneur de la prêtrise, ce que firent également, je crois, saint Benoît et saint Dominique. Les moines d'aujourd'hui, avec leurs vêtements (*vestimentibus*), ne craignent point de porter le chapeau de cardinal.

Hilaire. Que dites-vous? ils visent même à la tiare. Et ces humbles fils du pauvre François donnent leurs souliers à baiser aux plus grands monarques de la terre.

Levin. Maintenant, si le mot *vileté* avait été mis, serait-ce une impiété?

Hilaire. Nullement, si par *vil* on entend quelqu'un dont le monde ne fait point de cas, ou qui se juge lui-même méprisable. Mais à quoi bon excuser ce qui n'a point été dit?

Levin. Merdard n'a-t-il pas eu honte de mentir de la sorte, et cela dans un temple si célèbre, devant une nombreuse réunion de rois, devant tant de savants personnages dont la plupart avaient lu les ouvrages d'Érasme?

Hilaire. Honte, dites-vous? Au contraire, ce charlatan crut avoir fait une action éclatante et digne du triomphe. Les Merdards ont un quatrième vœu plus sacré pour eux que les trois autres; c'est celui-ci: *Ne rougir absolument de rien.*

Levin. Il est certain que la plupart d'entre eux l'observent très-religieusement.

Hilaire. Et il ne s'agissait pas d'un seul mensonge. Premièrement, le cantique de Marie reste intact, tel qu'il a été écrit par saint Luc. Or peut-on dire que l'on corrige lorsqu'on ne change rien? Ensuite le mot *humilitas* n'a point été changé, et nulle part il n'est fait mention de *vileté*. Enfin traduire fidèlement les paroles de saint Luc, ce n'est point corriger le cantique, mais l'expliquer.

Levin. Je vois un triple mensonge, digne d'un charlatan effronté.

Hilaire. Attendez: vous ne connaissez pas encore toute son impudence.

Levin. Y a-t-il quelque chose de plus fort?

Hilaire. Il criait à plein gosier que ce docteur âne était le principal auteur et le brandon de tous les troubles qui agitent en ce moment la chrétienté.

Levin. Que dites-vous?

Hilaire. Que c'est lui qui est cause que l'Église est déchirée par tant de sectes, que les prêtres sont dépouillés de leurs dîmes, que les évêques sont méprisés, que la sacro-sainte majesté du souverain pontife est bafouée partout, que les paysans ont renouvelé l'antique exemple des géants [1].

Levin. Il disait cela publiquement?

Hilaire. A grands cris.

Levin. Pourtant ceux qui ont lu avec un peu d'attention les ouvrages d'Érasme pensent bien différemment. Beaucoup de ses lecteurs confessent avoir puisé dans ses écrits les germes de la vraie piété. Tout cet incendie a été allumé par les moines; ce sont eux qui l'ont amené à ce degré d'embrasement, et aujourd'hui

---

[1]. La guerre des paysans éclata en Souabe en 1528.

encore lorsqu'ils essayent de l'éteindre, c'est absolument comme s'ils jetaient de l'huile dans la cheminée.

Hilaire. Vous voyez que *le ventre est une très-mauvaise bête.*

Levin. Vous avez mis le doigt dessus. Il importe au ventre qu'il y ait dans le christianisme beaucoup de superstition et très-peu de piété. Mais que faisait l'auditoire? A-t-il supporté que cet âne de Cumes braillât si insolemment du haut de la chaire?

Hilaire. Quelques-uns se demandaient ce qui lui était arrivé. D'autres, ayant peine à se contenir, se levaient et sortaient du temple en murmurant ces mots : « Nous sommes venus ici pour entendre les louanges de la sainte Vierge, et cet ivrogne nous vomit de pures calomnies. » Parmi ces derniers il y avait même beaucoup de femmes.

Levin. Pourtant le sexe est généralement très-dévoué à cette corporation.

Hilaire. C'est vrai, mais les femmes commencent aussi à raisonner. De tous les hommes instruits qui étaient présents, le plus grand nombre enrageaient, quelques-uns même sifflaient.

Levin. L'âne se moque des sifflements. Il fallait jeter ce braillard à bas de la chaire avec des œufs pourris ou des gravois.

Hilaire. Il ne manquait pas de gens qui l'en jugeaient digne, mais le respect du lieu les retenait.

Levin. Mais la sainteté du lieu ne doit pas protéger ceux qui l'ont profané par un crime. De même qu'il n'est pas juste que ceux qui commettent un meurtre dans l'enceinte d'un temple y trouvent un asile, si un prédicateur abuse follement de la sainteté du lieu et de la patience de son auditoire, ce qu'il a profané lui-même par sa témérité ne doit point lui servir de sauvegarde. Les anciens ont loué ce Romain qui refusa de voir un consul dans l'homme qui ne voyait point en lui un sénateur [1]; il n'est pas juste non plus que le public voie un ecclésiastique dans l'homme qui ne voit point en lui un auditoire.

Hilaire. On craint la foudre des évêques : *Si quis, instigante diabolo,* etc. [2] Vous connaissez la loi.

Levin. Mais les évêques devraient d'abord lancer leur foudre contre de tels braillards.

Hilaire. Les évêques même les craignent.

Levin. Qui ?

Hilaire. Ces braillards.

Levin. Pourquoi cela ?

Hilaire. Uniquement parce qu'ils sont braillards.

Levin. Les apôtres ne craignaient les menaces ni des rois ni des gouverneurs, et ceux-ci tremblent devant un mendiant ?

Hilaire. Mais c'est leur mendicité même qui les rend plus redoutables. Ils n'ont rien à perdre, ils ont de quoi nuire. Allez, je vous prie, vers un nid de guêpes ou de frelons, et touchez un de ces insectes du bout du doigt. Si cela vous réussit, vous reviendrez me le dire, et vous accuserez de lâcheté les évêques qui refusent d'irriter un seul mendiant. Les plus puissants monar-

---

1. Lucius Crassus fit cette réponse au consul Philippe. Voir Cicéron, *De l'Orateur,* III.

2. Canon qui excommunie quiconque met la main sur un ecclésiastique.

ques de la chrétienté ne révèrent-ils pas le pape et ne le craignent-ils pas en quelque sorte ?

Levin. Ce n'est pas étonnant, il est le vicaire du Christ.

Hilaire. Eh bien ! Alexandre VI, qui n'était ni un sot ni un ignorant, répétait souvent, dit-on, qu'il aimerait mieux déplaire à plusieurs grands monarques qu'au dernier moinillon de l'ordre des mendiants.

Levin. Laissons là les papes. Quand la nouvelle de ce crime fut parvenue aux oreilles des princes qui étaient alors à Augsbourg, ne punit-on pas le coupable ?

Hilaire. Ils furent tous indignés, mais principalement le roi Ferdinand et sa sœur Marie, la gloire des femmes de son siècle; Bernard, cardinal de Trente ; Balthasar, évêque de Constance. L'ecclésiastique fut vertement réprimandé, mais surtout par Jean Faber, évêque de Vienne.

Levin. A quoi bon des réprimandes ? L'âne ne sent que le bâton.

Hilaire. Surtout quand on le lui applique sur le ventre. Mais que pouvaient faire à cet imbécile des princes occupés de choses bien plus importantes ?

Levin. Ils pouvaient du moins lui interdire la chaire et lui retirer leur bienveillance.

Hilaire. Mais le finaud avait réservé son pus pour la dissolution de la diète, au moment même où l'on allait se séparer.

Levin. C'est de cette façon-là, dit-on, que s'en vont les démons des possédés, en laissant une puanteur horrible.

Hilaire. Il fut donc congédié par le roi Ferdinand,

mais bien repu; car la réprimande ne lui ôta pas un atome de sa graisse.

Levin. On dit que saint François prêcha ses sœurs les volatiles; celui-ci méritait de prêcher ses frères les ânes et les cochons. Mais où se réfugia-t-il?

Hilaire. Où pouvait-il se réfugier, sinon vers ceux de son troupeau, qui le reçurent en triomphe pour ses heureux et brillants succès; et en buvant on entonna pour chant de victoire le *Te Deum laudamus.*

Levin. Ce Merdard-là mériterait bien mieux d'avoir la corde au cou qu'à la ceinture. Mais que souhaiterons-nous à ce troupeau stupide qui nourrit de tels animaux?

Hilaire. Vous ne leur souhaiterez jamais autant de mal qu'ils s'en font à eux-mêmes. C'est par ces procédés-là qu'ils se déshonorent grandement, et qu'ils indisposent contre eux tous les honnêtes gens bien plus efficacement que ne pourrait le faire n'importe quel ennemi. Mais il n'est pas d'une âme chrétienne de souhaiter du mal à qui que ce soit; faisons plutôt des vœux pour que le très-clément formateur et réformateur de tout ce qui est (qui dans la personne de Nabuchodonosor a fait d'un homme un bœuf, et ensuite d'un bœuf un homme, et qui a donné à l'ânesse de Balaam un langage humain) change en mieux tous ceux qui ressemblent à Merdard, et leur donne un cœur et une langue dignes d'hommes évangéliques.

L'AMOUREUX DE LA GLOIRE

PHILODOXE, SYMBULE.

PHILODOXE. Je tire un heureux augure de votre rencontre, Symbule.

Symbule. Plût au ciel, Philodoxe, que je pusse contribuer en quelque chose à votre bonheur!

Philodoxe. Quel meilleur présage pour un mortel que de rencontrer un dieu?

Symbule. En vérité, il n'y a point d'augure qui vaille celui-là, lors même que mille chouettes voleraient. Mais quel dieu voulez-vous dire?

Philodoxe. Vous, Symbule.

Symbule. Moi?

Philodoxe. Oui, vous.

Symbule. Je n'ai jamais fait de cas des dieux qui vont à la selle.

Philodoxe. Si le proverbe ne trompe pas en disant que quiconque aide un mortel est un dieu, vous pouvez être un dieu pour moi.

Symbule. Je laisse à d'autres à juger de la vérité du proverbe. Pour ma part, je serai certainement bien aise d'obliger un ami, si je le puis.

Philodoxe. Soyez tranquille, Symbule, je ne demande point un emprunt. Un conseil est une chose sacrée, aidez-moi seulement de cette monnaie.

Symbule. C'est toujours demander un emprunt [1], puisque ce genre de service doit être réciproque entre amis, comme tout le reste. Mais en quoi désirez-vous mon conseil?

Philodoxe. Je suis las de mon obscurité; je voudrais être célèbre, indiquez-m'en le moyen.

Symbule. Voici le chemin le plus court: imitez Érostrate, qui a brûlé le temple de Diane, ou Zoïle, son pendant, qui a déchiré Homère, ou faites quelque autre action mémorable, et vous serez renommé avec les Cercopes [2] et les Nérons.

Philodoxe. Que d'autres acquièrent de la célébrité par le crime; moi, j'ambitionne une réputation honorable.

Symbule. Montrez-vous donc tel que vous voulez qu'on vous croie.

---

1. Il y a ici un jeu de mots intraduisible, roulant sur le mot *mutuum*, qui a le double sens d'*emprunt* et de *réciprocité*.
2. Habitants de l'île de Pithécuse, en face de Naples, changés en singes à cause de leur perfidie.

Philodoxe. Mais beaucoup de gens doués d'une rare vertu ne sont point parvenus à la célébrité.

Symbule. Je ne sais pas si cela est vrai; mais, en admettant que vous ayez raison, la vertu porte largement avec elle sa récompense.

Philodoxe. Vous parlez sagement et en vrai philosophe; mais cependant, à envisager les choses humaines, la gloire me paraît être le principal ornement de la vertu, laquelle se plaît à être reconnue, comme le soleil aime à luire, uniquement afin d'être utile à beaucoup de gens et d'inviter le plus grand nombre possible à l'imiter. Enfin je ne vois pas quel plus bel héritage que le souvenir immortel d'un nom honorable les parents peuvent laisser à leurs enfants.

Symbule. A ce que je vois, vous ambitionnez la gloire qui s'acquiert par la vertu.

Philodoxe. Oui.

Symbule. Proposez-vous donc pour modèles ceux que tous les écrivains ont vantés : Aristide, Phocion, Socrate, Épaminondas, Scipion l'Africain, Caton l'Ancien et Caton d'Utique, M. Brutus et autres grands hommes qui, soit en guerre, soit en paix, se sont efforcés de bien mériter de la république. Voilà, en effet, le champ le plus fertile de la gloire.

Philodoxe. Mais, parmi ces hommes célèbres, Aristide a été banni par l'ostracisme; Phocion et Socrate ont bu la ciguë; Épaminondas a été poursuivi pour un crime capital, de même de Scipion; Caton l'Ancien a plaidé quarante fois pour sa défense; Caton d'Utique s'est donné la mort, Brutus en a fait autant. Je voudrais une gloire qui fût exempte d'envie.

Symbule. C'est ce que Jupiter n'a pas même accordé à son fils Hercule : car, après avoir dompté tant de monstres par sa valeur, il dut en dernier lieu combattre l'hydre, et ce combat fut le plus acharné de tous.

Philodoxe. Je n'envierai jamais à Hercule ses glorieux travaux. Je n'estime heureux que ceux qui ont gagné une réputation honorable et exempte d'envie.

Symbule. Vous voulez, à ce que je vois, vivre agréablement ; c'est pour cela que vous craignez l'envie, et vous n'avez pas tort, *car c'est une très-mauvaise bête*.

Philodoxe. Précisément.

Symbule. Eh bien, *vivez dans l'oubli*.

Philodoxe. Mais c'est être mort, ce n'est point vivre.

Symbule. Je vois ce que vous désirez. Vous aimeriez à être en plein soleil sans ombre.

Philodoxe. Je sais bien que cela est impossible.

Symbule. Or il est tout aussi impossible d'acquérir de la gloire sans envie. La gloire suit naturellement les belles actions ; l'envie accompagne la gloire.

Philodoxe. Cependant le vieillard de la comédie nous apprend que l'on peut trouver la gloire sans l'envie : *De cette manière, on obtient très-aisément des éloges sans envie et l'on se crée des amis* [1].

Symbule. Si vous vous contentez des éloges que le jeune Pamphile obtint par sa complaisance et la douceur de son caractère, vous pouvez puiser les moyens de satisfaire votre désir au même endroit d'où vous

---

[1]. Paroles de Simon à Sosie dans l'*Andrienne*, de Térence, acte 1ᵉʳ, scène 1ʳᵉ.

avez tiré cette sentence. En toute chose souvenez-vous de la maxime *Rien de trop*, et usez de tout modérément. Montrez-vous facile à supporter le caractère des autres; fermez les yeux sur leurs défauts; ne soyez point rigide ni trop attaché à votre opinion; pliez-vous aux goûts d'autrui; ne blessez personne et soyez affable à tout le monde.

Philodoxe. On aime généralement la jeunesse, et cette gloire-là s'acquiert à peu de frais. Je voudrais une réputation magnifique, qui retentît dans tout l'univers, qui devînt toujours plus illustre avec le temps, et qui après ma mort brillât d'un plus vif éclat.

Symbule. En vérité, je loue votre généreux naturel, Philodoxe. Mais si vous ambitionnez la gloire que donne la vertu, le comble de la vertu consiste à mépriser la gloire, et la louange suprême est de ne point rechercher la louange qui s'attache davantage à qui la fuit. Il faut donc prendre garde que vous ne soyez d'autant plus privé de la gloire que vous la poursuivrez avec plus d'ardeur.

Philodoxe. Je ne suis point un stoïcien *apathique*; je suis accessible aux passions humaines.

Symbule. Puisque vous vous reconnaissez un homme et que vous acceptez ce qui appartient à la condition humaine, pourquoi ambitionnez-vous ce qui n'est pas donné à un dieu? Car vous connaissez cette parole non moins vraie qu'ingénieuse de Théocrite[1] : *Jupiter pluvieux ou serein ne plaît point à tout le monde.*

---

[1]. La sentence qui suit est de Théognis, et non de Théocrite.

Philodoxe. Il n'y a peut-être point de feu sans fumée; il y a pourtant *des combustibles exempts de fumée.* Si l'on ne peut éviter que la gloire de l'homme soit obscurcie par le nuage de l'envie, il existe cependant des moyens d'en atténuer les effets.

Symbule. Ce sont donc ces moyens que vous voulez qu'on vous indique?

Philodoxe. Je le désire vivement.

Symbule. Ne montrez pas trop votre vertu, et vous serez moins en butte à l'envie.

Philodoxe. Mais si la gloire n'est pas éclatante, ce n'est plus de la gloire.

Symbule. Voici un moyen très-sûr. Faites une action d'éclat, et mourez; vous deviendrez célèbre sans envie avec les Codrus, les Ménécées, les Iphigénies, les Curtius et les Décius.

Les vivants, non les morts, sont en proie à l'envie.

Philodoxe. Eh bien! pour dire nettement la vérité, je désire laisser à mes enfants et à mes petits-enfants l'héritage d'un nom honorable; mais je serais bien aise d'en recueillir le fruit pendant quelque temps, vivant parmi les vivants.

Symbule. A la bonne heure, je ne vous tiendrai plus en suspens. Le moyen le plus sûr de se faire un nom illustre, c'est de bien mériter de chaque individu en particulier et de tout le monde en général. Cela se fait en partie par les bons offices, en partie par la bienfaisance. Mais, en se montrant bienfaisant, il faut prendre garde de ne point ôter aux uns pour donner aux autres, car cette sorte de libéralité inspire plus de haine aux bons que de reconnaissance aux méchants. Or, être loué par les méchants est une infamie plutôt qu'une gloire. De plus, la source de la bienfaisance se tarit à force de largesses. Mais la générosité qui consiste en bons offices n'a point de fond ; au contraire, plus on puise à cette source, plus elle est abondante. Parmi les choses qui atténuent l'envie et procurent de la célébrité, il en est plusieurs que l'on ne peut se donner et qui sont une faveur gratuite de la Providence.

Et la beauté du corps rehausse la vertu.

Mais on ne se donne pas la beauté du corps. Une haute naissance entraîne avec elle beaucoup de considération, mais c'est encore un présent de la fortune. Il en faut dire autant des richesses loyalement acquises qui nous sont transmises par nos ancêtres. Ce sont là des avantages que nul ne peut se donner. Il en est de même de la dextérité d'esprit et du talent, non acquis, mais naturel, de s'exprimer avec grâce, finesse et élégance. Ajoutons enfin cette bienséance secrète et même ce bonheur dont nous voyons tous les jours les effets dans plusieurs personnes sans qu'on puisse en expliquer la cause. Ne voit-on pas souvent, de deux personnes qui font ou disent la même chose, celle qui s'en acquitte le plus mal plaire infiniment, tandis que l'autre, qui fait le mieux, au lieu de plaire, se rend odieuse ? Quelques anciens ont attribué cela aux génies. Ils disaient que chacun réussit dans la chose pour laquelle il est né, mais que celui qui entreprend une tâche malgré Minerve et en dépit de son génie ne fait rien qui vaille.

Philodoxe. La raison n'a donc rien à voir là?

Symbule. Presque rien. Cependant ceux qui ont de la sagacité découvrent dans les enfants et les jeunes gens certaines marques qui permettent de conjecturer à quelles études, à quel genre de vie, à quelles occupations ils sont propres. Ces indications nous sont également fournies par un sentiment secret en vertu duquel nous éprouvons de l'aversion pour certaines choses sans motif apparent, tandis que nous sommes entraînés vers d'autres par un élan irrésistible. De là vient que celui-ci réussit dans l'art militaire, celui-là excelle dans la politique, cet autre semble né pour l'étude. Et encore, dans chacune de ces catégories il règne une variété infinie, suivant la diversité des emplois. La nature a créé l'un pour le commandement; elle a voulu que l'autre fût un brave soldat; au plus favorisé elle a accordé, suivant Homère, d'être tout à la fois bon lancier et habile capitaine. Il en va de même pour le civil: celui-ci prévaut dans le conseil, celui-là brille dans la plaidoirie, cet autre se plaît dans les ambassades et s'en tire avec bonheur. Quant à la variété des études, il est inutile d'en parler. Il y a des gens si passionnés pour l'état monastique, non en général, mais pour tel ou tel ordre, que la vie leur paraît insupportable s'ils n'obtiennent pas ce qu'ils désirent; d'autres, au contraire, ont cet état tellement en horreur qu'ils aimeraient mieux mourir que de se faire moines, et en cela ils sont mus non par la haine ni par une raison déterminée, mais par un secret instinct.

Philodoxe. J'ai remarqué souvent avec surprise dans beaucoup d'individus le phénomène dont vous parlez.

Symbule. Dans ces biens que nous accorde gratuitement la bonté de la nature, l'envie s'introduira bien moins si nous écartons le faste et l'ostentation : car la beauté, la noblesse, la fortune, l'éloquence, ont plus d'attrait dans ceux qui ignorent presque qu'ils en sont doués. L'affabilité et la modestie, loin d'amoindrir ces avantages, leur communiquent un nouveau charme et bannissent l'envie. Du reste, cette affabilité et cette douceur de caractère doivent se reproduire constamment dans toutes les actions de la vie, à moins que Minerve ne s'y oppose formellement : car, à mon sens, Xénocrate essayerait vainement ce qui a réussi à Socrate et à Diogène; Caton le Censeur entreprendrait en vain ce qui a rendu Lélius agréable. Cependant le Déméa de Térence, changé subitement, montre assez combien il importe, pour s'attirer la bienveillance, de s'accommoder aux goûts et à la volonté d'un chacun. Mais chaque fois que l'on s'écarte du juste, on abandonne la vraie gloire pour une popularité passagère. Il n'y a de gloire durable que celle qui se fonde sur l'honnête et qui émane du jugement de la raison : car les passions ont une fougue passagère, et, une fois qu'elles se sont apaisées, nous nous mettons à haïr ce qui auparavant nous souriait le plus; les applaudissements se tournent en sifflements et la louange en blâme. Du reste, si l'on ne peut pas changer entièrement son caractère, on peut le corriger en partie.

Philodoxe. J'attends que vous vous expliquiez.

Symbule. Celui qui est naturellement affable doit prendre garde, en voulant plaire à tout le monde, de ne point s'écarter de l'honnête, et, en s'accommodant à un chacun, de ne point imiter le polype, qui est peu conséquent avec lui-même.

Philodoxe. J'en connais beaucoup comme cela, d'une bonne foi équivoque et d'une fausseté dont ils devraient rougir.

Symbule. Ceux, au contraire, qui sont d'une humeur sévère doivent s'appliquer, en voulant se montrer affables, à ne point paraître user de déguisement et à ne point retomber dans leur naturel : au lieu de louange, on leur reprocherait doublement et leur rigidité et leur inconstance. La constance a tant de force que l'on supporte plus aisément les gens d'un caractère vicieux par cela seul qu'ils ne sont jamais différents d'eux-mêmes. Or le déguisement, dès qu'on le devine, engendre la haine, même dans les bonnes actions ; ce que l'on dissimule ne peut rester toujours caché, il faut qu'il finisse par éclater, et alors cette magnifique fumée de gloire s'évanouit tout d'un coup, et on la tourne même en risée.

Philodoxe. Vous voulez donc, à ce que je vois, que l'on s'écarte très-peu de son naturel et point du tout de l'honnête ?

Symbule. Précisément. De plus, vous savez que tout ce qui brille subitement est sujet à l'envie. De là le mot odieux de *parvenu* chez les Grecs, le surnom d'*homme nouveau* chez les Romains, et ces termes de *fils de la terre* et de *gens tombés du ciel* usités chez les deux peuples. La réputation qui naît et grandit lentement, tout en étant peu exposée à l'envie, est très-solide, comme le témoigne le plus fin des poètes, Horace : *Ainsi qu'un jeune arbre, la gloire de Marcellus croît de jour en jour insensiblement.* Par conséquent, si vous aspirez à une gloire vraie, éternelle, exposée le moins possible à la jalousie, écoutez ces paroles de Socrate : *On voit des gens qui pour s'être trop hâtés au commencement arrivent tardivement à la fin.*

Philodoxe. Mais la vie de l'homme est courte.

Symbule. Il faut donc courir vers le bien, et non vers la gloire, qui suivra d'elle-même : car je ne pense pas que vous me consultiez sur les moyens de vivre longtemps. C'est l'affaire des Parques, qui filent nos jours et en coupent la trame quand il leur plaît.

Philodoxe. Plût à Dieu que vous le pussiez aussi !

Symbule. Les dieux, mon cher Philodoxe, n'ont jamais poussé la bonté jusqu'à tout donner à un seul. Ce qu'ils retranchent du côté des années, ils le compensent par l'éclat du nom. Quelques-uns, en bien petit nombre, ont été assez favorisés pour jouir de leur postérité pendant leur vie et en se survivant pour ainsi dire à eux-mêmes. Mais ils sont rares, les favoris de Jupiter. Quelques héros peut-être issus du sang des dieux ont joui de ce privilége, mais ce bonheur-là échappe à vos questions.

Philodoxe. J'ai souvent été frappé du sentiment de jalousie de la fortune ou de la nature, qui n'accorde aux mortels aucun avantage sans le mêler de quelque inconvénient.

Symbule. Quel parti nous reste-t-il donc à prendre,

ami, si ce n'est, puisque nous sommes nés hommes, de supporter patiemment la condition humaine? Il y a encore un excellent moyen de fléchir l'envie : c'est d'étudier à fond le caractère des nations, des ordres et des individus, à l'exemple de ceux qui prennent soin d'apprivoiser et de nourrir les animaux; car ils s'appliquent surtout à remarquer quelles sont les choses qui effarouchent ou qui attirent chaque animal. Je ne parle pas seulement de la différence qu'il y a entre l'oiseau et le quadrupède, le serpent et le poisson, ni de celle qui existe entre l'aigle et le vautour, l'éléphant et le cheval, le dauphin et le phoque, la vipère et l'aspic; je parle de la variété infinie que l'on rencontre dans chaque espèce d'animaux.

Philodoxe. J'attends où vous voulez en venir.

Symbule. Tous les chiens sont compris sous une seule espèce, mais cette espèce, en combien de formes innombrables ne se divise-t-elle pas! à tel point que l'on dirait que c'est le genre et non l'espèce qui les distingue. Ensuite, dans la même espèce des chiens, quelle variété de caractères et d'instincts!

Philodoxe. Une variété immense.

Symbule. Ce que j'ai dit des chiens, appliquez-le à chaque genre d'animaux. Mais nulle part la différence n'est aussi sensible que dans les chevaux.

Philodoxe. Vous avez raison. Mais où tend ce discours?

Symbule. Figurez-vous que la variété qui existe soit dans les genres et les formes des animaux, soit dans chaque animal, se retrouve tout entière dans l'espèce humaine. Vous y rencontrerez plusieurs sortes de loups, des chiens d'une variété inouïe, des éléphants, des chameaux, des ânes, des lions, des moutons, des vipères, des singes, des dragons, des aigles, des vautours, des hirondelles, des sangsues, que sais-je?

Philodoxe. Qu'en concluez-vous?

Symbule. Or il n'y a aucun animal si farouche qui, manié adroitement, ne se rende utile, ou du moins ne fasse pas de mal.

Philodoxe. Je ne vois pas encore quel est votre but.

Symbule. Il existe quelque différence entre un Espagnol, un Italien, un Allemand, un Français et un Anglais.

Philodoxe. Oui.

Symbule. En outre, dans chaque nation, chaque individu a son caractère propre.

Philodoxe. J'en conviens.

Symbule. Si vous démêlez finement cette variété, et si vous vous accommodez au caractère de chacun, vous arriverez très-aisément à avoir tout le monde pour ami, ou du moins à n'avoir point d'ennemis.

Philodoxe. Si vous voulez que je ressemble au polype, que deviendront le juste et l'honnête?

Symbule. Il y a dans les choses communes une certaine déférence qui ne blesse en rien l'honnêteté. Par exemple, en Italie, les hommes se saluent par un baiser; en Allemagne, une telle salutation paraîtrait ridicule: au lieu d'un baiser on se donne la main; en Angleterre, les hommes saluent les femmes, même lorsqu'ils les rencontrent à l'église; en Italie, cet acte passerait pour une inconvenance. En Angleterre, la politesse veut que vous offriez votre verre à celui qui survient au milieu du repas ; en France, ce serait un affront. Dans ces cas-là et dans beaucoup d'autres semblables, tout le monde peut obéir sans nuire à l'équité.

Philodoxe. Mais il est très-difficile de connaître les usages de toutes les nations et le caractère de chaque individu.

Symbule. Mais, ô Philodoxe ! si vous aspirez à une gloire éclatante et fondée sur la vertu, il est nécessaire qu'à votre tour vous déployiez une vertu au-dessus du commun. Or, vous savez que la vertu est hérissée de difficultés, comme Hésiode l'a dit avant le Péripatéticien [1]. Si donc vous voulez du miel, il faut souffrir les abeilles.

Philodoxe. Je le sais et ne l'ai point oublié, mais nous cherchons le moyen de calmer l'envie.

Symbule. Tâchez donc à la guerre d'être plutôt capitaine que soldat, et prenez les armes contre des ennemis odieux plutôt que contre des compatriotes ou des alliés ; dans les fonctions publiques, choisissez de préférence celles qui attirent la popularité. Ainsi, on se rend plus populaire en défendant qu'en accusant, en récompensant qu'en punissant. S'il survient, et il en surviendra nécessairement, certains devoirs désagréables que l'on ne puisse pas éviter, il faut les adoucir par la bonté.

Philodoxe. Comment cela ?

Symbule. Vous siégez en qualité de juge ou d'arbitre ; il vous faudra mécontenter l'une des deux parties.

---

1. Aristote, chef de l'école péripatéticienne.

Videz le procès avec tant d'équité que, si cela se peut, le perdant lui-même vous remercie.

Philodoxe. Comment faire ?

Symbule. Je suppose qu'on intente une action pour vol ou pour sacrilége. Changez, si vous le pouvez, la forme du procès, et faites que ce soit une action en restitution. Vous soulagerez ainsi l'accusé et le demandeur ne perdra rien. Dans tout le cours du procès, faites preuve d'indulgence envers l'accusé sans porter préjudice au demandeur; enfin, adoucissez un peu la peine du condamné. N'ayez ni l'air rogue, ni la parole acerbe, ni l'humeur chagrine, toutes choses qui font que certaines personnes s'attirent moins de reconnaissance en rendant un service que d'autres en le refusant. Il est bon quelquefois d'avertir son ami ; mais, si on n'espère point qu'il se corrige, il vaut mieux se taire. Si la chose est grave et qu'il y ait chance de réussir, il faut user d'une grande précaution dans la manière d'avertir, car il arrive souvent que, pour avoir averti de travers et mal à propos, on irrite le mal et on se fait un ennemi de son ami. Cette dextérité est surtout nécessaire si l'on a affaire aux princes; car on est obligé quelquefois de résister à leurs passions. Si on le fait avec douceur et dextérité, ceux qui ont résisté ne tardent pas à gagner plus de faveurs que ceux qui ont cédé, car ce qui plaît à la passion est passager; ce qui s'appuie sur la raison agrée perpétuellement. Mais la source la plus féconde de la haine, c'est l'intempérance de la langue. Combien d'animosité une seule parole lâchée sans réflexion suscite parfois dans les cœurs! Combien de gens se sont perdus pour un bon mot ou une plaisanterie à contre-temps? Louez donc seulement ceux qui le méritent, et cela avec mesure; mais blâmez avec plus de retenue, si toutefois vous ne pouvez vous dispenser d'adresser un blâme. Vous éviterez ainsi la loquacité, car il est très-difficile de parler à la fois beaucoup et à propos.

Philodoxe. Sur tout cela, je suis de votre avis; mais il me semble que le meilleur moyen d'arriver à la célébrité, c'est d'écrire des livres.

Symbule. Vous avez raison, si ce n'est que la foule des écrivains fait obstacle. Cependant, si ce moyen-là vous plaît, attachez-vous plutôt à écrire soigneusement qu'à écrire beaucoup. Surtout choisissez un sujet qui ne soit ni commun ni rebattu, et qui en outre ne vous fasse point d'ennemis; faites-y entrer tout ce que vous aurez recueilli de remarquable par une lecture de plusieurs années, et rendez-le tel par le style que le plaisir s'y trouve joint à l'utilité.

Philodoxe. Vous conseillez sagement, Symbule, et vous mettrez le comble à mes vœux si vous m'indiquez encore comment il faut s'y prendre pour arriver promptement à la gloire, car j'en vois beaucoup qui deviennent célèbres à la veille du trépas et d'autres qui ne se font connaître, comme l'on dit, qu'après le tombeau.

Symbule. Là-dessus je ne peux rien vous dire de mieux que ce que le joueur de flûte conseillait au joueur de flûte: « Tâchez de gagner l'estime de ceux dont la gloire a déjà triomphé de l'envie; insinuez-vous dans l'amitié de ceux dont le témoignage honorable vous conciliera aisément la faveur publique.

Philodoxe. Mais si par hasard l'envie venait à se montrer, quel remède m'indiquez-vous ?

Symbule. Imitez ceux qui font cuire de la poix. Dès que la matière s'enflamme ils jettent de l'eau dessus, et, sans cette précaution, répétée souvent, l'incendie se propagerait à grand bruit.

Philodoxe. Que signifie cette énigme ?

Symbule. Étouffez l'envie à sa naissance en lui faisant du bien plutôt qu'en la châtiant. Hercule ne fit rien qui vaille en coupant les têtes de l'hydre de Lerne : c'est par le feu grégeois qu'il vainquit cet horrible monstre.

Philodoxe. Qu'appelez-vous feu grégeois ?

Symbule. Un feu qui brûle même dans l'eau. Celui-là s'en sert qui, attaqué par les méchants, ne laisse pas néanmoins de faire du bien à tout le monde.

Philodoxe. Qu'entends-je ? La bienfaisance est donc tantôt eau, tantôt feu ?

Symbule. Pourquoi non ? Le Christ, dans les allégories, n'est-il pas tantôt soleil, tantôt feu, tantôt pierre ? Je vous ai parlé franchement : si vous trouvez quelque chose de mieux, suivez-le et répudiez mon conseil.

L'OPULENCE SORDIDE

JACQUES, GILBERT.

Jacques. D'où venez-vous donc, si décharné qu'on dirait que pendant votre absence vous avez vécu de rosée avec les cigales? Vous avez l'air d'un squelette.

Gilbert. Aux Enfers les ombres se repaissent de mauves et de poireaux; moi, j'ai vécu dix mois dans un endroit où je n'ai pas même eu cet avantage.

Jacques. En quel endroit, je vous prie? Avez-vous été emmené de force dans une galère?

Gilbert. Non, j'étais à Synode [1].

Jacques. Dans une ville aussi opulente vous avez failli mourir de faim?

1. Venise.

Gilbert. Oui.

Jacques. Pourquoi cela ? Manquiez-vous d'argent ?

Gilbert. Je ne manquais ni d'argent ni d'amis.

Jacques. Quel était donc votre malheur ?

Gilbert. J'étais logé chez Antrone.

Jacques. Chez ce richard ?

Gilbert. Oui, mais très-avare.

Jacques. Ce que vous dites là est incroyable.

Gilbert. C'est ainsi que sont les riches qui sortent de la dernière misère.

Jacques. Quelle idée avez-vous eu de rester tant de mois chez un tel hôte ?

Gilbert. J'étais retenu par quelque lien, et je ne voulais pas m'en aller.

Jacques. Mais dites-moi, je vous prie ; comment vivait donc ce personnage ?

Gilbert. Je vais vous le dire, d'autant plus qu'il est doux de se rappeler les maux passés.

Jacques. Vous me ferez assurément plaisir.

Gilbert. Pendant que j'étais là, *le ciel*, par surcroît, se montra défavorable. La bise souffla pendant trois mois entiers, mais, par un phénomène que j'ignore, elle ne durait pas plus de huit jours.

Jacques. Comment se fait-il donc qu'elle ait soufflé pendant trois mois entiers?

Gilbert. Vers le huitième jour le vent du nord changeait comme par une règle fixe, mais au bout de huit heures il reprenait sa première direction.

Jacques. Avec votre maigreur, il vous fallait un bon feu.

Gilbert. Il y avait assez de feu si le bois n'eût pas manqué. Mais, pour épargner la dépense, notre Antrone allait arracher dans les haies des racines d'arbres oubliées par d'autres, et cela pendant la nuit. Ces racines, qui n'étaient pas bien sèches, faisaient un feu non sans fumée, mais sans flamme; il ne réchauffait pas, mais il empêchait qu'on ne dît qu'il n'y avait pas de feu. Un seul feu durait toute la journée, tant la chaleur était modérée.

Jacques. L'hiver était dur à passer.

Gilbert. C'était bien pis pendant l'été.

Jacques. Pourquoi cela ?

Gilbert. Parce que cette maison avait tant de puces et de punaises qu'on ne pouvait ni être tranquille le jour, ni dormir la nuit.

Jacques. Triste richesse !

Gilbert. Surtout dans ce genre de bétail.

Jacques. Il faut que dans ce pays-là les femmes soient fainéantes.

Gilbert. Elles se cachent et ne vivent point avec les hommes. Il en résulte que dans cet endroit les femmes ne sont absolument que des femmes, et que les hommes manquent des services que ce sexe a coutume de rendre.

Jacques. Antrone n'avait-il pas honte de vous traiter ainsi ?

Gilbert. Élevé dans cette crasse, il n'aimait que le gain. Il logeait partout ailleurs que chez lui, trafiquant de toute espèce de choses. Vous savez que cette ville est principalement vouée à Mercure. Un peintre célèbre[1] se trouvait malheureux s'il avait passé un jour sans donner un coup de pinceau ; Antrone se croyait bien plus à plaindre si la journée s'était écoulée sans un gain. Quand par hasard cela lui arrivait, il cherchait chez lui Mercure.

Jacques. Que faisait-il ?

Gilbert. Il avait dans sa maison une citerne, suivant l'usage du pays ; il y puisait quelques seaux d'eau qu'il versait ensuite dans ses barriques de vin. C'était là un bénéfice certain.

Jacques. Le vin était peut-être trop généreux.

Gilbert. Au contraire, il était plus qu'éventé, car Antrone n'achetait que du vin gâté, afin de le payer moins cher. Pour n'en rien perdre, il y mêlait de temps en temps des lies de dix ans, brassant et rebrassant le tout pour lui donner l'apparence d'un vin nouveau ; il n'aurait pas souffert qu'on perdît la moindre parcelle de lie.

Jacques. Pourtant, si l'on en croit les médecins, ce vin-là donne la gravelle.

Gilbert. Les médecins ne se trompent pas, car il ne se passait pas d'année, si prospère qu'elle fût, sans que dans cette maison une ou deux personnes ne mourussent de la pierre, et notre homme n'avait pas peur de rester dans ce logis funèbre.

Jacques. Vraiment ?

Gilbert. Il rançonnait jusqu'aux morts. Il ne dédaignait pas le plus petit gain.

Jacques. Vous voulez dire vol.

---

1. Apelles.

Gilbert. Les marchands l'appellent gain.

Jacques. Que buvait donc Antrone ?

Gilbert. Un nectar à peu près semblable.

Jacques. Il n'a pas été incommodé ?

Gilbert. Il était si dur qu'il aurait pu manger du foin, et, comme je vous l'ai dit, il avait été accoutumé dès l'enfance à de pareilles délicatesses. Il considérait ce vin comme son meilleur profit.

Jacques. Comment cela ?

Gilbert. En comptant sa femme, ses fils, sa fille, son gendre, ses ouvriers, ses servantes, il nourrissait chez lui environ trente-trois personnes. Plus le vin était baptisé, moins on en buvait et plus il durait. En y ajoutant chaque jour un seau d'eau, calculez la jolie somme que cela produisait au bout de l'année.

Jacques. Quelle crasse !

Gilbert. Il n'économisait pas moins sur le pain.

Jacques. De quelle manière ?

Gilbert. Il achetait du blé gâté dont personne n'aurait voulu. C'était un bénéfice net, parce qu'il le payait moins cher. Du reste, il remédiait au mal par un expédient.

Jacques. Lequel donc ?

Gilbert. Il y a une espèce d'argile qui ressemble assez au froment, et dont nous voyons les chevaux se régaler soit en rongeant les murs, soit en buvant avec plaisir aux mares que cette argile a troublées. Il mêlait au pain un tiers de cette terre.

Jacques. Vous appelez cela remédier ?

Gilbert. Toujours est-il que l'on sentait moins le mauvais goût du froment. Croyez-vous que ce gain-là fût à dédaigner? Ajoutez encore un autre stratagème. Il faisait pétrir le pain chez lui, et cela jamais plus de deux fois par mois, même en été.

Jacques. Il vous faisait manger des pierres, et non du pain!

Gilbert. C'était plus dur que de la pierre. Mais ce mal trouvait aussi son remède.

Jacques. En quoi?

Gilbert. Pour amollir les morceaux de pain on les trempait dans une tasse de vin.

Jacques. Les deux faisaient la paire. Et les ouvriers supportaient un pareil régime?

Gilbert. Je vous raconterai d'abord le luxe des chefs de cette famille; vous comprendrez mieux comment on traitait les ouvriers.

Jacques. Je suis curieux de le savoir.

Gilbert. Il n'était pas question du déjeuner. Le dîner était presque toujours remis à une heure de l'après-midi.

Jacques. Pourquoi cela?

Gilbert. On attendait Antrone, le maître de la maison. On soupait quelquefois à dix heures.

Jacques. Mais vous deviez souffrir la faim?

Gilbert. Aussi criais-je de temps en temps à Orthrogon, gendre d'Antrone (car nous étions dans la même chambre) : « Hé! Orthrogon, est-ce qu'on ne soupe pas aujourd'hui à Synode? — Patience, répondait-il, Antrone arrivera bientôt. » Comme je ne voyais rien préparer et que mon estomac grondait : « Hé! disais-je, Orthrogon, faudra-t-il mourir de faim aujourd'hui? » Il me donnait pour excuse l'heure ou tout autre prétexte. Ne pouvant plus supporter les cris de mon estomac, j'interpellais de nouveau le gendre occupé : « Eh bien ! lui disais-je, dois-je mourir de faim ? » Quand Orthrogon avait épuisé tous les subterfuges, il allait trouver les domestiques et leur commandait de mettre la table. A la fin, comme Antrone ne revenait pas et qu'on ne faisait aucun préparatif, Orthrogon, cédant à mes récriminations, descendait auprès de sa femme, de sa belle-mère et de ses enfants, en criant de préparer le souper.

Jacques. Maintenant nous allons donc voir le souper.

Gilbert. Doucement. Un valet boiteux, qui ressemblait assez à Vulcain, chargé de ce service, s'avançait et mettait la nappe. C'était un premier espoir du souper. Enfin après bien des vociférations, on apportait des carafes de verre pleines d'une eau fort limpide.

Jacques. Second espoir du souper.

Gilbert. Doucement, vous dis-je. Ensuite, après des cris affreux, on apportait une carafe pleine de ce nectar de lie.

Jacques. O la bonne affaire !

Gilbert. Mais sans pain. Il n'y avait encore point de danger ; une bouche affamée n'était pas tentée de boire d'un pareil vin. On criait de nouveau jusqu'à s'enrouer. Alors on apportait enfin ce pain qu'un ours broierait à peine entre ses dents.

Jacques. On ne risquait plus du moins de mourir de faim.

Gilbert. Vers le milieu de la nuit, Antrone arrivait

enfin, presque toujours avec ce prologue de mauvais augure qu'il avait mal à l'estomac.

Jacques. Qu'y avait-il de fâcheux dans ce mot?

Gilbert. C'est qu'alors on ne donnait rien à manger. Que pouvait-on espérer quand l'hôte était souffrant?

Jacques. Était-il réellement malade?

Gilbert. Si malade qu'à lui seul il aurait dévoré trois chapons si on les lui avait donnés pour rien.

Jacques. Voyons le repas.

Gilbert. On servait d'abord à Antrone un plat de farine de fèves, mets qu'on vend ordinairement aux pauvres. Il disait qu'il employait ce remède contre toute sorte de maladies.

Jacques. Combien étiez-vous de convives?

Gilbert. Quelquefois huit ou neuf, parmi lesquels se trouvaient Verpius le savant, que vous connaissez sans doute, et son fils aîné.

Jacques. Que leur servait-on?

Gilbert. Des gens sobres ne se contentent-ils pas de ce que Melchisedech offrit à Abraham, vainqueur de cinq rois[1]?

Jacques. Il n'y avait donc point de pitance?

Gilbert. Il y en avait un peu.

Jacques. Qu'était-ce?

Gilbert. Je me rappelle que nous étions neuf convives à table, et que je n'ai compté dans le plat que sept feuilles de laitue nageant dans le vinaigre, mais sans huile.

Jacques. Antrone mangeait donc tout seul ses fèves?

---

1. Du pain et du vin.

Gilbert. Il en avait acheté à peine pour une demi-obole ; toutefois il n'empêchait pas ceux qui étaient assis à côté de lui d'en goûter s'ils le voulaient ; mais il eût paru inconvenant de priver un malade de son manger.

Jacques. On coupait donc les feuilles, comme dit le proverbe à propos du cumin[1] ?

Gilbert. Non ; mais les principaux convives ayant dévoré la laitue, les autres trempaient leur pain dans le vinaigre.

Jacques. Qu'y avait-il après les sept feuilles ?

Gilbert. Il n'y avait que le fromage, qui termine tous les repas.

Jacques. Cet ordinaire était-il toujours le même ?

Gilbert. Presque toujours ; seulement quelquefois, lorsque Mercure lui avait été propice, Antrone se montrait un peu plus prodigue.

Jacques. Que faisait-il alors ?

Gilbert. Il faisait acheter pour un sou trois raisins frais. Cette libéralité mettait toute la maison en joie.

Jacques. Pourquoi pas ?

Gilbert. Cela n'arrivait que dans la saison où les raisins sont à très-bas prix.

Jacques. Passé l'automne, il ne faisait donc plus de largesses ?

Gilbert. Si fait. Il y a dans cet endroit des bateliers qui pêchent de petits coquillages, surtout au fond des latrines. Ils annoncent leur marchandise par un cri particulier. Antrone leur en faisait acheter quelquefois pour

---

1. Pour désigner un avare on disait autrefois un coupeur de cumin.

la moitié d'un liard, qu'on nomme un *bagattino*. Alors on eût dit que dans cette maison l'on célébrait une noce, car il fallait du feu quoique ces coquillages cuisent très-promptement. On les mangeait après le fromage en guise de confitures.

Jacques. Jolies confitures, ma foi! Mais ne servait-on jamais de viande ni de poisson?

Gilbert. A la fin, vaincu par mes cris, il devint plus généreux. Chaque fois qu'il voulait paraître Lucullus, voici quel était à peu près le service.

Jacques. Je serais bien aise de le savoir.

Gilbert. Premièrement, on servait un potage appelé, je ne sais pourquoi, *à la ministre*.

Jacques. Excellent, sans doute.

Gilbert. Voici de quels aromates il se compose. On met sur le feu une marmite pleine d'eau; on jette dedans quelques morceaux de fromage de buffle, dur comme de la pierre, car pour le briser il faut une bonne hache. Quand ces morceaux ont été dissous dans l'eau chaude ils la colorent, en sorte que l'on ne peut pas dire que ce soit de l'eau toute pure. Ce potage prépare l'estomac.

Jacques. Il est digne des cochons.

Gilbert. Ensuite on servait un peu de viande; c'était de la fressure de vieille vache, bouillie depuis quinze jours.

Jacques. Elle devait puer?

Gilbert. Oui. Mais il y avait un remède.

Jacques. Lequel?

Gilbert. Je vais vous le dire, mais j'ai peur que vous en usiez.

Jacques. Assurément.

Gilbert. On délaye un œuf dans de l'eau chaude, et l'on arrose la viande avec cette sauce. De cette façon les yeux sont plus trompés que le nez, car la puanteur s'exhale de toutes parts. Si c'était un jour maigre, on servait quelquefois trois petites dorades, quoiqu'il y eût sept ou huit convives.

Jacques. Était-ce tout?

Gilbert. Il n'y avait plus que ce fromage dur comme de la pierre.

Jacques. Voilà un singulier Lucullus! Mais comment une table aussi peu garnie pouvait-elle suffire aux convives, surtout à des gens qui n'avaient pas déjeuné?

Gilbert. De plus, à ne vous rien cacher, les restes de ce repas nourrissaient la belle-mère, la bru, le fils cadet, la servante et quelques enfants.

Jacques. Vous augmentez mon étonnement au lieu de me l'ôter.

Gilbert. Pour vous représenter la chose, il faut que je vous dépeigne d'abord l'ordre du repas.

Jacques. Dépeignez-le-moi donc.

Gilbert. Antrone occupait la première place, sauf que j'étais assis à sa droite en qualité d'étranger; Orthrogon était vis-à-vis d'Antrone; près d'Orthrogon, Verpius; et à côté de Verpius, Stratége, Grec de nation; le fils aîné d'Antrone était assis à la gauche de son père. S'il survenait un convive, on le plaçait selon son rang. D'abord le potage ne courait aucun risque, si ce n'est que les morceaux de fromage de buffle nageaient dans les assiettes des gros personnages. Ensuite, à l'aide des quatre carafes de vin et d'eau, on formait une espèce de retranchement qui, à l'exception des trois personnes devant lesquelles se tenait le plat, empêchait les autres d'y toucher, à moins d'être très-impudent et de franchir la barrière. D'ailleurs ce plat ne restait pas longtemps, on l'enlevait tout de suite afin qu'il y en eût de reste pour la famille.

Jacques. Que mangeaient donc les autres ?

Gilbert. Ils se régalaient à leur façon.

Jacques. En quoi ?

Gilbert. Ils trempaient leur pain d'argile dans du vin de vieille lie.

Jacques. Un pareil repas devait être très-court.

Gilbert. Il durait souvent plus d'une heure.

Jacques. Comment cela ?

Gilbert. Lorsqu'on avait enlevé rapidement, comme je viens de le dire, ce qui courait quelque risque, on apportait le fromage, qui était à l'abri de tout danger, car personne n'aurait pu le racler avec un couteau de table. Restait cette fameuse lie et à chacun son pain. Devant ce dessert on causait tout à son aise. Pendant ce temps, le sénat des femmes dînait.

Jacques. Et les ouvriers ?

Gilbert. Ils n'avaient rien de commun avec nous ; ils dînaient et soupaient entre eux à leurs heures. Mais dans toute la journée ils ne mettaient pas plus d'une demi-heure à manger.

Jacques. Que mangeaient-ils donc ?

Gilbert. Quant à cela, vous pouvez le deviner.

Jacques. Mais les Allemands mettent plus d'une heure à déjeuner, autant à goûter, une heure et demie à dîner, deux heures à souper, et si on ne les gorge pas de vin fin, de bonne viande et de bon poisson, ils quittent leur patron et partent pour la guerre.

Gilbert. Chaque pays a ses usages. Les Italiens sacrifient très-peu à la gourmandise, ils préfèrent l'argent au plaisir, ils sont sobres par tempérament et par principe.

Jacques. Je ne suis plus surpris maintenant que vous nous reveniez si maigre; je m'étonne, au contraire, que vous reveniez vivant, vous surtout qui auparavant étiez accoutumé aux chapons, aux perdrix, aux tourterelles et aux faisans.

Gilbert. Je serais mort tout à fait si je n'eusse trouvé un remède.

Jacques. C'est une mauvaise affaire quand il faut tant de remèdes.

Gilbert. J'avais obtenu que, pour réparer mes forces, on me donnât à chaque repas le quart d'un poulet bouilli.

Jacques. Maintenant vous commencerez à vivre.

Gilbert. Pas tout à fait. Pour ne pas trop dépenser, on achetait un petit poulet dont une demi-douzaine n'aurait pas suffi au déjeuner d'un Polonais de bon appétit. Une fois acheté, on ne lui donnait rien à manger, par économie, et quand il était consumé de maigreur et à moitié mort, on en faisait cuire une aile ou une cuisse. On donnait le foie au jeune fils d'Orthrogon; les femmes avalaient le bouillon une et deux fois en y remettant de l'eau. Aussi la cuisse m'arrivait-elle plus sèche que de la pierre ponce et plus insipide que du bois pourri; le bouillon n'était absolument que de l'eau.

Jacques. Cependant j'ai entendu dire que dans ce pays les volailles sont abondantes, excellentes et à bas prix.

Gilbert. C'est vrai, mais ils aiment mieux l'argent.

Jacques. Vous avez assez fait pénitence, lors même que vous auriez tué le pontife romain ou pissé sur le tombeau de saint Pierre.

Gilbert. Écoutez la fin de l'histoire. Vous savez qu'il y a cinq jours par semaine où l'on fait gras.

Jacques. Je le sais trop.

Gilbert. Ils achetaient seulement deux poulets. Le jeudi, ils feignaient d'avoir oublié d'en acheter, soit pour ne pas servir ce jour-là un poulet entier, soit pour qu'il n'y eût pas de restes.

Jacques. Certes, votre Antrone surpasse même l'*Euclion* de Plaute. Mais, les jours maigres, comment faisiez-vous pour ne pas mourir de faim?

Gilbert. J'avais chargé un ami de m'acheter de mon argent, ces jours-là, trois œufs : deux pour le dîner et un pour le souper. Mais là encore, les femmes remplaçaient ces œufs frais, qui me coûtaient cher, par d'autres à moitié pourris, de sorte que je m'estimais heureux quand sur les trois il y en avait un mangeable. Enfin, j'avais encore acheté de ma bourse une outre d'un meilleur vin; mais les femmes, ayant brisé la serrure, le burent en quelques jours sans qu'Antrone en parût fâché.

Jacques. Il n'y avait donc personne là-bas qui eût pitié de vous?

Gilbert. Pitié? Au contraire, on me prenait pour un gourmand et un glouton en me voyant tant dévorer à moi seul. Aussi Orthrogon me recommandait de temps en temps d'avoir égard au climat et de ménager ma santé; il me citait plusieurs de mes compatriotes à qui leur voracité avait occasionné, dans ce pays, ou la mort ou une dangereuse maladie. S'étant aperçu que j'usais de ces pastilles que les apothicaires composent avec des graines de pin, de pepon et de melon, pour soutenir mon pauvre corps brisé par un travail assidu, par la diète et même par la maladie, il suborna un médecin de ses amis, et l'engagea à me prêcher la sobriété. Celui-ci s'en acquitta avec zèle. Je vis bientôt qu'il avait été suborné et néanmoins je ne lui répondis pas. Comme il revenait toujours à la charge et qu'il ne cessait ces recommandations : « Dites-moi, excellent homme, lui dis-je, parlez-vous sérieusement ou pour plaisanter? — Sérieusement, fit-il. — Que me conseillez-vous donc de faire? — Abstenez-vous complétement de souper et ajoutez à votre vin au moins la moitié d'eau. » Ce beau conseil me fit rire. « Si vous voulez me tuer, avec un corps aussi frêle et aussi maigre que le mien et des esprits extrêmement subtils, me passer une seule fois de souper serait pour moi la mort. Je l'ai éprouvé tant de fois que je n'ai pas envie d'en faire de nouveau l'expérience. Que pensez-vous qu'il advienne si, après avoir dîné de la sorte, je me passais de souper? Et vous voulez que j'ajoute de l'eau à un pareil vin? Comme s'il ne vaudrait pas mieux boire de l'eau pure que cette eau de lie. Je ne doute pas qu'Orthrogon ne vous ait conseillé de me tenir ce langage. » Le médecin sourit et atténua son conseil. « Je ne prétends pas, me dit-il, très-docte Gilbert, que vous supprimiez entièrement le souper ; vous pourrez manger un œuf et boire un coup. C'est ainsi que je vis moi-même ; pour le souper, on fait cuire un œuf, je prends la moitié du jaune et je donne le reste à mon fils ; puis, quand j'ai bu un demi-verre de vin, je travaille une bonne partie de la nuit. »

Jacques. Le médecin disait-il vrai ?

Gilbert. Très-vrai. Car un jour que je passais dans la rue en revenant de la messe, mon compagnon m'ayant fait remarquer la demeure du médecin, j'eus envie de voir son domaine. C'était un dimanche. Je frappe, on ouvre, je monte, je trouve le médecin qui dînait avec son fils et son domestique. Le service se composait de deux œufs, rien de plus.

Jacques. Ces gens devaient n'avoir pas de sang dans les veines.

Gilbert. Au contraire, ils avaient un bel embonpoint, le teint fleuri et vermeil, l'œil gai.

Jacques. C'est incroyable.

Gilbert. Je vous en parle très-savamment. D'ailleurs ce médecin n'est pas le seul qui vive de la sorte ; quantité de personnes distinguées par la naissance et par la fortune en font autant. Croyez-moi, la polyphagie et la polyposie[1] sont une affaire d'habitude et non de tempérament. En s'habituant par degrés, on finira par faire comme Milon, qui a dévoré un bœuf tout entier dans un jour.

Jacques. Grand Dieu ! si avec si peu de nourriture on peut se bien porter, que de dépenses perdues

---

[1]. Beaucoup manger et beaucoup boire.

en Allemagne, en Angleterre, en Danemark et en Pologne!

Gilbert. Des dépenses énormes assurément, qui de plus nuisent beaucoup à la santé et à l'intelligence.

Jacques. Mais qu'est-ce qui vous empêchait de vous contenter de ce régime?

Gilbert. J'avais contracté des habitudes différentes, et il était trop tard pour en changer. D'ailleurs j'étais moins incommodé de la modicité des aliments que de leur corruption. Deux œufs pouvaient me suffire s'ils avaient été frais; j'aurais eu assez d'un verre de vin si, au lieu de vin, on ne m'avait pas donné de la mauvaise lie; la moitié moins de pain m'eût nourri si, au lieu de pain, on ne m'avait pas donné de l'argile.

Jacques. Est-il possible qu'Antrone fût si avare avec tant de richesses?

Gilbert. J'estime qu'il ne possédait pas moins de quatre-vingt mille ducats. Et il ne se passait pas d'année qu'il n'ajoutât à ce capital un gain de mille ducats, sans exagérer?

Jacques. Mais les jeunes gens auxquels était destinée cette fortune usaient-ils de la même parcimonie?

Gilbert. Oui, mais seulement à la maison; dehors, ils faisaient bonne chère, se livraient à la débauche et au jeu, et tandis que le père craignait de dépenser un liard pour les convives les plus honorables, les fils perdaient quelquefois au jeu soixante ducats dans une seule nuit.

Jacques. C'est ainsi que périt ordinairement le produit de la lésine. Mais à présent que vous avez échappé à de si grands dangers, où allez-vous ?

Gilbert. Vers une très-aimable société de Français, où je me dédommagerai de tout ce que j'ai perdu là-bas.

LES OBSÈQUES SÉRAPHIQUES

THÉOTIME, PHILÉCOUS.

Philécous. D'où vient Théotime avec cet air nouveau de dévotion?

Théotime. Pourquoi cela!

Philécous. Parce que vous avez le front sévère, les yeux baissés vers la terre, la tête légèrement penchée sur l'épaule gauche, et que vous tenez un rosaire en mains.

Théotime. Si vous voulez savoir, ami, ce qui ne vous regarde pas, je viens du spectacle.

Philécous. Avez-vous vu un danseur de corde, un joueur de gobelets ou quelque chose de semblable?

Théotime. Peut-être quelque chose d'approchant.

Philécous. En vérité, je n'ai jamais vu quelqu'un revenir du spectacle avec un air comme le vôtre.

Théotime. C'est un spectacle d'un tel genre que, si vous y aviez assisté, vous en sortiriez peut-être plus triste que moi.

Philécous. Racontez-moi donc ce qui vous a rendu si dévot.

Théotime. Je viens d'un enterrement séraphique.

Philécous. Qu'entends-je? Les anges meurent-ils aussi?

Théotime. Non, mais leurs compagnons. Pour ne pas vous tenir plus longtemps en suspens, vous connaissez sans doute ici, à Péluse, Eusèbe, homme distingué et savant [1]?

Philécous. Celui qui de prince est devenu particulier, de particulier exilé, d'exilé presque médecin, j'allais dire sycophante?

Théotime. Vous devinez parfaitement qui je veux dire.

Philécous. Que lui est-il arrivé?

Théotime. On l'a enterré aujourd'hui; je reviens de la pompe funèbre.

Philécous. Il faut qu'elle ait été bien lugubre pour vous renvoyer si triste.

---

[1] Érasme désigne sous ce nom Albert Pio, prince de Carpi, dont il n'eut pas à se louer. Ce prince le desservit auprès de Clément VII et de François Ier. Dépouillé de ses États, Albert Pio fut exilé en France. Trois jours avant sa mort, il prit l'habit de saint François et voulut qu'on l'enterrât comme un religieux de l'ordre dans l'église des Cordeliers de Paris. Marot a dit de lui :

« Témoin le comte de Carpi
Qui se fit moine après sa mort. »

Théotime. Je crains de ne pouvoir vous raconter sans larmes ce que j'ai vu.

Philécous. Et moi je crains de ne pouvoir l'entendre sans rire. Mais parlez, je vous prie.

Théotime. Vous savez qu'Eusèbe avait depuis longtemps une mauvaise santé.

Philécous. Je sais qu'il y a quelques années son corps était énervé.

Théotime. Dans ces sortes de maladies qui tuent lentement, les médecins, à l'aide de pronostics certains, prédisent ordinairement le jour de la mort.

Philécous. Oui.

Théotime. Ils l'avertirent qu'ils lui avaient donné tous les soins que l'art de la médecine peut fournir; que Dieu, à la vérité, était plus puissant que tous les secours des médecins, mais que, d'après les conjectures humaines, il ne lui restait pas trois jours de vie.

Philécous. Ensuite ?

Théotime. Aussitôt l'illustre Eusèbe, tout affaibli qu'il était, revêt le costume complet du grand saint François; il se fait raser, met un capuchon gris, une robe de même couleur, une corde à nœuds et des souliers déchiquetés [1].

Philécous. Pour mourir ?

Théotime. Oui. Il s'engagea même d'une voix presque mourante à combattre pour le Christ suivant la règle de saint François, si Dieu lui accordait ce que les médecins n'espéraient plus. Cet engagement eut

---

1. Voir sur ce mot la note mise au bas de la page 173.

pour témoins des hommes célèbres par leur sainteté. L'illustre sire meurt sous cet habit au moment prédit par les médecins. Une foule de gens de la même confrérie arrivent pour célébrer sa pompe funèbre.

Philécous. Plût à Dieu que j'eusse assisté à ce spectacle !

Théotime. Vous auriez pleuré si vous aviez vu avec quelle charité les frères séraphiques lavèrent le cadavre, lui ajustèrent le très-saint habit, disposèrent les mains en forme de croix, découvrirent les pieds, les baisèrent à nu, et même rafraîchirent le visage avec un parfum, suivant le précepte de l'Évangile.

Philécous. Quelle prodigieuse humilité pour des hommes séraphiques de se faire ensevelisseurs et croque-morts !

Théotime. Après cela, on le mit dans le cercueil ; puis, suivant la doctrine de saint Paul aux Galates, VI : *Portez les fardeaux l'un de l'autre*, les frères portèrent leur frère sur leurs propres épaules le long de la grand'-rue jusqu'au monastère. Là, on lui fit un service solennel. Pendant que cette pompe vénérable s'avançait dans la rue, plusieurs personnes ne pouvaient s'empêcher de verser des larmes en voyant un tel homme, vêtu naguère de pourpre et de lin, maintenant couvert de l'habit de saint François, ceint d'une corde de chanvre et dans une posture si dévote, car le mort avait la tête penchée sur l'épaule, et ses mains, comme je l'ai dit, étaient croisées. Tout le reste annonçait également une merveilleuse dévotion. La troupe séraphique, la tête baissée, les yeux fixés vers la terre, entonnant des chants si lugubres que je ne crois pas que les mânes eux-mêmes chantent plus tristement, arrachait des larmes et des sanglots.

Philécous. N'avait-il pas les cinq stigmates de saint François ?

Théotime. Je n'oserais l'affirmer. On voyait aux mains et aux pieds quelques marques un peu livides, et la robe avait un trou au côté gauche. Mais je n'ai pas osé regarder avec trop d'attention, parce qu'on dit que dans ces sortes de choses la curiosité a perdu bien des gens.

Philécous. N'avez-vous vu rire personne à ce spectacle ?

Théotime. Si fait, mais je pense que ce sont des hérétiques, dont le monde est aujourd'hui rempli.

Philécous. A vous parler franchement, mon cher Théotime, pour moi je n'aurais pu m'empêcher de rire si j'avais assisté à ce spectacle.

Théotime. Dieu veuille que vous ne soyez point gâté par la contagion de ce levain !

Philécous. Il n'y a pas de danger, excellent Théotime. Dès l'enfance, j'ai toujours vénéré le bienheureux François, qui n'était ni savant ni sage selon le monde, mais très-agréable à Dieu par la profonde mortification des passions mondaines. J'honore avec lui tous ceux qui, marchant sur ses traces, s'appliquent sincèrement à mourir au monde pour vivre au Christ. Je ne fais aucun cas de l'habit, mais j'apprendrais de vous avec plaisir en quoi un habit peut être utile à un mort.

Théotime. Vous savez que le Seigneur lui-même a défendu de jeter les perles aux pourceaux et de donner les choses saintes aux chiens. Par conséquent, si vous m'interrogez pour rire, vous ne saurez rien de moi ; si au contraire vous avez un vrai désir d'apprendre, je vous communiquerai volontiers ce qu'on m'a appris.

Philécous. Je me déclare un disciple attentif, docile et bénévole.

Théotime. Premièrement, vous savez qu'il y a des gens si vaniteux que, non contents d'avoir vécu dans l'orgueil et l'arrogance, ils veulent encore après leur mort être enterrés avec ostentation. Une fois morts, ils ne sentent pas ; mais, pendant leur vie, la pensée de la pompe qui les attend ne laisse pas de leur procurer un certain plaisir qui a son charme. Or vous ne disconviendrez pas sans doute que renoncer à cette passion, quelle qu'elle soit, c'est faire acte de piété.

Philécous. Oui, s'il n'y avait pas d'autre moyen d'éviter le faste des obsèques ; mais il me semble qu'il y aurait plus de modestie à ensevelir un prince mort dans une toile grossière, et à l'enterrer à l'aide de croque-morts plébéiens dans le cimetière commun, parmi les cadavres plébéiens, car ceux que l'on porte en terre à la façon d'Eusèbe me paraissent changer de faste au lieu d'y renoncer.

Théotime. Tout ce que l'on fait dans une bonne intention est agréable à Dieu. C'est à lui de juger du cœur de l'homme. Au reste, ce que je viens de dire est peu de chose ; il y a des raisons plus importantes.

Philécous. Lesquelles ?

Théotime. On embrasse avant de mourir la règle de saint François.

Philécous. Apparemment pour l'observer dans les Champs Élysées.

Théotime. Non, mais ici-bas, si l'on revient à la santé. Il arrive quelquefois que des malades, condamnés par les médecins, aussitôt qu'ils ont revêtu le saint habit revivent par la grâce de Dieu.

Philécous. Il en arrive souvent autant à ceux qui ne revêtent pas cet habit.

Théotime. Il faut marcher avec simplicité dans le chemin de la foi. S'il n'y avait pas là un avantage inestimable, une foule de gens distingués par la naissance et le savoir, surtout en Italie, n'ambitionneraient point d'être ensevelis dans ce saint vêtement. Pour que vous ne rejetiez pas les exemples d'hommes inconnus, c'est ainsi qu'a été enseveli ce Rodolphe Agricola[1] dont vous faites avec raison tant de cas; c'est ainsi que l'a été dernièrement Christophe de Longueil[2].

Philécous. Peu m'importent les extravagances des gens qui rendent l'âme. Je désire que vous m'appreniez quel grand avantage il peut y avoir à ce qu'un homme, effrayé par les craintes de la mort, et troublé par la certitude de quitter la vie, fasse profession et prenne l'habit. D'ailleurs les vœux sont nuls si on ne les fait pas, la tête saine et sobre, après de mûres réflexions, en dehors de la crainte, de la ruse et de la violence. Supposé ces conditions réunies, une telle profession n'oblige qu'après une année de noviciat, au bout de laquelle on est autorisé à porter la robe et le capuchon (*capero*), car c'est ainsi que s'exprime cet

---

1. Philologue hollandais, 1443-1485.
2. Fils naturel d'Antoine de Longueil, évêque de Saint-Pol-de-Léon et chancelier de la reine Anne de Bretagne, fut conseiller au Parlement de Paris, 1488-1522.

homme séraphique [1]. Par conséquent, si l'on recouvre la santé, on n'est tenu à rien pour deux causes : la première, c'est que le vœu est nul quand il est fait par un homme frappé de la crainte de la mort et de l'espoir de la vie ; la seconde, c'est que la profession n'oblige qu'après la prise du capuchon.

Théotime. Quelle que soit la valeur de l'obligation, on se considère certainement comme obligé et cet engagement de toute la volonté ne peut qu'être très-agréable à Dieu. Aussi est-ce pour cela que les bonnes œuvres des moines sont plus agréables à Dieu que celles des autres, même à titre égal, parce qu'elles partent d'une meilleure source.

Philécous. Je n'examinerai point ici de quelle importance il peut être qu'un homme se voue entièrement à Dieu lorsqu'il ne s'appartient déjà plus. Pour moi, je pense que tout chrétien se voue entièrement à Dieu dans le baptême, en renonçant à toutes les pompes et à tous les plaisirs de Satan, et en s'enrôlant au service du Christ, son général, pour combattre sous lui pendant toute sa vie. Saint Paul, en disant de ceux qui meurent avec le Christ qu'ils ne vivent pas pour eux-mêmes, mais pour celui qui est mort pour eux, ne parle pas spécialement des moines, mais de tous les chrétiens.

Théotime. Vous citez le baptême avec raison ; mais autrefois l'on immergeait ou l'on aspergeait les agonisants en leur faisant espérer la vie éternelle.

---

1. *Capero* est un mot latin barbare d'où vient *chaperon*, et que saint François d'Assise employait pour désigner le capuchon.

Philécous. Ce que les évêques promettent n'est pas d'un grand poids; ce que Dieu daignera faire de nous, nous l'ignorons. S'il était certain qu'à l'aide d'une légère aspersion d'eau l'on devînt tout à coup citoyen du ciel, quel champ plus vaste pouvait-on ouvrir pour que les mondains obéissent pendant toute leur vie à leurs passions déréglées, sauf à recourir finalement à une aspersion quand ils ne pourront plus pécher? Si cette profession équivaut à un pareil baptême, on a très-bien pourvu au salut des impies en les empêchant de périr, c'est-à-dire de vivre pour Satan et de mourir pour le Christ.

Théotime. Bien plus, s'il est permis de révéler quelque chose des mystères séraphiques, la profession monacale a plus de vertu que le baptême.

Philécous. Qu'entends-je?

Théotime. Le baptême lave seulement les péchés; l'âme reste pure, mais nue; celui qui fait profession est immédiatement enrichi des mérites extraordinaires de l'ordre entier, parce qu'il est uni au corps de la très-sainte congrégation.

Philécous. Celui qui par le baptême est uni au corps du Christ ne reçoit donc rien ni du chef ni du corps?

Théotime. Il ne reçoit rien du gâteau séraphique, à moins de s'en rendre digne par ses bienfaits ou par son appui.

Philécous. Quel ange leur a révélé cela?

Théotime. Ce n'est point un ange, mon bon, c'est le Christ lui-même qui de sa propre bouche a dévoilé ce secret et beaucoup d'autres au bienheureux François en tête-à-tête.

Philécous. Je vous en prie, de grâce, au nom de notre amitié, ne refusez pas de me faire part de cet entretien.

Théotime. Ce sont des mystères impénétrables ; il est défendu de les communiquer aux profanes.

Philécous. Comment ! aux profanes, ami ? Moi qui ai toujours voulu le plus grand bien à l'ordre séraphique !

Théotime. Mais parfois vous le critiquez amèrement.

Philécous. C'est là, Théotime, une preuve d'affection. Puisque les plus grands ennemis de cet ordre sont ceux qui vivent honteusement sous son ombre, plus on lui veut du bien, plus on doit s'élever contre ses corrupteurs.

Théotime. Mais je crains que saint François ne m'en veuille si je viens à révéler ses secrets.

Philécous. Quel mal craignez-vous de l'homme le plus inoffensif de la terre ?

Théotime. Quel mal ? J'ai peur qu'il me rende aveugle ou qu'il m'ôte la raison, comme il a fait, dit-on, à plusieurs qui ont protesté contre ses cinq stigmates.

Philécous. Les saints seraient-ils donc plus méchants au ciel qu'ils ne l'ont été sur la terre ? J'ai ouï dire que saint François était d'un caractère si doux que, quand les enfants, à son passage dans la rue, jetaient dans son capuchon rustique qui pendait derrière lui, du fromage, du lait, des gravois et des pierres, loin de s'en offenser, il ne faisait qu'en rire ; et à présent il serait devenu irascible et vindicatif. Un autre jour, son compagnon l'ayant appelé voleur, sacrilége, homicide, incestueux, ivrogne, et lui ayant attribué tous les crimes que l'on peut accumuler sur la tête du plus grand scélérat, il le remercia d'un air contrit et lui avoua qu'il ne mentait point. Le compagnon témoignant sa surprise d'un pareil langage : « J'aurais commis tous ces crimes, lui dit-il, et de plus affreux encore, si la grâce de Dieu ne m'en avait préservé. » Comment se fait-il donc qu'il soit devenu maintenant vindicatif ?

Théotime. C'est la vérité : les saints qui règnent dans le ciel ne veulent pas qu'on les offense. Quoi de plus doux que saint Corneille, quoi de plus bienveillant que saint Antoine, quoi de plus patient que saint Jean-Baptiste, pendant qu'ils vivaient ? Cependant, maintenant quelles horribles maladies ne suscitent-ils point quand on ne les fête pas comme il faut !

Philécous. Je les croirais plutôt prêts à guérir les maladies qu'à les susciter. Mais soyez sûr que ce que vous me direz ne sera point confié à un profane et que vous me l'aurez communiqué sous le sceau du secret.

Théotime. Eh bien, comptant sur votre parole, je vais vous dire la chose. Saint François, je vous en conjure, qu'il me soit permis, avec votre bon plaisir et celui de vos confrères, de raconter ce que j'ai entendu ! Vous savez, Théotime, que saint Paul avait une sagesse cachée, qu'il n'enseignait pas ouvertement, mais qu'il révélait secrètement aux esprits parfaits. De même les franciscains ont des secrets qu'ils ne divulguent pas à tout le monde, mais dont ils font part en particulier à de riches veuves et à d'autres personnes pieuses et choisies, portant de l'intérêt au troupeau séraphique.

Philécous. J'attends vos *révélations trois fois saintes.*

Théotime. Premièrement, le Seigneur a prédit au patriarche séraphique que plus le troupeau séraphique se multiplierait, plus il lui fournirait une pâture abondante.

Philécous. C'est couper court aux plaintes de ceux qui prétendent que la propagation tous les jours croissante de cette espèce d'hommes est à charge au peuple.

Théotime. Ensuite il lui révéla ceci, savoir : que chaque année, au jour de sa fête, toutes les âmes non-seulement des frères qui portent le très-saint habit, mais encore de ceux qui veulent du bien à l'ordre et qui rendent des services à la confrérie, seraient délivrées des flammes du purgatoire.

Philécous. Le Christ conversait si familièrement avec lui ?

Théotime. Pourquoi pas ? Il lui parlait comme à un ami et à un camarade, de même que Dieu le Père conversait avec Moïse. Moïse a porté au peuple la loi que Dieu lui avait remise; le Christ a promulgué la loi évangélique; saint François a donné aux frères séraphiques sa loi, écrite deux fois de la main d'un ange.

Philécous. J'attends la troisième révélation.

Théotime. Cet excellent patriarche craignait que l'esprit malin ne gâtât pendant la nuit la bonne semence qui avait été répandue, et qu'ainsi le bon grain ne fût arraché avec l'ivraie. Le Seigneur leva ses scrupules en lui promettant de veiller à ce que le peuple des déchaussés et des cordeliers ne s'éteignît point jusqu'au jour du jugement dernier.

Philécous. O clémence du Seigneur ! Sans cela, c'en était fait de l'église de Dieu. Mais continuez.

Théotime. En quatrième lieu, il lui révéla ceci : que nul individu vivant d'une façon impie ne pourrait rester longtemps dans cet ordre.

Philécous. Quiconque vit d'une façon impie ne cesse-t-il pas d'appartenir à l'ordre ?

Théotime. Non, car on ne renie pas le Christ pour vivre dans le crime, quoique ce soit en quelque sorte abjurer Dieu que de le reconnaître de bouche et de le nier par ses actes. Mais celui qui quitte le très-saint habit cesse à tout jamais de faire partie de l'ordre.

Philécous. Que dirons-nous donc de tant de monastères de conventuels [1] qui possèdent des fonds, qui boivent, qui jouent aux jeux de hasard, qui se livrent à la débauche et qui entretiennent publiquement chez eux des concubines, pour n'en pas dire plus ?

Théotime. Saint François n'a jamais porté leur robe de couleur foncée, ni leur ceinture de lin blanc. Aussi, quand ils frapperont à la porte, on leur répondra : *Je ne vous connais point*, parce qu'ils n'ont pas la robe nuptiale.

Philécous. Est-ce tout ?

Théotime. Vous ne savez encore rien. En cinquième lieu, il lui révéla que les ennemis de l'ordre séraphique, lesquels, hélas ! sont trop nombreux, n'atteindraient jamais la moitié de l'âge fixé par Dieu s'ils n'avaient abrégé leurs jours, mais qu'ils périraient tous très-promptement d'une mort affreuse.

---

[1] L'ordre de saint François était divisé en deux parties : les conventuels et les observantins.

Philécous. Nous en avons vu la preuve dans bien des cas, et dernièrement encore dans la personne du cardinal Mathieu de Sedan. Il pensait et disait beaucoup de mal des déchaussés ; il mourut, je crois, avant d'avoir atteint sa cinquantième année.

Théotime. Votre observation est juste ; mais il avait aussi offensé l'ordre chérubique, car on prétend que c'est surtout grâce à ses efforts que furent livrés aux flammes les quatre dominicains de Berne, qui, sans cela, auraient désarmé le pape avec de l'argent.

Philécous. Mais on dit qu'ils avaient tramé une comédie d'une impiété monstrueuse. A l'aide d'apparitions et de miracles supposés, ils cherchèrent à persuader que la Vierge-mère avait été souillée de la tache originelle ; que ce n'était pas saint François qui avait eu les vraies marques des plaies du Christ, mais bien sainte Catherine de Sienne. Ils promirent la plus haute perfection à un laïque converti[1] qu'ils avaient suborné pour jouer cette comédie, et, afin de réussir dans leur imposture, ils abusèrent du corps du Seigneur et employèrent même les coups de bâton et le poison. Enfin, on prétend que cette trame ne fut point ourdie par un seul monastère, mais par les chefs de l'ordre entier.

Théotime. Quoi qu'il en soit, ce n'est pas sans raison que Dieu a dit : *Gardez-vous de toucher à mes oints*[2].

Philécous. J'attends le reste.

Théotime. Reste la sixième révélation, dans laquelle

---

1. Jean Jezer, ravaudeur, qu'ils finirent par empoisonner en lui donnant l'hostie, dans la crainte qu'il ne fît des révélations. Cet empoisonnement conduisit les quatre dominicains sur le bûcher.

2. Psaume CV, 15.

le Seigneur lui jura que les protecteurs de l'ordre séraphique, quelle que fût l'impiété de leur vie, ne laisseraient pas d'obtenir la miséricorde de Dieu et de terminer une vie criminelle par une bienheureuse fin.

Philécous. Même s'ils étaient tués en flagrant délit d'adultère ?

Théotime. Ce que le Seigneur a promis ne peut pas ne pas être valable.

Philécous. Mais à quelles marques reconnaissent-ils la protection et la bienveillance ?

Théotime. Oh ! vous le demandez ? Celui qui donne, celui qui habille, celui qui pourvoit à la cuisine, est un ami depuis longtemps.

Philécous. Ceux qui donnent des conseils et des leçons ne sont pas des amis ?

Théotime. Tout cela se trouve chez eux en abondance ; ils ont pour habitude de distribuer aux autres ces sortes de bienfaits, et non de les recevoir.

Philécous. Le Seigneur a donc plus promis aux disciples de saint François qu'aux siens. Il permet, il est vrai, qu'on lui applique tout le bien qui, par considération pour lui, est fait à un chrétien ; mais il ne promet pas la vie éternelle à ceux qui vivent mal.

Théotime. Cela n'est pas surprenant, ami ; car l'extrême puissance de l'Évangile était réservée à cet ordre. Mais écoutez maintenant la septième et dernière révélation.

Philécous. J'y suis.

Théotime. Le Seigneur lui jura que quiconque mourrait sous l'habit séraphique ne ferait point une mauvaise mort.

Philécous. Mais qu'entendez-vous par faire une mauvaise mort?

Théotime. On fait une mauvaise mort quand l'âme, au sortir du corps, s'en va tout droit en enfer, d'où il n'y a point de rédemption.

Philécous. Cet habit ne délivre donc pas des flammes du purgatoire?

Théotime. Non, à moins de mourir le jour même de la fête du bienheureux François. Mais trouvez-vous que ce soit peu de chose d'être préservé de l'enfer?

Philécous. Assurément, je trouve que c'est beaucoup; mais que faut-il penser de ceux à qui l'on met le saint habit quand ils sont morts, car ils ne meurent pas dedans?

Théotime. S'ils l'ont demandé vivants, l'intention est réputée pour le fait.

Philécous. Lorsque je demeurais à Anvers, j'ai assisté avec d'autres parents à la mort d'une dame; il y avait là un franciscain qui était un homme très-vénérable. Celui-ci, voyant la femme près de rendre l'âme, lui passa un bras dans son habit de façon à lui couvrir une partie de l'épaule. Quelques personnes se demandèrent alors si la femme serait complétement à l'abri des portes de l'enfer, ou seulement la partie couverte.

Théotime. Elle était complétement à l'abri, de même que dans le baptême on ne baigne qu'une partie de l'homme, et néanmoins on le rend entièrement chrétien.

Philécous. On ne saurait croire combien les démons redoutent cet habit.

Théotime. Ils le redoutent plus que la croix du Seigneur. Pendant l'enterrement d'Eusèbe, j'ai vu (et je ne suis pas le seul) des essaims de démons noirs qui voltigeaient comme des mouches autour du corps ; mais pas un n'a osé le toucher.

Philécous. Cependant le visage, les mains et les pieds couraient grand risque, puisqu'ils étaient nus.

Théotime. De même que les serpents ne peuvent supporter l'ombre du frêne le plus loin qu'elle s'étende, les démons sentent de loin le poison de ce saint habit.

Philécous. Par conséquent, je m'imagine que de tels cadavres ne pourrissent point, sans quoi les vers auraient plus de cœur que les démons.

Théotime. Ce que vous dites là est vraisemblable.

Philécous. Que les poux sont heureux de vivre éternellement dans un habit si divin ! Mais puisque l'habit est mis dans le sépulcre, qu'est-ce qui protége l'âme ?

Théotime. L'habit porte avec soi son ombre qui protége l'âme, à tel point que pas un membre de cet ordre, dit-on, ne va dans le purgatoire.

Philécous. Certes, si vous dites vrai, je fais plus de cas de cette révélation que de celle de saint Jean : car elle indique un moyen simple et facile à l'aide duquel on peut sans fatigue, sans gêne, sans pénitence, éviter la mort éternelle, après avoir passé agréablement toute sa vie dans les plaisirs.

Théotime. Je suis de votre avis.

Philécous. Je ne m'étonne plus maintenant que l'on témoigne tant d'estime pour les frères séraphiques ; et ce qui me confond, c'est qu'il y ait encore des gens qui ne craignent point de les insulter.

Théotime. Sachez que tous ces gens-là, sans exception, sont abandonnés à leur sens réprouvé et aveuglés par leur propre malice.

Philécous. Dorénavant je serai plus circonspect, et j'aurai soin de mourir dans le très-saint habit. Il a paru dans ce siècle des docteurs qui enseignent que l'homme est justifié par la foi seule, sans le secours des œuvres : c'est donc un privilége bien plus grand si un habit sauve sans la foi.

Théotime. Pas simplement sans la foi, ne vous y trompez pas, Philécous ; il suffit de croire que ce que nous avons dit a été promis par le Christ au patriarche François.

Philécous. Cet habit pourrait donc sauver un Turc?

Théotime. Il sauverait Satan lui-même, s'il se le laissait mettre et s'il avait fait foi à la révélation.

Philécous. Il y a longtemps que vous m'avez fait votre prosélyte ; mais je désirerais que vous éclaircissiez en moi un ou deux scrupules.

Théotime. Parlez.

Philécous. J'ai ouï dire que saint François appelait son institut évangélique.

Théotime. C'est vrai.

Philécous. Mais, à mon avis, tous les chrétiens professent la règle de l'Évangile. Si l'institut des franciscains est évangélique, il faut que tous les chrétiens soient franciscains, et le premier rang dans l'ordre appartiendra au Christ, à ses apôtres et à sa très-sainte Mère.

Théotime. Vous me convaincriez si saint François n'avait ajouté quelque chose à l'Évangile du Christ.

Philécous. Quoi !

Théotime. Un habit gris, une corde de chanvre et des pieds nus.

Philécous. C'est donc à ces marques que l'on distingue l'évangélique du franciscain ?

Théotime. Ils diffèrent encore par le contact de l'argent.

Philécous. Mais, à ce que j'entends, saint François défend d'en recevoir et non d'en toucher. On reçoit de l'argent comme propriétaire, comme procurateur, comme créancier, comme héritier, comme mandataire ; et, bien que l'on compte la somme avec des gants, on on n'en est pas moins censé l'avoir reçue. D'où vient donc cette nouvelle interprétation qui traduit ne point recevoir par ne point toucher ?

Théotime. Le pape Benoît l'a interprété ainsi.

Philécous. Non comme pape, mais comme franciscain. D'ailleurs, ceux qui observent le plus étroitement la règle, quand ils sont en voyage, ne reçoivent-ils pas des pièces de monnaie dans un linge ?

Théotime. Ils ne le font que dans une pressante nécessité.

Philécous. Mais il vaut mieux mourir que de violer une règle plus qu'évangélique. Ensuite ne reçoivent-ils pas de tous côtés par leurs procurateurs ?

Théotime. Pourquoi pas ? même quand on leur donne plusieurs milliers d'écus, ce qui n'est pas rare.

Philécous. Mais la règle dit: *ni par eux, ni par d'autres.*

Théotime. Mais ils ne touchent pas.

Philécous. Quelle plaisanterie ! Si ce contact est un péché, ils touchent par d'autres.

Théotime. Mais leurs procurateurs n'ont pas le droit de poursuivre en justice.

Philécous. Il n'en ont pas le droit ? En fasse l'expérience qui voudra.

Théotime. On ne lit nulle part que le Christ ait manié de l'argent.

Philécous. Soit ; mais il est probable que le Christ, étant jeune, acheta souvent pour ses parents de l'huile, du vinaigre et des légumes. Il est hors de doute que saint Pierre et saint Paul ont manié de l'argent. Le mérite de la piété ne consiste pas à fuir son contact, mais à le mépriser. Le contact du vin est beaucoup plus dangereux que celui de l'argent : pourquoi en cela ne redoutent-ils pas le danger ?

Théotime. Parce que saint François ne l'a pas défendu.

Philécous. Ne présentent-ils pas leurs mains adoucies par l'oisiveté et bien lavées aux femmes qui les saluent ? Et si par hasard on leur montre une pièce de monnaie pour l'examiner, ne sautent-ils pas en arrière en se couvrant du signe de la croix ? Oh ! que tout cela est évangélique ! Je suis persuadé que saint François, malgré sa profonde ignorance, n'a point été assez fou pour interdire tout contact de l'argent. Si pourtant il l'a voulu, à quel danger n'a-t-il pas exposé les siens en leur commandant d'aller pieds nus, car il est presque impossible qu'ils ne marchent pas quelquefois sans le savoir sur une pièce de monnaie tombée à terre.

Théotime. Mais ils ne la touchent pas avec les mains.

Philécous. Le toucher n'est-il pas un sens commun à tout le corps?

Théotime. Oui, mais lorsqu'un fait semblable s'est produit, ils ne disent point la messe sans s'être confessés.

Philécous. C'est agir pieusement.

Théotime. Mais, plaisanterie à part, je vais vous dire la vérité : l'argent est et sera pour plusieurs la cause des plus grands maux.

Philécous. D'accord ; mais il est aussi pour d'autres la source d'une foule de bonnes actions. Je lis que l'on condamne l'amour des richesses ; je ne lis nulle part que l'on condamne l'argent.

Théotime. Vous avez raison ; mais, pour mieux préserver de la passion de l'avarice, on a interdit le contact de l'argent, de même que dans l'Évangile on nous défend de jurer pour ne point tomber dans le parjure.

Philécous. Pourquoi n'a-t-on donc pas défendu de regarder l'argent?

Théotime. Parce qu'il est plus facile de retenir ses mains que ses yeux.

Philécous. C'est pourtant par ces fenêtres que la mort est entrée.

Théotime. Aussi les vrais franciscains rabattent le capuchon sur leurs sourcils et marchent les yeux couverts et fixés vers la terre pour ne voir que leur chemin, comme font les chevaux qui traînent une voiture chargée. Deux morceaux de cuir ajoutés aux brides ne leur permettent de voir que ce qui est devant leurs pieds.

Philécous. Mais, dites-moi, est-il vrai, comme on me l'a dit, que la règle défende d'obtenir des dispenses du pape?

Théotime. Oui.

Philécous. J'ai entendu dire cependant qu'il n'y avait point d'hommes plus munis de dispenses, au point qu'il leur est permis d'empoisonner ou d'enterrer vifs les individus condamnés par leur propre sentence, sans encourir le vice d'irrégularité.

Théotime. Ce qu'on vous a dit là n'est point un conte. Un Polonais qui ne sait pas mentir m'a raconté qu'ayant bu il s'endormit dans l'église des franciscains, dans un de ces recoins où se mettent les femmes pour se confesser à travers une planche percée. Réveillé par les chants nocturnes, il n'osa pas se montrer. L'office de nuit terminé, tout le chœur des frères descendit dans le souterrain. On y avait préparé une fosse très-large et très-profonde. Deux jeunes gens se tenaient debout, les mains liées derrière le dos. On leur fit un sermon sur le mérite de l'obéissance; on leur promit le pardon de tous leurs péchés devant Dieu; on leur fit même espérer que Dieu inclinerait les cœurs de leurs frères vers la miséricorde s'ils descendaient d'eux-mêmes dans la fosse et s'ils s'y couchaient sur le dos. Ils le firent: on retira les échelles, et tous ensemble jetèrent de la terre.

Philécous. Mais pendant ce temps le spectateur garda-t-il le silence?

Théotime. Assurément, dans la crainte que, s'il venait à se montrer, on n'en mît un troisième dans la fosse.

Philécous. Ont-ils aussi ce droit?

Théotime. Oui, quand il y va de l'honneur de l'ordre : car, à peine évadé, le Polonais se mit à raconter partout dans les repas ce qu'il avait vu, au grand détriment de la gent séraphique. Ne valait-il pas mieux l'ensevelir vivant?

Philécous. Peut-être; mais, sans nous arrêter à ces subtilités, comment se fait-il que, le patriarche leur ayant commandé de marcher pieds nus, ils se servent maintenant de souliers déchiquetés?

Théotime. Ce précepte a été mitigé pour deux causes : la première, pour ne point toucher l'argent par mégarde; la seconde, pour se garantir du froid, des épines, des serpents, des cailloux, etc., étant obligés de courir le monde. Du reste, pour ne pas violer l'autorité de la règle, l'ouverture du soulier montre le pied nu par synecdoque [1]

Philécous. Ils se vantent de pratiquer la perfection évangélique, qui consiste, disent-ils, dans les conseils de l'Évangile, lesquels sont l'objet d'une grande polémique entre les savants. Dans chaque condition de la vie on peut atteindre à la perfection évangélique. Mais que trouvez-vous de plus parfait parmi les préceptes de l'Évangile?

Théotime. Tout ce que saint Matthieu rapporte dans le chapitre V, dont voici la conclusion : *Aimez vos*

---

[1]. Figure de rhétorique qui consiste à prendre la partie pour le tout.

ennemis, faites du bien à ceux qui vous haïssent, et priez pour ceux qui vous persécutent et vous calomnient, afin que vous soyez les enfants de votre père qui est dans les cieux, qui fait lever son soleil sur les bons et sur les méchants, et qui fait pleuvoir sur les justes et sur les injustes. Soyez donc, vous autres, parfaits comme votre Père céleste est parfait.

Philécous. Vous répondez à merveille; mais ce Père est riche et généreux envers tout le monde : il ne mendie à personne.

Théotime. Eux aussi sont généreux, mais de trésors spirituels, c'est-à-dire de prières et de bonnes œuvres dont ils sont riches.

Philécous. Plût à Dieu que l'on vît chez eux des exemples de la charité évangélique, qui rend le bien pour le mal et qui répond à l'offense par un bienfait! Que signifie cette parole si célèbre du pape Alexandre : *Il est moins dangereux d'offenser le plus puissant des rois que le dernier de l'ordre des franciscains ou des dominicains?*

Théotime. Il est permis de venger la dignité blessée de l'ordre, et le mal fait à un seul des plus petits rejaillit sur l'ordre entier.

Philécous. Pourquoi ne pas dire plutôt que le bien fait à un seul rejaillit sur l'ordre entier? Pourquoi un seul chrétien offensé ne provoque-t-il pas à la vengeance toute la chrétienté? Pourquoi saint Paul, tant de fois battu et lapidé, n'a-t-il point crié au secours contre les violateurs de la dignité apostolique? Si, suivant la parole du Seigneur, *il est plus avantageux de donner que de recevoir,* celui qui, prêchant de parole et d'exemple, donne de son bien aux pauvres, est sans contredit plus parfait que celui qui ne fait que recevoir. Autrement saint Paul se glorifierait en vain d'avoir prêché l'Évangile gratuitement. Il me semble que la meilleure preuve de ce dévouement dont les moines se vantent serait de ne point s'irriter quand on les insulte, et d'observer la charité envers ceux qui leur font du mal. Quel mérite y a-t-il à abandonner une partie de ses revenus pour vivre grassement aux dépens d'autrui, et à garder pour soi la passion de la vengeance? Les cordeliers et les déchaussés se trouvent partout en grand nombre; mais celui qui pratique ce que le Seigneur nomme la perfection, ce dont les apôtres ont constamment donné l'exemple, est parmi eux un oiseau infiniment rare.

Théotime. Je n'ignore point les fables que des impies répandent sur leur compte; mais j'ai tant d'inclination pour eux que toutes les fois que je verrai ce saint habit je croirai voir les anges de Dieu, et que je bénis la maison dont le seuil est souvent foulé par leurs pieds.

Philécous. Pour moi, je suis convaincu qu'il y a peu de femmes stériles dans les maisons qu'ils fréquentent. Mais que saint François me pardonne, Théotime, d'avoir vécu jusqu'à présent dans une si grossière erreur! Je croyais que leur habit n'était autre chose qu'un habit, et que par lui-même il ne valait pas mieux que l'habit d'un matelot ou d'un cordonnier, à moins d'emprunter sa vertu à la sainteté de celui qui le porte, comme la robe du Christ dont l'attouchement guérit une femme d'un flux de sang. Autrement, je me demandais si c'était le tisseur ou le tailleur qui avait communiqué ce pouvoir à l'habit.

Théotime. Assurément celui qui donne la forme donne le pouvoir.

Philécous. Je vivrai donc désormais agréablement, sans me tourmenter de la crainte de l'enfer, des ennuis de la confession, ni des rigueurs de la pénitence.

L'AMITIÉ

ÉPHORIN, JEAN.

Éphorin. Je me suis souvent demandé de quel dieu a pris conseil la nature en développant chez tous les êtres des amitiés et des inimitiés secrètes et sans motifs apparents, à moins que ce spectacle ne la divertisse, de même que nous prenons plaisir aux combats que se livrent entre eux les coqs et les cailles.

Jean. Je ne saisis pas très-bien ce que vous voulez dire.

Éphorin. Je m'expliquerai donc, puisque vous le voulez, plus simplement. Vous savez que les serpents sont ennemis de l'homme ?

Jean. Je sais qu'il règne entre eux et nous une vieille

haine, irréconciliable, et qui durera tant que nous nous souviendrons de cette fatale pomme.

Éphorin. Connaissez-vous le lézard ?

Jean. Pourquoi pas ?

Éphorin. Il y en a, en Italie, de grands qui sont verts. Cet animal est naturellement ami de l'homme et ennemi des serpents.

Jean. A quoi reconnaît-on cela ?

Éphorin. Partout où l'homme paraît, les lézards se rassemblent et contemplent longtemps son visage en tournant la tête de côté; si vous crachez, ils sucent votre salive; j'en ai vu qui buvaient l'urine des enfants. De plus, ils se laissent impunément manier et même blesser par les enfants, et, quand ceux-ci les approchent de leur bouche, ils aiment à sucer la salive. Mais, si on les prend et qu'on les fasse battre entre eux, on ne saurait croire avec quelle fureur ils se déchirent, sans faire de mal à celui qui les met aux prises. Si vous vous promenez dans les champs, le long d'un chemin creux, des bruits qui se font dans les broussailles éveillent votre attention; celui qui n'y est point habitué croit que c'est un serpent; en regardant, vous voyez que ce sont des lézards qui vous contemplent, la tête de côté, tant que vous vous arrêtez, et qui vous suivent quand vous marchez. Si vous faites autre chose, ils vous avertissent de nouveau. On dirait qu'ils jouent et qu'ils éprouvent un vif plaisir à la vue de l'homme.

Jean. C'est admirable !

Éphorin. Un jour j'ai vu un lézard très-grand et d'un vert magnifique qui se battait avec un serpent à l'entrée d'une cavité. Nous ne savions pas d'abord ce que c'était, car le serpent n'était pas visible. Un Italien nous dit que l'ennemi était dans l'antre. Un instant après, le lézard vint à nous comme pour nous montrer ses blessures et demander un remède; il se laissait presque toucher; chaque fois que nous nous arrêtions, il s'arrêtait aussi en nous regardant. Le serpent lui avait presque rongé tout un côté, et de vert l'avait rendu rouge.

Jean. Moi, si j'avais été là, j'aurais voulu venger le sort du lézard.

Éphorin. Mais l'ennemi s'était déjà retiré dans le fond de l'antre. Néanmoins, quelques jours après, nous nous repûmes du spectacle de la vengeance.

Jean. Tant mieux. Mais comment cela ?

Éphorin. Nous nous promenions par hasard dans le même endroit. Le serpent venait de boire à une source voisine, car la chaleur était si forte que nous étions aussi menacés du manque d'eau. Arriva juste au-devant de lui un enfant âgé de treize ans qui revenait des champs. C'était le fils de la maison où nous vivions alors à la campagne, ayant quitté Bologne dans la crainte de la peste. Il portait un de ces râteaux dont les paysans se servent pour ramasser le foin coupé. En voyant le serpent, il poussa un cri.

Jean. De crainte, peut-être ?

Éphorin. Nullement; de joie, au contraire, comme pour insulter à l'ennemi surpris. Il le frappe d'un coup de râteau; le serpent se pelotonne; l'enfant ne cesse de frapper jusqu'à ce que le serpent, ayant la tête écrasée, s'étende de toute sa longueur, ce qu'il ne fait qu'en mourant. C'est de là que vient cette fable, que vous avez souvent entendue, de l'Écrevisse qui tua le Serpent à qui elle avait donné l'hospitalité, et qui, le voyant tout droit, s'écria : « C'est ainsi que tu aurais dû marcher pendant ta vie. »

Jean. Oh! que c'est bien fait! Ensuite?

Éphorin. L'enfant, prenant l'animal avec son râteau, le pendit à un arbrisseau au-dessus de la caverne. Nous vîmes pendant plusieurs jours les feuilles teintes de son venin. Les paysans de ce lieu nous racontèrent comme vraie une autre chose surprenante. Lorsqu'ils sont fatigués, ils s'endorment quelquefois dans leur champ, ayant à côté d'eux un pot de lait qui leur sert à la fois de boire et de manger. Les serpents sont très-friands de lait; aussi arrive-t-il souvent qu'ils se glissent dans le vase. Pour obvier à cela, les paysans ont un remède.

Jean. Lequel? je vous prie.

Éphorin. Ils frottent d'ail les bords du pot. Cette odeur chasse les serpents.

Jean. Qu'est-ce qu'Horace a donc voulu dire quand il a écrit que l'ail est un poison plus dangereux que la ciguë, puisque, comme vous le dites, c'est un remède contre le poison?

Éphorin. Mais voici qui est plus fâcheux. Quelquefois les serpents, rampant furtivement, se jettent dans la bouche ouverte du dormeur et s'enroulent dans son estomac.

Jean. L'homme qui rencontre un tel hôte ne meurt-il pas sur-le-champ?

Éphorin. Non, mais il vit dans de cruelles souffrances; son seul soulagement est de nourrir son hôte de lait et d'autres aliments qui plaisent au serpent.

Jean. N'y a-t-il point un remède contre un si grand mal?

Éphorin. Il faut manger beaucoup d'ail.

Jean. Je ne m'étonne donc plus si les moissonneurs aiment tant l'ail.

Éphorin. C'est d'ailleurs un bon remède contre la fatigue et la chaleur. Mais, dans ce danger, le lézard, tout petit qu'il est, sauve souvent l'homme.

Jean. Comment fait-il?

Éphorin. Dès qu'il voit un serpent en embuscade, il se met à courir en tous sens sur le cou et le visage de l'homme, et ne cesse de le gratter et de le chatouiller avec ses ongles jusqu'à ce qu'il l'ait réveillé. L'homme, en se réveillant et en voyant à côté de lui un lézard, comprend aussitôt que l'ennemi est quelque part en embuscade, et, en regardant de tous côtés, il l'aperçoit.

Jean. Merveilleuse puissance de la nature?

Éphorin. Il n'y a point d'animal plus ennemi de l'homme que le crocodile, qui dévore souvent des hommes entiers et ajoute l'artifice à sa méchanceté en rendant glissants, à l'aide de l'eau qu'il tient dans sa gueule, les sentiers par où descendent ceux qui vont puiser de l'eau dans le Nil afin de les dévorer après leur chute. Vous n'ignorez pas que le dauphin, quoique né dans un élément opposé, est *philanthrope*?

Jean. Je connais l'anecdote célèbre de l'enfant tendrement aimé par un dauphin, et celle plus célèbre encore d'Arion.

Éphorin. Dans la pêche des mulets, les pêcheurs emploient, en guise de chiens, les dauphins, qui se retirent après avoir reçu une petite part du butin. Ils se laissent même châtier s'ils ont commis quelque faute pendant la pêche. En mer, ils se montrent souvent aux navigateurs, bondissant de joie et jouant à la surface de l'onde; ils nagent près du vaisseau et quelquefois sautent d'une voile à l'autre, tant ils se plaisent dans la compagnie de l'homme. Mais autant le dauphin est ami de l'homme, autant il est ennemi mortel du crocodile. Il quitte la mer et ose venir dans le Nil, où règne le crocodile, pour attaquer un animal armé de dents, de griffes et d'écailles impénétrables même au fer, lui qui peut à peine mordre, ayant la gueule inclinée vers la poitrine. Il s'élance avec impétuosité sur son ennemi, et, quand il en est proche, il se glisse brusquement sous lui, puis, dressant ses nageoires sur son dos, il lui fend les parties molles du ventre, seul endroit par où il est vulnérable.

Jean. C'est une chose étonnante que chaque animal connaisse tout de suite son ennemi, même sans l'avoir jamais vu; qu'il sache pourquoi on l'attaque, par où il peut être blessé et comment il doit se défendre, quand cette faculté a été refusée à l'homme qui ne redouterait pas même le basilic s'il n'était averti ou instruit par le mal.

Éphorin. Vous savez que le cheval est un animal né pour obéir à l'homme. Il nourrit une inimitié mortelle contre l'ours, bête nuisible à l'homme. Il reconnaît son ennemi sans l'avoir jamais vu et se prépare aussitôt à le combattre.

Jean. Avec quelles armes le combat-il ?

Éphorin. Par l'adresse plutôt que par la force. Il saute par-dessus l'ours, et, en sautant, il le frappe à la tête de ses pieds de derrière. Pendant ce temps, l'ours déchire avec ses griffes le ventre du cheval. L'aspic est pour l'homme un venin mortel; il est attaqué par l'ichneumon, qui est aussi l'ennemi implacable du crocodile. Les éléphants ont aussi de l'affection pour l'homme; car ils reconduisent obligeamment dans son chemin le voyageur isolé qui s'égare, et ils reconnaissent et aiment leur cornac. On cite même des exemples de leur amour dévoué pour certaines personnes. Ainsi, il y en eut un qui aima, en Égypte, une marchande de fleurs, maîtresse du grammairien Aristophane. Un autre aima Ménandre, jeune Syracusain, à tel point que, chaque fois qu'il ne le voyait pas, il témoignait ses regrets en refusant de manger. Mais, pour ne plus citer qu'un trait, le roi Bocchus, ayant résolu de sévir contre trente individus, les fit attacher à des poteaux et les exposa à autant d'éléphants. Des gens courant çà et là parmi les éléphants eurent beau les exciter, on ne put obtenir qu'ils se fissent les instruments de la cruauté du roi. Cet animal *philanthrope* déclare une guerre acharnée au dragon des Indes, que l'on dit être d'une grandeur énorme, et il arrive souvent que tous deux périssent en combattant. Or, le dragon est ennemi de l'homme, même sans qu'on l'attaque. L'aigle est également en hostilité avec les petits dragons, tandis que pour l'homme il est inoffensif; on rapporte même qu'il brûle d'une flamme amoureuse pour certaines jeunes filles. Cet oiseau a déclaré une guerre à mort à l'épervier de nuit. L'éléphant hait aussi le rat, qui est également un animal désagréable à l'homme. On ne devine pas la cause de cette aversion; mais il a raison de détester la sangsue, car s'il en avale une en buvant, il éprouve d'horribles souffrances. Il n'y a point d'animal plus ami de l'homme que le chien; il n'y en a pas de plus ennemi de l'homme que le loup, puisque la seule vue de ce dernier nous fait perdre la voix; or, entre le chien et le loup règne une haine implacable. Le loup est aussi l'ennemi acharné de la race des brebis, qui dépendent entièrement de la prévoyance de l'homme dont le principal soin est de protéger un animal inoffensif et né pour lui servir de nourriture. Au contraire, tout le monde, aidé principalement des chiens, court sus au loup comme à l'ennemi public du genre humain, ce qui a donné lieu au proverbe : *Nous ne l'épargnerons pas plus qu'un loup.* Le lièvre marin est un poison sans remède pour l'homme s'il a l'imprudence d'en goûter, et, par contre, ce lièvre meurt au simple attouchement de l'homme. La panthère est féroce pour l'homme, et pourtant elle a tellement peur de l'hyène qu'elle n'ose pas même se battre avec elle; c'est ce qui fait dire qu'en portant sur soi un morceau de cuir d'hyène, on n'est point attaqué par la panthère, tant est pénétrant l'instinct de la nature. On ajoute encore que, si l'on applique l'une contre l'autre les peaux de ces deux bêtes, les poils de la panthère tomberont. L'araignée est un animal domestique pour l'homme, mais funeste au serpent, à tel point que si, par hasard, elle aperçoit au pied d'un arbre un serpent se chauffant au soleil, elle se suspend par un fil et enfonce son aiguillon au milieu du front du serpent en lui faisant une si cruelle blessure que celui-ci, se repliant en rond de douleur, finit par mourir. Des témoins oculaires m'ont dit que l'araignée faisait la même guerre au crapaud, mais que celui-ci, une fois frappé, se guérissait en mordant du plantain. Je vais vous raconter une anecdote anglaise. Vous savez que, dans ce pays, on couvre les planchers de joncs verts. Un moine avait entassé dans sa chambre quelques fagots de joncs pour les étendre quand il aurait le temps. Comme il dormait, après dîner, couché sur le dos, un gros crapaud sortit des joncs et se campa sur la bouche du moine, les quatre pattes enfoncées dans les lèvres supérieure et inférieure. Oter le crapaud, la mort était certaine; le laisser, c'était quelque chose de plus cruel que la mort. Quelques-uns conseillèrent de transporter le moine, dans la posture où il était vers la fenêtre, où une grosse araignée avait sa toile. On le fit. Bientôt l'araignée, ayant aperçu son ennemi, se suspend par un fil, perce de son dard le crapaud et regagne sa toile. Le crapaud enfla, mais sans lâcher prise. Attaqué de nouveau par l'araignée, il enfla davantage, mais resta vivant. Frappé une troisième fois, il retira ses pattes et tomba mort. C'est ainsi que l'araignée se montra reconnaissante envers son hôte.

Jean. Voilà qui est merveilleux!

Éphorin. Je vais ajouter un trait que je n'ai pas lu, mais que j'ai vu de mes yeux. Le singe a pour la tortue une aversion inconcevable. Quelqu'un m'en donna un exemple à Rome. Il mit sur la tête de son petit garçon une tortue, la recouvrit d'un chapeau et conduisit l'enfant vers le singe. Aussitôt le singe, tout joyeux, saute sur la tête de l'enfant pour faire la chasse aux poux; il ôte le chapeau et trouve la tortue. C'était un spectacle curieux de voir avec quelle horreur cette bête sauta en arrière, comme elle eut peur, comme elle regardait timidement par derrière si la tortue la suivait! On m'en donna un autre exemple. Nous attachâmes la tortue à la chaîne où était attaché le singe, en sorte qu'il ne pouvait éviter de la voir. On ne saurait dire combien il fut tourmenté; il était presque mort de frayeur; de temps en temps, le dos tourné, il essayait, avec ses pattes de derrière, d'expulser la tortue immobile; enfin, il évacua tout ce qu'il avait dans le ventre et la vessie. Cette frayeur lui ayant donné la fièvre, nous fûmes obligés de le déchaîner et de le réconforter en lui faisant boire de l'eau mélangée de vin.

Jean. Pourtant le singe n'a rien à craindre de la tortue.

Éphorin. Il existe peut-être quelque chose qui nous échappe et que la nature connaît. On s'explique parfaitement la cause de l'aversion du chardonneret pour l'âne, c'est que celui-ci se frotte contre les épines où l'oiseau fait son nid et qu'il broute ses fleurs. Le chardonneret éprouve une terreur si grande que, si par hasard il entend l'âne braire au loin, il renverse ses œufs, et ses petits tombent du nid d'épouvante. Mais son ennemi ne l'attaque pas impunément.

Jean. Quel mal le chardonneret peut-il faire à l'âne?

Éphorin. Il creuse avec le bec les plaies que lui ont faites les coups de bâton et les fardeaux; il lui pique aussi les naseaux. On peut deviner de même la raison de l'animosité réciproque qui existe entre les renards et les milans. Comme cet oiseau de proie tend des piéges aux petits du renard, celui-ci lui rend la pareille. Le même motif de discorde existe entre les souris et les hérons. On le retrouve également entre l'émerillon, qui est un tout petit oiseau, et le renard. L'émerillon casse les œufs des corbeaux; il est attaqué par les renards et se venge en harcelant leurs petits à coups de bec; les corbeaux, voyant cela, se sont ligués avec les renards contre leur ennemi commun. Mais on ne saurait deviner la raison de l'antipathie qui divise le cygne et l'aigle, le corbeau et le loriot, la corneille et la chouette, l'aigle et le roitelet, à moins que l'aigle ne trouve mauvais que ce dernier soit appelé le roi des oiseaux. Pourquoi la chouette est-elle en guerre avec tous les petits oiseaux, la belette avec la corneille, la tourterelle avec le pyralis, la guêpe-ichneumon avec la tarentule, les canards avec les mouettes, la harpe avec la buse, les chacals avec les lions? En outre, pourquoi les souris fuient-elles l'arbre rempli de fourmis? D'où vient cette guerre irréconciliable entre l'escarbot et l'aigle? Car l'apologue a été conçu d'après la nature même des deux animaux? D'où vient que, près d'Olynthe, il y a un certain canton où les escarbots ne vivent pas si on les y transporte? Et, parmi les animaux aquatiques, pour quelle raison le mulet et le loup marin, de même que le congre et la murène, sont-ils animés d'une haine si violente qu'ils se rongent mutuellement la queue? La langouste a une si grande horreur du polype qu'en le voyant de près elle meurt de frayeur.

De même une sympathie secrète unit étroitement certains animaux, par exemple le paon et la colombe, la tourterelle et le perroquet, le merle et la grive, la corneille et le héron, qui se secourent mutuellement contre les renards; la harpe et le milan, qui en font autant contre la buse, leur ennemi commun. Le muscule, qui est un tout petit poisson, nage devant la baleine pour lui montrer le chemin, et on ne voit pas pourquoi il consent à lui rendre cet office. Que le crocodile tende sa gueule au roitelet, cela ne peut s'appeler amitié, puisque les deux animaux y trouvent leur avantage. Le crocodile est heureux qu'on lui nettoie les dents et goûte le plaisir d'être gratté; l'oiseau cherche à manger et se nourrit des débris de poisson restés entre les dents. C'est pour la même raison que le corbeau se tient à cheval sur le dos du cochon. Entre le hochequeue et la mésange, il existe une haine si implacable que leur sang, dit-on, ne peut pas se mêler. On raconte également que les plumes des autres oiseaux disparaissent si on les mêle avec celles de l'aigle. L'épervier est ennemi des pigeons, mais la crécerelle les défend. La vue et le chant de la crécerelle causent à l'épervier une horreur profonde, et les pigeons le savent bien : partout où la crécerelle se tient cachée, ils ne quittent point leur retraite, tant ils ont de confiance en leur protectrice. Qui devinera pourquoi la crécerelle veut du bien aux pigeons et pourquoi l'épervier a horreur de la crécerelle? Mais, si l'on voit quelquefois un petit animal en aider un grand, il arrive aussi, par contre, que les plus petits animaux sont un fléau pour les plus grands. Il y a un petit poisson qui ressemble au scorpion et qui est grand comme l'araignée de mer; à l'aide d'un aiguillon, il se cramponne sous la nageoire à des thons souvent plus gros que des dauphins, et il leur cause une telle douleur que quelquefois ils sautent sur les vaisseaux; il en fait autant aux mulets. Pourquoi le lion, cet animal qui fait trembler tous les autres, a-t-il peur du chant du coq?

Jean. Pour ne pas être entièrement sans payer mon écot dans ce repas, je citerai un fait que j'ai vu jadis de mes yeux dans la maison de Thomas Morus, personnage très-célèbre en Angleterre. Il nourrissait chez lui un singe de haute taille; le hasard voulut qu'alors, pour le guérir d'une blessure, on le laissât se promener en liberté. Au fond du jardin étaient enfermés des lapins auxquels une belette tendait des piéges. Le singe la regarda faire tranquillement et sans bouger tant qu'il vit que les lapins ne couraient aucun risque. Mais lorsque la belette eut fait tomber la cage enlevée du mur et qu'il y eut à craindre que les lapins, mis à découvert par derrière, ne devinssent la proie de l'ennemi, le singe accourut et, montant sur une pièce de bois, il remit la cage à son ancienne place avec tant d'adresse qu'un homme n'aurait pas mieux fait. Cela prouve que les lapins sont aimés des singes. Ces lapins ne comprenaient pas le danger; ils embrassaient leur ennemi à travers les barreaux; le singe vint en aide à leur simplicité en péril.

Éphorin. Les singes aiment beaucoup tous les petits chiens; ils se plaisent à les tenir entre leurs pattes et à les embrasser. Mais ce bon singe méritait que sa bonté fût récompensée?

Jean. Elle le fut.

Éphorin. Comment.

Jean. Il trouva là un morceau de pain jeté sans doute par les enfants; il le prit et le mangea.

Éphorin. Mais ce qui me paraît plus admirable, c'est que cette sorte de sympathie et d'antipathie (c'est ainsi que les Grecs nomment les sentiments naturels d'amitié et d'inimitié) se retrouve jusque dans des choses privées de vie ou du moins de sensibilité. Je ne parlerai point du frêne, dont les serpents ne peuvent supporter l'ombre, si allongée qu'elle soit, à tel point que si l'on décrivait autour d'un frêne un cercle de feu, le serpent se jetterait dans les flammes plutôt que de fuir vers l'arbre. On voit mille exemples de ce genre. Lorsque les chenilles, renfermées dans leur chrysalide, se transforment en papillons par un travail mystérieux de la nature, on les dirait mortes; nul attouchement ne les fait mouvoir, à moins qu'une araignée vienne à passer dessus; elles ne sentent point le doigt de l'homme qui les presse, et elles sentent les pattes d'un animal très-léger marchant légèrement; ce n'est qu'alors qu'elles donnent signe de vie.

Jean. Cet insecte, avant d'être né, sent son ennemi capital. Ce fait ressemble assez à ce que l'on raconte des personnes qui ont été assassinées. Ceux qui sont étrangers au crime s'approchent-ils du cadavre, il ne se produit rien de nouveau; mais si l'assassin se présente, le sang coule aussitôt comme d'une blessure récente, et cet indice, dit-on, a souvent révélé l'auteur du meurtre.

Éphorin. Ce qu'on vous a dit là n'est pas dénué de

vérité. Mais, sans imiter les contes à la Démocrite, ne savons-nous pas par expérience qu'il y a une si grande répulsion entre le chêne et l'olivier qu'ils meurent si on les plante dans les trous l'un de l'autre? Le chêne s'accorde si mal avec le noyer que le voisinage de ce dernier le fait périr; d'ailleurs, le noyer nuit généralement à toutes les récoltes ainsi qu'aux arbres. La vigne, qui a coutume de tout embrasser de ses vrilles, fuit le chou seul, et, comme si elle le sentait, elle se tourne du côté opposé. Qui avertit la vigne que son ennemi est auprès d'elle? car le suc du chou est contraire au vin, et c'est pour cela qu'on en prend contre l'ivresse. Le chou a également son ennemi; planté vis-à-vis du cyclame et de l'origan, il dessèche. Même antipathie entre la ciguë et le vin; la ciguë est un poison pour l'homme, le vin en est un pour la ciguë. Quel est ce commerce secret entre le lis et l'ail, qui fait qu'en poussant dans le voisinage l'un de l'autre, ils se favorisent mutuellement? Car l'ail a plus de force et les fleurs du lis ont une odeur plus suave. Que dirai-je ici du mariage des arbres, dont les femelles demeurent stériles si le mâle n'est à côté d'elles? L'huile ne se mêle qu'avec la chaux, quoique ces deux choses soient également ennemies de l'eau. La poix attire l'huile, quoique l'une et l'autre soient des corps gras. Tout nage dans le vif-argent, excepté l'or; c'est le seul métal qu'il tire à soi et qu'il absorbe. Par quelle bizarrerie de la nature le diamant, qui résiste à ce qu'il y a de plus dur, s'amollit-il dans le sang de bouc? On remarque de l'antagonisme, même entre les poisons. Si par hasard le scorpion rampe sur l'aconit, il pâlit et s'engourdit. L'herbe nommée *céraste* lui est si nuisible que quiconque en a seulement touché la graine avec les doigts peut manier impunément le scorpion. Mais l'observation de ces faits, qui sont innombrables, concerne ceux qui enseignent la médecine. Quelle est donc cette force d'attraction ou de répulsion qui existe entre l'acier et l'aimant pour qu'une matière pesante, de sa nature coure vers une pierre, s'y attache comme par un baiser et s'en éloigne de même sans qu'on y mette la main ? L'eau se mélange aisément avec tout, principalement avec elle-même; il y a pourtant des eaux qui, comme par une haine réciproque, refusent de se mêler, témoin le fleuve qui, après s'être jeté dans le lac Fucin, coule par-dessus, de même que l'Adda dans le lac de Côme, le Tessin dans le lac Majeur, le Mincio dans le lac de Garde, l'Oglio dans le Sévin, le Rhône dans le Léman. Quelques-uns de ces fleuves charrient, sur un espace de plusieurs milles, à travers le lac hospitalier, le même volume d'eau qu'ils ont apporté. Le Tigre se jette dans le lac Aréthuse et il le traverse comme un étranger, sans mêler ni la couleur, ni la nature de ses eaux, ni ses poissons. En outre, quoique la plupart des fleuves se hâtent de courir vers la mer, il y en a pourtant quelques-uns qui, comme s'ils haïssaient la mer, avant d'y arriver s'engouffrent sous la terre. Nous voyons quelque chose de semblable dans les vents. Le vent du midi nous est funeste; le vent du nord, qui lui est opposé, nous est salutaire; l'un rassemble les nuages, l'autre les dissipe. Si l'on s'en rapporte aux astrologues, les astres eux-mêmes éprouvent des sentiments d'amitié et d'inimitié; les uns sont amis de l'homme, les autres lui sont hostiles, d'autres nous protégent contre les coups de nos ennemis, tant il est vrai que, dans toutes les parties de la nature, ces sympathies et ces antipathies enfantent pour l'homme le bien et le mal.

Jean. Peut-être trouverait-on quelque chose d'analogue au delà des cieux ; car, si nous en croyons les mages, chaque mortel est accompagné de deux génies, l'un bon, l'autre malveillant.

Éphorin. Qu'il nous suffise, ami, d'être allés jusqu'au ciel : ne franchissons pas cette barrière ; revenons aux bœufs et aux chevaux.

Jean. En vérité, vous faites là un joli saut.

Éphorin. Ce qui doit nous étonner le plus, c'est que dans la même espèce d'animaux on trouve des marques d'amour et de haine sans motif apparent. C'est ce que les palefreniers et les bouviers essayent de nous persuader. Dans les mêmes pâturages et dans la même écurie, disent-ils, le bœuf aime à avoir pour voisin tel bœuf, le cheval tel cheval, à l'exclusion de tel autre. Je suis convaincu qu'il existe de pareils sentiments dans tous les genres d'animaux, sans parler de l'attrait du sexe ; mais ils ne sont nulle part plus visibles que chez l'homme. On retrouve dans beaucoup de gens ce que Catulle déclare hautement ressentir pour Volusius : *Je ne t'aime pas, Volusius, je ne saurais dire pourquoi ; tout ce que je puis dire, c'est que je ne t'aime pas.* Chez les adultes, on peut supposer différents motifs ; mais chez les enfants, qui ne sont guidés que par l'instinct, quelle est la raison qui inspire à l'un tant d'amitié pour l'autre, et à celui-ci tant d'éloignement pour celui-là? Quand j'étais enfant, à l'âge d'environ huit ans, je rencontrai un enfant de mon âge, ou peut-être plus âgé que moi d'un an, si menteur qu'en toute occasion il inventait sur-le-champ des monstruosités. Une femme vient à passer. « Tu vois cette femme? me dit-il. — Oui. — J'ai couché dix fois avec elle. » Nous traversons un petit pont étroit près d'un moulin. Voyant que je frissonnais à la vue de cette eau que sa profondeur rendait noire : « Je suis tombé un jour dans cette eau, fit-il. — Que dis-tu? — J'y ai trouvé le cadavre d'un homme qui avait à sa ceinture une bourse dans laquelle étaient trois bagues. » Comme il ne cessait de mentir, je conçus pour cet enfant autant d'horreur que pour une vipère, sans un motif certain, puisque les autres prenaient plaisir à de tels mensonges, mais uniquement par un secret instinct. Et ce sentiment n'a pas été passager; aujourd'hui encore j'éprouve naturellement pour les menteurs une telle aversion qu'en les voyant je sens tout mon corps s'émouvoir. Homère indique une semblable disposition dans Achille lorsque ce héros déclare que les menteurs lui sont aussi odieux que les portes des enfers. Bien que je sois né avec ce caractère-là, le destin m'a été si contraire que toute ma vie j'ai eu affaire à des menteurs et à des imposteurs.

Jean. Je ne vois pas encore où tend tout ce discours.

Éphorin. Je vais vous le dire en deux mots. Il y a des gens qui cherchent le bonheur dans la magie et d'autres dans l'astrologie. Pour moi, je crois que le plus sûr moyen d'être heureux, c'est de renoncer au genre de vie pour lequel on éprouve une répugnance secrète et de suivre celui vers lequel on se sent porté; j'exclus toujours ce qui est immoral. Il faut également fuir la société de ceux dont le caractère ne s'accorde point avec le nôtre et nous lier avec ceux qui nous inspirent de la sympathie.

Jean. A ce compte-là, il y aura peu d'amis.

Éphorin. La charité chrétienne s'étend à tous, mais l'amitié doit se borner à un petit nombre. Or, ne faire de mal à personne, pas même aux plus méchants, et se réjouir s'ils s'amendent, c'est, selon moi, aimer assez chrétiennement tout le monde.

LE PROBLÈME

CURION, ALPHIUS.

Curion. Je voudrais bien vous adresser une question, à vous qui savez tant de choses, si cela ne vous importune pas.

Alphius. Eh bien, Curion, demandez-moi ce que vous voudrez, pour ne pas être infidèle à votre nom.

Curion. En vérité, je ne m'offenserai pas d'être appelé *Curio*, pourvu que vous n'y ajoutiez point cet animal monosyllabe qui est également odieux à Vénus et à Mercure [1].

[1]. Le cochon, en latin *sus*, qui, ajouté à *curio*, fait *curiosus*, curieux.

Alphius. Dites donc ce que vous voulez.

Curion. Je désire savoir ce que l'on entend par le *pesant* et le *léger*.

Alphius. Demandez-moi par la même occasion ce que c'est que le *froid* et le *chaud*. Que ne proposez-vous ce problème aux portefaix plutôt qu'à moi, ou, si vous aimez mieux, que ne vous adressez-vous aux ânes, qui indiquent en baissant les oreilles la pesanteur de leur fardeau?

Curion. Ce n'est point la réponse d'un âne que je veux, mais celle d'un philosophe, surtout de la part d'Alphius.

Alphius. Le pesant est ce qui tend naturellement en bas; le léger, ce qui tend en haut.

Curion. Pourquoi donc les antipodes, qui sont au-dessous de nous, ne tombent-ils pas dans le ciel placé au-dessous d'eux?

Alphius. Ceux-ci s'étonnent pareillement que vous ne tombiez point dans le ciel, lequel n'est point placé au-dessous, mais au-dessus de vous : car le ciel est au-dessus de tout et il enveloppe tout. Les antipodes ne sont pas plus au-dessous de vous que vous n'êtes au-dessus d'eux; ils peuvent être vis-à-vis de vous, ils ne peuvent être au-dessous. S'il en était autrement, vous vous étonneriez à plus juste titre que les rochers que porte la terre des antipodes ne tombent pas et n'enfoncent pas le ciel.

Curion. Quel est donc le centre naturel des corps pesants, et contrairement celui des corps légers?

Alphius. Tous les corps pesants sont entraînés par un mouvement naturel vers la terre, les corps légers vers le ciel. Je ne parle pas du mouvement violent ou animal.

Curion. Il y a donc un mouvement que l'on nomme animal?

Alphius. Oui.

Curion. Quel est-il?

Alphius. Il se produit suivant les quatre positions du corps : en avant, en arrière, à droite et à gauche et en rond; au commencement et à la fin il est plus rapide, au milieu il est plus lent, car en commençant la vigueur donne de l'entrain à l'animal, et vers la fin il est excité par l'espoir d'arriver au but.

Curion. Je ne sais pas ce que font les autres animaux, mais j'ai une servante qui est lasse avant d'avoir commencé sa besogne, et qui n'en peut plus avant de l'avoir finie. Mais revenez à votre leçon.

Alphius. Je disais donc que par un mouvement naturel les corps pesants tendent en bas. Plus un corps a de pesanteur, plus il est entraîné rapidement vers la terre; plus il est léger, plus il s'élève avec impétuosité vers le ciel. Le contraire a lieu dans le mouvement violent, qui, plus rapide en commençant, se ralentit peu à peu à l'inverse du mouvement naturel, témoin la flèche qu'on tire en l'air, et la pierre qui tombe d'en haut.

Curion. Je m'imaginais pourtant que les hommes vont et viennent sur le globe de la terre comme les plus petites fourmis courent sur une grosse boule; elles embrassent toute la circonférence, et pas une ne tombe.

Alphius. La cause en est dans la surface de la boule,

qui offre quelque inégalité; ensuite dans les pattes des fourmis, qui ont une certaine rugosité, comme presque tous les insectes; enfin dans la légèreté de ces petits corps. Si vous ne le croyez point, faites une boule de verre bien polie et unie : vous verrez que les seules fourmis qui seront au haut de la boule ne tomberont pas.

Curion. Si un dieu perçait le globe terrestre par le milieu, en y traçant une ligne perpendiculaire d'ici jusqu'aux antipodes, comme font les cosmographes, qui donnent la description de toute la terre sur des sphères de bois, et qu'ensuite on jetât une pierre dans le trou, où irait-elle?

Alphius. Jusqu'au centre de la terre; là s'arrêtent tous les corps pesants.

Curion. Et si du côté opposé les antipodes jetaient également une pierre?

Alphius. Cette pierre irait rejoindre l'autre vers le centre, où toutes les deux s'arrêteraient.

Curion. Mais s'il est vrai, comme vous le dites, que le mouvement naturel s'accroît de plus en plus par la vitesse si rien ne l'arrête, la pierre ou le plomb jeté dans le trou dépassera le centre par la force du mouvement, et, le centre une fois dépassé, le mouvement redeviendra violent.

Alphius. Le plomb n'arriverait jamais au centre, à moins d'être fondu; mais si la pierre dépassait le centre par la force du mouvement, elle se ralentirait bientôt et reviendrait au centre, comme la pierre qu'on lance violemment en l'air revient vers la terre.

Curion. Mais après avoir rétrogradé en vertu d'un

mouvement naturel, la pierre, par un mouvement violent, franchirait de nouveau le centre, de sorte qu'elle ne se reposerait jamais.

Alphius. Elle finirait par se reposer dans ces allées et venues quand elle aurait trouvé son équilibre.

Curion. Mais s'il n'y a point de vide dans la nature, ce trou devra être rempli d'air.

Alphius. Oui.

Curion. Un corps pesant sera donc suspendu dans l'air?

Alphius. Pourquoi pas? comme le fer est suspendu en l'air quand l'aimant le tient en équilibre. Quoi d'étonnant qu'une seule pierre soit suspendue au milieu de l'air, lorsque la terre tout entière, chargée de tant de rochers, est suspendue de la même façon?

Curion. Mais où est le centre de la terre?

Alphius. Où est le centre du cercle?

Curion. Il forme un point indivisible. Si le centre de la terre est aussi petit, celui qui percera le milieu de la terre fera disparaître le centre, et les corps pesants ne sauront où aller.

Alphius. En vérité, vous tombez dans l'enfantillage.

Curion. De grâce, ne vous fâchez pas : c'est le désir d'apprendre qui me fait parler. Si on perçait le globe de la terre, non par le centre même, mais par côté, je suppose à cent stades du centre, où irait la pierre jetée?

Alphius. Elle n'irait pas tout droit à travers le trou, que dis-je? elle irait tout droit, mais vers le centre : aussi, avant d'arriver au milieu, elle s'arrêterait dans la terre qui est à gauche, si le centre est à gauche.

Curion. Mais qui est-ce qui rend un corps pesant ou léger?

Alphius. Que Dieu vous réponde à cela pourquoi il a fait le feu le plus léger des éléments, et en second lieu l'air; la terre le plus lourd, et en second lieu l'eau.

Curion. Pourquoi les nuages pluvieux sont-ils donc suspendus au haut des airs?

Alphius. Parce que attirés par le soleil ils participent de la nature du feu, comme la fumée qui, sous une forte chaleur, se dégage du bois humide.

Curion. Pourquoi tombent-ils donc avec tant de pesanteur que parfois ils réduisent les montagnes en plaine?

Alphius. La concrétion et la densité donnent de la pesanteur; du reste, ces nuages peuvent paraître soutenus par l'air qui est au-dessous comme une mince plaque de fer est soutenue à la surface de l'eau.

Curion. Vous pensez donc que plus une chose tient de la nature du feu, plus elle est légère, et que plus elle participe de la nature de la terre, plus elle est lourde.

Alphius. Vous ne vous écartez pas trop de la vérité.

Curion. Cependant tout air n'est point également léger, et toute terre n'est point également lourde; on doit peut-être en dire autant de l'eau.

Alphius. Naturellement, attendu que les éléments dont vous parlez ne sont pas purs, mais composés de divers éléments. C'est pourquoi il est probable que la terre la plus légère est celle qui contient le plus de feu ou d'air, et que l'eau la plus pesante est celle qui contient le plus de terre lourde, comme par exemple l'eau de mer et celle d'où on tire le sel. De même, l'air voisin de l'eau et de la terre est plus lourd ou du moins n'est pas aussi léger que celui qui est loin de la terre.

Curion. Lequel des deux, de la pierre ou du plomb, participe le plus de la nature de la terre?

Alphius. La pierre.

Curion. Et cependant le plomb est plus lourd que la pierre, proportion gardée.

Alphius. La densité en est la cause, car la pierre est moins serrée, et par cela même elle contient plus d'air que le plomb. De là vient que nous voyons une espèce de terre qui, jetée dans l'eau, ne va pas au fond, mais flotte à la surface; c'est pour la même raison que nous voyons des champs entiers surnager, soutenus qu'ils sont par les racines creuses des roseaux et autres plantes marécageuses unies entre elles.

Curion. C'est de là sans doute que vient aussi la légèreté de la pierre ponce.

Alphius. Parce qu'elle est pleine de trous, et que de plus elle a été diminuée par le feu, car on la tire des pays brûlants.

Curion. D'où vient la grande légèreté du liége?

Alphius. Je l'ai déjà dit, la cause en est dans le peu de densité.

Curion. Lequel est le plus lourd, du plomb ou de l'or?

Alphius. L'or, à ce que je crois.

Curion. Cependant l'or semble participer davantage de la nature du feu.

Alphius. Est-ce parce qu'il brille la nuit comme le feu, suivant l'expression de Pindare ?

Curion. Oui.

Alphius. Mais l'or a plus de densité.

Curion. A quoi le reconnaît-on ?

Alphius. Les orfèvres vous répondront que ni l'argent, ni le plomb, ni le cuivre, ni aucun autre métal, n'est plus malléable que l'or. Par la même raison, les philosophes ont remarqué qu'il n'y avait rien de plus liquide que le miel et l'huile, parce que, si quelqu'un s'en imprègne, le liquide s'étend considérablement et met beaucoup de temps à sécher.

Curion. Laquelle est la plus lourde, de l'huile ou de l'eau ?

Alphius. Si vous parlez de l'huile de lin, je crois que cette huile est la plus lourde.

Curion. Pourquoi l'huile surnage-t-elle donc au-dessus de l'eau ?

Alphius. Ce n'est point la légèreté qui en est cause, mais la nature ignée de l'huile, et aussi l'aversion pour l'eau qui est commune à tous les corps gras et à la plante dite *insubmersible*.

Curion. Pourquoi le fer rougi à blanc ne surnage-t-il donc pas ?

Alphius. Parce qu'il n'a point de chaleur naturelle, et il plonge dans l'eau d'autant plus vite que la force de la chaleur chasse le liquide qui lui fait obstacle : c'est ainsi qu'un coin de fer s'enfonce plus avant que la scie.

Curion. Lequel est le plus incommode, du fer chaud ou du fer froid ?

Alphius. Le fer chaud.

Curion. Il est donc plus lourd ?

Alphius. Oui, s'il est plus commode de porter à la main de la paille enflammée qu'un caillou froid.

Curion. Qui est-ce qui fait qu'un bois est plus lourd ou plus léger qu'un autre ?

Alphius. La densité et le peu de densité.

Curion. Cependant je connais quelqu'un de la maison du roi d'Angleterre qui nous a montré à table du bois de l'arbre qui produit l'aloès. Il était si dur qu'on l'aurait pris pour de la pierre, et si léger au maniement qu'on aurait dit un roseau ou quelque chose de plus léger qu'un roseau sec ; mis dans le vin (ce qui en faisait un contre-poison), il se précipitait au fond avec plus de rapidité que du plomb.

Alphius. Ce qui produit cela, ce n'est pas toujours la densité ni le peu de densité, mais une affinité particulière et secrète qui fait que certaines choses s'unissent ou s'évitent, témoin l'aimant qui attire le fer, la vigne qui fuit le chou, la flamme qui, même de loin, s'envole vers le naphte quelquefois placé dans un lieu inférieur, quoique le naphte soit naturellement lourd et la flamme légère.

Curion. Toute espèce de métal surnage dans le vif-argent ; l'or seul va au fond et s'y noie, quoique le vif-argent soit une matière très-liquide.

Alphius. Je ne puis vous alléguer pour réponse que l'affinité secrète de la nature, car le vif-argent est destiné à purger l'or.

Curion. Pourquoi le fleuve Aréthuse passe-t-il sous la mer de Sicile au lieu de surnager, puisque vous avez dit tout à l'heure que l'eau de mer était plus lourde que l'eau de fleuve ?

Alphius. Cela tient à un conflit naturel, mais caché.

Curion. Pourquoi les cygnes nagent-ils, tandis que les hommes qui entrent dans l'eau vont au fond ?

Alphius. Cela tient non-seulement à la concavité et à la légèreté de leurs plumes, mais encore à leur siccité qui est rebelle à l'eau. C'est pour cela que l'eau ou le vin que l'on répand sur du drap ou du linge très-sec se réunit en globules, tandis que sur du linge humide il s'étend instantanément. De même, si on verse une liqueur dans un verre sec ou dont les bords sont enduits de gras, et que l'on en verse un peu plus que le verre n'en contient, la liqueur forme un rond au milieu plutôt que de franchir les bords.

Curion. Pourquoi les bateaux supportent-ils une charge moindre sur les fleuves que sur la mer ?

Alphius. Parce que l'eau des fleuves est plus subtile. C'est par la même raison que les oiseaux se meuvent plus aisément dans l'air épais que dans l'air trop subtil.

Curion. Pourquoi les lamproies ne vont-elles pas au fond de l'eau ?

Alphius. Parce que leur peau, séchée par le soleil, devient plus légère et repousse l'humidité.

Curion. Pourquoi le fer en feuille surnage-t-il, tandis que le fer en barre va au fond de l'eau ?

Alphius. Cela tient en partie à la siccité, en partie à l'air qui se trouve entre l'eau et la feuille.

Curion. Lequel est le plus lourd, de l'eau ou du vin ?

Alphius. Je crois que le vin ne le cède point à l'eau.

Curion. Pourquoi donc ceux qui achètent du vin aux marchands de vin trouvent-ils de l'eau au lieu de vin au fond du tonneau ?

Alphius. Parce que le vin renferme une matière grasse qui, comme l'huile, fuit l'eau. En voici la preuve : plus un vin est généreux, moins il se mêle avec l'eau, et plus il brûle lorsqu'on y met le feu.

Curion. Pourquoi, dans le lac Asphaltite, ne se baigne-t-il aucun animal vivant ?

Alphius. Il ne m'appartient point d'éclaircir tous les phénomènes de la nature. Elle a des mystères qu'elle veut que nous admirions, mais qu'elle ne veut pas que nous connaissions.

Curion. Pourquoi un homme maigre est-il plus lourd qu'un homme obèse, en admettant que, pour le reste, ils soient égaux ?

Alphius. Parce que les os sont plus denses que la chair et par conséquent plus lourds.

Curion. Pourquoi le même individu est-il plus lourd à jeun qu'après avoir mangé, bien que son corps soit plus chargé ?

Alphius. Le manger et le boire développent les esprits, et ceux-ci communiquent au corps de la légèreté : de là vient que l'homme gai est plus léger que celui qui est chagrin, et que le mort est beaucoup plus lourd que le vivant.

Curion. Mais comment se fait-il que le même individu se rende, à volonté, plus lourd ou plus léger ?

Alphius. Il se rend plus léger par le contentement d'esprit, plus lourd par l'abattement. C'est ainsi qu'une vessie gonflée et fermée surnage; percée, elle va au fond de l'eau. Mais quand est-ce que Curion cessera de me chanter pourquoi?

Curion. Je cesserai quand vous m'aurez résolu encore quelques questions. Le ciel est-il lourd ou léger?

Alphius. Je ne sais pas s'il est léger; du moins, il ne peut être lourd, puisqu'il participe de la nature du feu.

Curion. Que signifie donc ce vieux dicton : *Si le ciel s'écroulait?*

Alphius. C'est que l'antiquité ignorante a cru, sur la parole d'Homère, que le ciel était de fer. Mais Homère s'est servi de cette expression pour indiquer la couleur et non le poids, de même que nous appelons cendré ce qui a la couleur de la cendre.

Curion. Le ciel est donc coloré?

Alphius. Il ne l'est pas en réalité, mais il nous semble tel à cause de l'air et de l'atmosphère, ainsi que le soleil nous paraît tantôt rouge, tantôt jaune, tantôt blanc, quoiqu'il ne subisse aucune modification de ce genre. De même les couleurs de l'iris ne sont pas dans le ciel, mais dans l'air humide.

Curion. Mais, pour finir, reconnaissez-vous qu'il n'y a rien de plus élevé que le ciel, en quelque endroit qu'il couvre le globe terrestre?

Alphius. Oui.

Curion. Et qu'il n'y a rien de plus profond que le centre de la terre?

Alphius. Oui.

Curion. De tous les éléments, quel est le plus lourd?

Alphius. L'or, probablement.

Curion. En cela, je suis loin de partager votre avis.

Alphius. Connaîtriez-vous quelque chose de plus lourd que l'or ?

Curion. Oui, et de bien plus lourd.

Alphius. Instruisez-moi donc à votre tour, puisque vous savez ce que je confesse ne point savoir ?

Curion. Ce qui du sommet le plus élevé des cieux a précipité ces esprits de feu au fin fond du Tartare, que l'on place au centre de la terre, n'est-ce pas ce qu'il y a de plus lourd ?

Alphius. Oui, mais qu'est-ce donc ?

Curion. Le péché, qui plonge aussi au même endroit les âmes des hommes que Virgile nomme *des feux de la pure lumière*[1].

Alphius. Si vous voulez en venir à ce genre de philosophie, j'avoue que l'or et le plomb ont la légèreté d'une plume si on les compare au péché.

Curion. Comment se peut-il donc que ceux qui sont chargés d'un pareil fardeau s'envolent au ciel ?

Alphius. Assurément, je ne le comprends pas.

Curion. Ceux qui se préparent à la course ou au saut ne se débarrassent pas seulement de tout ce qui les charge, mais encore ils se rendent plus légers par le contentement d'esprit ; et nous, pour la course et le saut qui nous conduiront au ciel, nous ne cherchons point à nous débarrasser de ce qui est plus pesant que toutes les pierres et que tout le plomb du monde.

Alphius. Nous le ferions si nous avions un seul grain de bon sens.

---

1. *Énéide*, VI, 747.

L'ÉPICURIEN

HÉDONE, SPUDÉE.

Hédone. Que chasse mon ami Spudée, ainsi tout penché sur un livre et marmottant je ne sais quoi ?

Spudée. En effet je chasse, Hédone; mais je ne fais absolument que chasser.

Hédone. Quel est ce volume que vous avez dans les mains ?

Spudée. Les dialogues de Cicéron sur la *fin du bonheur*.

Hédone. Il vaudrait bien mieux chercher le commencement du bonheur que la fin.

Spudée. Mais Marcus Tullius appelle la fin du bonheur un bonheur parfait qui, une fois atteint, ne laisse plus rien à désirer.

Hédone. Cet ouvrage est des plus savants et des plus éloquents ; mais croyez-vous en avoir retiré quelque avantage en ce qui concerne la connaissance de la vérité ?

Spudée. Le seul fruit que je crois en avoir retiré, c'est que maintenant je suis encore plus incertain qu'auparavant sur la *fin*.

Hédone. C'est aux cultivateurs à disputer sur des confins [1].

Spudée. Je ne puis m'expliquer comment, sur un point si important, parmi de si grands hommes, il règne un tel conflit d'opinions.

Hédone. C'est que l'erreur est féconde, tandis que la vérité est une. Comme ils ignorent le principe fondamental de la question, ils conjecturent et s'écartent tous du vrai. Mais quelle est l'opinion qui vous semble se rapprocher le plus de la vérité ?

Spudée. Quand j'entends Cicéron les attaquer, toutes me déplaisent ; mais quand je l'entends les défendre, je deviens tout à fait *sceptique*. Toutefois les stoïciens me semblent s'écarter le moins de la vérité ; après eux, selon moi, viennent les péripatéticiens.

Hédone. Pour moi, nulle secte ne me plaît autant que celle des épicuriens.

Spudée. Pourtant, de toutes les sectes, il n'y en a pas une qui soit plus unanimement condamnée.

---

[1]. Jeu de mots sur *ambigere de finibus*, qui a les deux sens qu'on vient de lire.

Hédone. Laissons de côté l'odieux des noms ; qu'Épicure ait été tel qu'on veut qu'il soit ; considérons la chose en elle-même. Il met le bonheur de l'homme dans la volupté, et il estime la plus heureuse la vie qui a le plus de plaisir et le moins de tristesse.

Spudée. Oui.

Hédone. Que pouvait-on dire de plus saint que cette sentence ?

Spudée. Au contraire, tout le monde s'écrie que c'est la parole d'une brute, et non d'un homme.

Hédone. Je sais, mais on se trompe dans le nom des choses. Si nous parlons suivant la vérité, les plus grands épicuriens sont les chrétiens qui vivent pieusement.

Spudée. Ils ressemblent bien plus aux cyniques, car ils se macèrent par le jeûne, et ils pleurent leurs fautes : ou ils sont pauvres, ou leur générosité envers les indigents les appauvrit ; ils sont opprimés par les puissants, et deviennent un objet de moquerie pour le plus grand nombre. Si le plaisir procure le bonheur, ce genre de vie paraît être à cent lieues des voluptés.

Hédone. Admettez-vous l'autorité de Plaute ?

Spudée. S'il dit vrai.

Hédone. Écoutez donc le mot d'un esclave très-vicieux, mot plus sage que tous les paradoxes des stoïciens.

Spudée. Voyons.

Hédone. Il n'y a rien de plus malheureux qu'une mauvaise conscience [1].

---

1. Plaute, le *Revenant*, acte III, sc. 1, v. 13.

Spudée. Je ne rejette pas le mot, mais qu'en concluez-vous ?

Hédone. S'il n'y a rien de plus malheureux qu'une mauvaise conscience, il s'ensuit qu'il n'y a rien de plus heureux qu'une bonne conscience.

Spudée. Votre conclusion est juste, mais enfin dans quel pays trouverez-vous cette conscience complétement étrangère au mal ?

Hédone. J'appelle mal ce qui rompt l'amitié entre Dieu et l'homme.

Spudée. Et je crois qu'il y a bien peu de gens purs de cette espèce de mal.

Hédone. Pour moi, je considère comme purs ceux qui sont purifiés. Ceux qui ont nettoyé leurs taches par la lessive des larmes, par le nitre de la pénitence ou par le feu de la charité, non-seulement les péchés ne leur nuisent pas, mais souvent même ils sont pour eux la cause d'un grand bien.

Spudée. Je connais le nitre et la lessive ; je n'ai jamais entendu dire que le feu nettoyât les taches.

Hédone. Cependant, si vous allez dans les ateliers d'orfévrerie, vous verrez que l'or est purifié par le feu. D'ailleurs, il y a une sorte de lin qui, jeté dans le feu, ne brûle pas, mais acquiert plus d'éclat que s'il était blanchi dans l'eau : aussi l'appelle-t-on *vif*.

Spudée. Certes, voilà un paradoxe *plus paradoxal* que tous les paradoxes des stoïciens. Vivent-ils d'une façon voluptueuse, ceux que le Christ a appelés bienheureux parce qu'ils pleurent ?

Hédone. Aux yeux du monde ils semblent pleurer, mais en réalité ils goûtent d'ineffables délices, et, comme l'on dit, tout enduits de miel, ils vivent si agréablement que, comparés à eux, Sardanapale, Philoxène [1], Apicius et tout autre voluptueux célèbre, ont mené une vie triste et misérable.

Spudée. Ce que vous dites là est extraordinaire et incroyable.

Hédone. Faites-en l'expérience, et vous avouerez cent fois que tout ce que je dis est vrai. Néanmoins, je crois pouvoir vous démontrer que cette assertion n'est point contraire à la vérité.

Spudée. Préparez-vous.

Hédone. Je le ferai, si auparavant vous m'accordez certaines choses.

Spudée. Pourvu que vos demandes soient justes.

Hédone. Je payerai les intérêts si vous fournissez le capital.

Spudée. Voyons.

Hédone. Premièrement, vous m'accorderez sans doute qu'il y a de la différence entre l'âme et le corps.

Spudée. Autant qu'entre le ciel et la terre, entre l'immortel et le mortel.

Hédone. Ensuite, que les faux biens ne doivent pas être considérés comme des biens.

Spudée. Pas plus que l'ombre ne doit être prise pour le corps, et que les prestiges de la magie ou les illusions des songes ne doivent être tenus pour des vérités.

Hédone. Jusque-là vous répondez bien. Vous m'ac-

---

1. Fameux gourmand qui, suivant Plutarque, avait coutume de se moucher dans les plats pour écarter ses rivaux.

corderez sans doute encore ceci, qu'il n'y a de vrai plaisir que pour un esprit sain.

Spudée. Pourquoi non ? On ne jouit pas du soleil si les yeux sont enflammés, ni du vin si la fièvre gâte le palais.

Hédone. Et Épicure lui-même, si je ne me trompe, ne voudrait pas d'un plaisir qui serait suivi d'un tourment bien plus grand et d'une plus longue durée.

Spudée. Je ne pense pas qu'on agisse autrement pour peu qu'on ait le sens commun.

Hédone. Vous ne nierez pas non plus que Dieu est le souverain bien, et qu'il n'y a rien de plus beau, de plus aimable et de plus doux que lui.

Spudée. Pour nier cela, il faudrait être plus inhumain que les Cyclopes. Après ?

Hédone. Vous venez de m'accorder que nul ne vit plus agréablement que celui qui vit pieusement, et que nul ne mène une vie plus misérable et plus triste que celui qui vit d'une façon impie.

Spudée. Je vous ai donc accordé plus que je ne pensais.

Hédone. On ne doit pas redemander, comme dit Platon, ce qui a été donné légitimement.

Spudée. Soit !

Hédone. La petite chienne qui est idolâtrée, qui mange les meilleurs morceaux, qui est couchée mollement, qui ne fait que jouer et folâtrer, ne vit-elle pas agréablement ?

Spudée. Oui.

Hédone. Souhaiteriez-vous une pareille vie ?

Spudée. Y songez-vous ? à moins que je ne voulusse être au lieu d'un homme un chien.

Hédone. Vous avouez donc que les plus grands plaisirs viennent de l'âme comme de leur source.

Spudée. C'est évident.

Hédone. La puissance de l'âme est si grande que souvent elle ôte le sentiment de la douleur physique; quelquefois elle rend agréable ce qui par soi-même est amer.

Spudée. Nous voyons cela tous les jours dans les amants, pour qui il est doux de veiller et de faire sentinelle pendant les nuits d'hiver à la porte de leur maîtresse.

Hédone. Songez maintenant, si l'amour humain, qui nous est commun avec les taureaux et les chiens, a tant d'empire, combien est plus puissant cet amour céleste, émané de l'esprit du Christ, qui a tant de force qu'il rend aimable la mort même, la chose la plus terrible de toutes.

Spudée. Je ne sais pas ce que les autres éprouvent intérieurement; il est certain que ceux qui s'adonnent à la vraie piété sont privés de bien des plaisirs.

Hédone. Lesquels ?

Spudée. Ils ne s'enrichissent pas, ils ne parviennent pas aux honneurs, ils ne font point bonne chère, ils ne dansent pas, ils ne chantent pas, ils ne sentent pas les parfums, ils ne rient pas, ils ne s'amusent pas.

Hédone. Il ne fallait pas faire mention ici des richesses et des honneurs, qui ne procurent point une vie agréable, mais plutôt inquiète et agitée; parlons du reste, qui préoccupe surtout ceux qui ont à cœur de vivre agréablement. Ne voyez-vous pas journellement des ivrognes, des fous et des extravagants rire et danser?

Spudée. Oui.

Hédone. Est-ce que vous croyez qu'ils vivent agréablement?

Spudée. Puisse un pareil bonheur échoir à nos ennemis!

Hédone. Pourquoi cela?

Spudée. Parce qu'ils n'ont pas l'esprit sain.

Hédone. Vous aimeriez donc mieux vous pencher sur un livre à jeun que de vous réjouir de cette façon?

Spudée. A coup sûr, j'aimerais mieux bêcher la terre.

Hédone. En effet, toute la différence qui existe entre le fou et l'ivrogne, c'est que le sommeil guérit la folie de l'un, et que le secours de la médecine soulage difficilement l'autre. Le fou ne diffère de la brute que par la forme du corps, mais les êtres que la nature a faits brutes sont moins à plaindre que ceux qui se sont abrutis par leurs passions bestiales.

Spudée. J'en conviens.

Hédone. Vous paraissent-ils raisonnables et sensés ceux qui, pour des fantômes et des ombres de voluptés, négligent les vrais plaisirs de l'âme et s'attirent de vrais tourments?

Spudée. Du tout.

Hédone. Ce n'est pas le vin qui les enivre, mais l'amour, la colère, l'avarice, l'ambition et autres mauvaises passions. Cette ivresse est bien plus dangereuse que celle du vin. Le Syrus[1] de la comédie, quand il a

---

[1]. Personnage des *Adelphes*, de Térence.

cuvé son petit vin, parle sensément ; mais l'âme enivrée par une passion coupable revient à elle-même bien difficilement. Durant combien d'années le cœur est tyrannisé par l'amour, la colère, la haine, la débauche, la mollesse et l'ambition ! Combien de gens voyons-nous, depuis leur jeunesse jusqu'à l'âge le plus avancé, ne jamais se réveiller ni se remettre de l'ivresse de l'ambition, de l'avarice, de la débauche et de la mollesse !

Spudée. J'en connais beaucoup trop de cette trempe-là.

Hédone. Vous m'avez accordé que les faux biens ne devaient pas être considérés comme des biens.

Spudée. Je ne me rétracte pas.

Hédone. Et il n'y a de vrai plaisir que celui qui naît des vrais biens.

Spudée. D'accord.

Hédone. Ce ne sont donc pas les vrais biens que le commun des hommes poursuit par tous les moyens possibles ?

Spudée. Je ne pense pas.

Hédone. Si c'étaient les vrais biens, ils n'échoiraient qu'aux bons et rendraient heureux ceux dont ils seraient le partage. Or, qu'est-ce que le plaisir ? Vous semble-t-il vrai celui qui résulte non des vrais biens, mais des fausses apparences des biens ?

Spudée. Nullement.

Hédone. Cependant le plaisir fait que l'on vit agréablement.

Spudée. Oui.

Hédone. La vie n'est donc véritablement agréable

que pour celui qui vit pieusement, c'est-à-dire qui jouit des vrais biens. Or la piété seule rend l'homme heureux, car elle seule lui concilie Dieu, la source du souverain bonheur.

Spudée. Je suis presque de votre avis.

Hédone. Maintenant, voyez à combien de parasanges [1] sont du plaisir ceux qui passent généralement pour n'aimer que les plaisirs. Premièrement, leur âme est impure et corrompue par le ferment des passions, en sorte que toute la douceur qui s'y glisse se change aussitôt en amertume, de même que quand la source est corrompue, l'eau ne peut pas ne pas être fade. Ensuite, il n'y a de vrai plaisir que celui qui est goûté par un esprit sain. Pour l'homme en colère il n'est rien de plus agréable que la vengeance ; mais ce plaisir se change en douleur dès que la maladie a quitté l'âme.

Spudée. Je ne conteste pas.

Hédone. Enfin ces plaisirs dérivent des faux biens, d'où il s'ensuit que ce sont des illusions. Que diriez-vous si vous voyiez quelqu'un, trompé par la magie, manger, boire, danser, rire, applaudir, sans que rien de ce qu'il croit voir n'existe réellement ?

Spudée. Je dirais que c'est un insensé et un malheureux.

Hédone. J'ai assisté moi-même quelquefois à un pareil spectacle. Il y avait un prêtre qui connaissait à fond l'art de la magie.

Spudée. Il ne l'avait pas appris dans les livres sacrés.

---

[1] Mesure itinéraire chez les anciens Perses.

Hédone. Non, dans les livres les plus exécrables. Quelques femmes de la cour l'avaient souvent prié de leur donner à dîner, lui reprochant sa lésine et sa parcimonie; il consentit et les invita. Elles vinrent à jeun afin de manger de meilleur appétit. Elles se mirent à table; en fait d'apprêts magnifiques, rien ne paraissait manquer; elles se rassasièrent abondamment. Le repas terminé, elles remercièrent le maître de maison et se retirèrent chacune chez soi. Mais bientôt leur estomac se mit à crier; elles se demandèrent par quel prodige, au sortir d'un dîner si splendide, elles avaient faim et soif. La chose finit par se savoir et se tourna en risée.

Spudée. Et avec raison. Il aurait mieux valu calmer son estomac chez soi avec des lentilles que de se régaler de vaines visions.

Hédone. Eh bien, je trouve cent fois plus ridicule que le commun des hommes s'attache, au lieu des vrais biens, aux fausses apparences des biens, et se plaise à des illusions qui ne se tournent point en risée, mais en larmes éternelles.

Spudée. Plus j'y regarde de près, moins votre langage me paraît dénué de bon sens.

Hédone. A présent, accordons un instant le nom de plaisir à des choses qui en réalité ne le méritent pas. Appelleriez-vous un vin doux celui qui contiendrait beaucoup plus d'aloès que de miel?

Spudée. Non, pas même s'il ne contenait que quatre onces d'aloès.

Hédone. Ou bien souhaiteriez-vous d'avoir la gale, parce qu'on éprouve à se gratter un certain plaisir?

Spudée. Non, si j'étais dans mon bon sens.

Hédone. Essayez donc maintenant de calculer en vous-même combien d'amertume se mêle à ces plaisirs d'un faux nom que causent l'amour impudique, la débauche, la gourmandise et l'ivrognerie. Je ne parle pas de ce qui est le plus important de tout, des remords de conscience, de l'inimitié avec Dieu, de l'attente du supplice éternel. Est-il un seul de ces plaisirs, dites-moi, qui n'entraîne avec soi un long cortége de maux étrangers ?

Spudée. Lesquels ?

Hédone. Laissons encore de côté l'avarice, l'ambition, la colère, l'orgueil, l'envie, qui sont des maux tristes de leur nature ; confrontons ceux qui se recommandent par la jouissance. Quand à de trop grandes libations succèdent la fièvre, le mal de tête, les coliques de ventre, l'obscurcissement de l'intelligence, le déshonneur, la perte de la mémoire, les vomissements, la ruine de l'estomac, le tremblement du corps, Épicure lui-même trouverait-il que ce plaisir fût très-désirable ?

Spudée. Il dirait qu'il faut le fuir.

Hédone. Quand les jeunes gens, en fréquentant les femmes de mauvaise vie, attrapent, comme c'est l'habitude, cette nouvelle lèpre que quelques-uns, *par euphémisme*, appellent le *mal napolitain*, qui les fera mourir tant de fois pendant leur vie et qui les changera à tout jamais en un cadavre vivant, ne vous semblent-ils pas joliment *vivre en épicuriens ?*

Spudée. Courir aux chirurgiens.

Hédone. Supposons maintenant qu'il y ait équilibre entre la jouissance et la douleur, voudriez-vous souffrir du mal de dents aussi longtemps qu'a duré le plaisir de la boisson ou du libertinage?

Spudée. Franchement, j'aimerais mieux me passer de l'un et de l'autre, car acheter le plaisir par la douleur, ce n'est point un gain, mais une compensation; en cela, ce qui est préférable, c'est l'*analgésie*, que Cicéron a osé appeler l'*insensibilité*.

Hédone. Or la jouissance du plaisir défendu, outre qu'elle est bien moindre que la souffrance qu'elle amène, ne dure qu'un instant, tandis que la lèpre contractée cause d'horribles tourments pendant toute la vie, et force à mourir cent fois avant qu'il soit permis de rendre l'âme.

Spudée. Épicure ne reconnaîtrait point de tels disciples.

Hédone. La sensualité a ordinairement pour compagne l'indigence, triste et lourd fardeau; la débauche entraîne à sa suite la paralysie, le tremblement des nerfs, la lippitude, la cécité, la lèpre, que sais-je encore? N'est-ce pas un beau marché que de troquer un plaisir ni vrai ni pur, et, de plus, de courte durée, contre tant de maux si cruels et si longs?

Spudée. Quoique la souffrance ne s'y mêle pas, je jugerais le plus insensé des hommes le marchand qui échangerait des pierres précieuses contre du verre.

Hédone. Vous en dites autant de celui qui perdrait les vrais biens de l'âme pour les faux plaisirs du corps.

Spudée. Oui.

Hédone. Revenons maintenant à un calcul plus exact. La fièvre ou l'indigence n'accompagnent pas toujours la sensualité, et la nouvelle lèpre ou la paralysie n'accompagnent pas toujours l'abus de l'acte vénérien ; mais le remords de la conscience, qui, nous venons d'en convenir, est ce qu'il y a de plus triste, suit toujours le plaisir défendu.

Spudée. Quelquefois même il le précède, et il aiguillonne l'âme au sein du plaisir. Il y a pourtant des gens que l'on dirait privés de ce sentiment.

Hédone. Ils n'en sont que plus malheureux, car qui n'aimerait mieux sentir la douleur que d'avoir un corps stupide et privé de sentiment? J'admets que la fougue des passions, comme une sorte d'ivresse, ou que l'habitude du vice, comme une certaine callosité, ôte à quelques personnes pendant leur jeunesse le sentiment du mal; quand elles arrivent à la vieillesse, et que, outre mille incommodités dont les fautes de leur vie passée ont gardé le trésor, la mort, que nul ne peut éviter, les épouvante de près, la conscience les tourmente d'autant plus cruellement qu'elle s'est tue davantage pendant toute leur vie, et alors, bon gré, mal gré, leur âme se réveille. La vieillesse, qui par elle-même est triste à cause des infirmités naturelles auxquelles elle est exposée, n'est-elle pas plus misérable et même plus laide s'il s'y joint l'aiguillon du remords? Les repas, les parties de table, les amours, les danses, les chansons, tout ce qui paraissait agréable au jeune homme, déplaît au vieillard. Cet âge n'a d'autre soutien que le souvenir d'une vie irréprochable et l'espérance d'une vie meilleure; ce sont là les deux bâtons sur lesquels s'appuie la vieillesse. Si vous les retirez et qu'à leur place vous mettiez, comme un double fardeau, le souvenir d'une vie coupable et le désespoir du bonheur futur, je le demande, quel animal peut-on imaginer de plus affligé et de plus malheureux ?

Spudée. En vérité, je n'en vois pas, lors même qu'on m'objecterait *la vieillesse du cheval*.

Hédone. On peut dire alors : *Les Phrygiens ont de la raison trop tard* [1], et on reconnaît la vérité de ces sentences : *La tristesse succède à la joie* [2]; — *Il n'y a point de plaisir égal à la joie du cœur* [3]; — *La joie de l'esprit rend les corps pleins de vigueur; la tristesse du cœur dessèche les os* [4]; — *Tous les jours du pauvre sont mauvais* (c'est-à-dire tristes et malheureux); *l'âme tranquille est comme un festin continuel* [5].

Spudée. On fait donc bien de s'y prendre de bonne heure et d'amasser un viatique pour la vieillesse à venir.

Hédone. L'Écriture mystique n'est point assez rampante pour mesurer le bonheur de l'homme par les biens de la fortune; le vrai pauvre est celui qui est dénué de toute vertu et qui doit à la fois son âme et son corps à Pluton.

Spudée. Celui-là est un exacteur implacable.

Hédone. Le vrai riche est celui à qui Dieu est propice. Que peut-on craindre avec un tel protecteur? Les hommes? la puissance de tous les hommes peut moins contre Dieu qu'un moucheron contre l'éléphant de l'Inde. La mort? elle est pour les âmes pieuses le pas-

---

[1]. Proverbe tiré d'une tragédie de Livius Andronicus et cité par Cicéron. En effet, ce n'est qu'après dix années de siége que les Troyens commencèrent à délibérer s'ils rendraient Hélène.

[2]. Proverbes de Salomon, XIV, 13.

[3]. Ecclésiastique, XXV, 16.

[4]. Proverbes de Salomon, XVII, 22.

[5]. *Ibid.*, XV, 15.

sage à la béatitude éternelle. L'enfer? mais l'homme pieux dit avec confiance à Dieu : *Quand même je marcherais au milieu de l'ombre de la nuit, je ne craindrai aucun mal parce que vous êtes avec moi*[1]. Pourquoi craindre les démons quand on porte dans son cœur celui qui fait trembler les démons? Car l'Écriture, vraiment *irréfragable*, affirme en plus d'un endroit que l'âme de l'homme pieux est le temple de Dieu.

Spudée. En vérité, je ne vois pas par quelles raisons on pourrait réfuter ces idées, bien qu'elles semblent s'écarter beaucoup du sens commun.

Hédone. Comment cela?

Spudée. Parce que, d'après votre raisonnement, un franciscain mènerait une vie plus voluptueuse qu'un autre qui abonderait en richesses, en honneurs, bref en jouissances de tout genre.

Hédone. Ajoutez, si vous voulez, le sceptre d'un monarque, ajoutez la couronne pontificale, et, de triple qu'elle est, centuplez-la, si vous ôtez le témoignage d'une bonne conscience, je dirai hardiment que ce franciscain, pieds nus, ceint d'un corde à nœuds, vêtu pauvrement et grossièrement, usé par le jeûne, les veilles et les fatigues, qui ne porte pas un liard sur lui, s'il a une conscience pure, vit plus délicieusement que mille Sardanapales réunis en un seul homme.

Spudée. D'où vient donc que nous voyons les pauvres ordinairement plus tristes que les riches?

Hédone. Parce que la plupart sont doublement pauvres. Il est vrai que la maladie, la privation de

---

[1]. Psaume XXIII, 4.

nourriture, les veilles, les fatigues, la nudité, affaiblissent le corps; néanmoins la gaieté de l'âme éclate non-seulement à travers ces maux, mais même au sein de la mort. Car, bien que l'âme soit attachée à un corps mortel, comme elle est d'une nature plus puissante, elle transforme en quelque sorte le corps en elle, surtout si, au vif enthousiasme de sa nature, se joint l'*énergie* de l'esprit. C'est pour cela que l'on voit souvent des hommes vraiment pieux éprouver plus de joie en mourant que d'autres en étant à table.

Spudée. Oui, je l'ai remarqué plus d'une fois avec étonnement.

Hédone. Il n'est pourtant pas étonnant qu'il y ait une joie invincible là où se trouve Dieu, la source de toute joie. Qu'y a-t-il donc d'extraordinaire que l'âme de l'homme vraiment pieux se réjouisse continuellement dans un corps mortel, puisque, si on la plongeait au fond de l'enfer, elle ne perdrait rien de sa félicité? Là où est l'âme pure est Dieu; là où est Dieu est le paradis; là où est le ciel est la félicité; là où est la félicité est la vraie joie et la franche gaieté.

Spudée. Toutefois ils vivraient plus agréablement s'ils échappaient à certains inconvénients et s'ils goûtaient des amusements qu'ils négligent ou qui leur sont refusés.

Hédone. Quels inconvénients voulez-vous dire? Sont-ce ceux qui, par une loi commune, sont attachés à la condition humaine, tels que la faim, la soif, la maladie, la fatigue, la vieillesse, la mort, la foudre, les tremblements de terre, les inondations, les guerres?

Spudée. J'entends aussi ceux-là.

Hédone. Mais nous parlons des mortels et non des immortels. Et cependant, même au milieu de ces maux, la condition des gens pieux est beaucoup plus supportable que celle de ceux qui recherchent les plaisirs du corps par tous les moyens possibles.

Spudée. Comment cela ?

Hédone. Premièrement, comme ils sont exercés à la patience et à la résignation, ils supportent mieux que les autres ce que l'on ne peut éviter ; ensuite, comme ils savent que toutes ces choses sont envoyées par Dieu pour expier les péchés ou pour exercer la vertu, ils les reçoivent non-seulement avec résignation, mais encore avec joie, comme des fils obéissants, de la main d'un père bienveillant, et, de plus, ils le remercient soit pour une correction clémente, soit pour un inestimable profit.

Spudée. Mais plusieurs attirent sur eux les souffrances physiques.

Hédone. Mais beaucoup de gens emploient les remèdes des médecins pour conserver ou recouvrer la santé du corps. D'ailleurs, attirer sur soi les souffrances, telles que l'indigence, la mauvaise santé, la persécution, l'infamie, sans que la charité chrétienne nous y pousse, ce n'est point de la piété, mais de la folie. Quant à ceux qui sont frappés pour le Christ et pour la justice, qui oserait les appeler malheureux, puisque le Seigneur lui-même les qualifie de bienheureux et ordonne que l'on se réjouisse à cause d'eux.

Spudée. Toutefois ces choses-là ne laissent pas de produire une impression douloureuse.

Hédone. Oui, mais que dissipent aisément d'un côté

la crainte de l'enfer, de l'autre l'espoir de la béatitude éternelle. Dites-moi, si vous étiez persuadé de n'être jamais malade et de n'éprouver aucune infirmité pendant toute votre vie, à la condition de permettre qu'on vous piquât une seule fois la surface de la peau avec la pointe d'une épingle, n'endureriez-vous pas volontiers et avec joie une si petite douleur?

Spudée. Si fait. Bien plus, si j'étais sûr de ne jamais souffrir pendant ma vie du mal de dents, je permettrais de bon cœur qu'on enfonçât l'épingle plus avant, et même qu'on me perçât les deux oreilles avec une alène.

Hédone. Pourtant toutes les afflictions qui surviennent dans cette vie sont plus légères et plus courtes en comparaison des tourments éternels que ne l'est la piqûre momentanée d'une aiguille en comparaison de la vie de l'homme, si longue qu'elle soit, car il n'y a aucune analogie entre le fini et l'infini.

Spudée. Vous avez parfaitement raison.

Hédone. Maintenant, si quelqu'un vous garantissait que vous seriez exempt de toute incommodité pendant toute votre vie, à la condition de diviser une seule fois la flamme avec la main, contre la défense de Pythagore, ne le feriez-vous pas volontiers?

Spudée. Je le ferais même cent fois, pourvu que le prometteur ne me trompe point.

Hédone. Dieu ne saurait tromper. Eh bien, cette sensation de la flamme, comparée à toute la vie de l'homme, est plus longue que toute cette vie comparée à la béatitude céleste, quand même elle excéderait l'existence de trois Nestors. Car ce mouvement de la main, si court qu'il soit, représente quelque portion de cette vie, tandis que la vie entière de l'homme ne représente aucune portion de l'éternité.

Spudée. Je n'ai rien à objecter.

Hédone. Pour ceux qui courent vers l'éternité de toute leur âme et avec foi, puisque le passage est si court, croyez-vous donc qu'ils soient tourmentés par les chagrins de la vie?

Spudée. Non, pourvu qu'ils aient la conviction profonde et le ferme espoir d'y arriver.

Hédone. Je passe maintenant aux amusements que vous leur reprochiez de négliger. Ils s'abstiennent des danses, des festins, des spectacles; ils ne méprisent ces plaisirs que pour en goûter d'autres bien plus agréables; ils ne se divertissent pas moins, mais autrement. *L'œil n'a point vu, l'oreille n'a point entendu et le cœur de l'homme n'a jamais conçu ce que Dieu a préparé pour ceux qui l'aiment*[1]. Le bienheureux Paul a connu quels sont les chants, les danses, les transports de joie, les festins des âmes pieuses, même dans cette vie.

Spudée. Mais il y a des plaisirs permis que les gens pieux s'interdisent.

Hédone. L'usage immodéré des plaisirs même permis est illicite; à cela près, ceux qui paraissent mener une vie dure l'emportent pour tout le reste. Quel spectacle peut-on voir de plus magnifique que la contemplation de ce monde? Elle procure infiniment plus de plaisir aux hommes chers à Dieu qu'aux autres. Ces derniers, en contemplant d'un œil curieux cet admirable ou-

---

1. Saint Paul. Première épître aux Corinthiens, ch. II, v. 9.

vrage, ont l'esprit inquiet parce qu'il y a une foule de choses dont ils ne comprennent pas la cause. Dans certains cas, à l'exemple de Momus[1], ils murmurent contre l'ouvrier et traitent souvent la nature de marâtre au lieu de mère. Ce reproche en paroles seulement atteint la nature, mais en réalité il rejaillit sur celui qui a créé la nature, si tant est qu'il existe une nature. Mais l'homme pieux considère d'un œil religieux et simple, avec un grand plaisir de l'âme, les ouvrages du Seigneur et de son père, admirant chaque chose, ne blâmant rien, mais rendant grâces pour tout en songeant que tout cela a été créé pour l'homme : aussi adore-t-il dans chaque chose la toute-puissance, la sagesse et la bonté du Créateur, dont il reconnaît la main dans les objets créés. Supposez un peu qu'il existe réellement un palais tel que celui qu'Apulée a imaginé pour Psyché, ou, s'il est possible, plus magnifique et plus beau ; invitez-y deux spectateurs, l'un étranger, venu seulement pour voir l'autre, esclave ou fils de celui qui a construit cet édifice : lequel se réjouira le plus, de l'étranger, à qui le palais importe peu, ou du fils, qui considère dans cet édifice, avec un vif plaisir, le génie, les richesses et la magnificence d'un père bien-aimé, surtout s'il songe que tout cet ouvrage a été fait pour lui ?

Spudée. Votre demande n'a pas besoin de réponse, mais beaucoup de gens dont la conduite n'est pas pieuse savent que le ciel et ce qui est sous le ciel ont été créés pour l'homme.

---

1. Dieu de la raillerie. Fils du Sommeil et de la Nuit, il passait tout son temps à relever les fautes des autres dieux.

Hédone. Presque tout le monde le sait, mais tout le monde n'y pense pas, et, si l'on y pense, celui-là goûte plus de plaisir qui aime davantage l'ouvrier, de même que quiconque aspire à la vie céleste regarde le ciel avec plus de joie.

Spudée. Ce que vous dites-là est vraisemblable.

Hédone. Quant au plaisir de la table, il ne consiste pas dans les apprêts somptueux ni dans l'art des cuisiniers, mais dans la santé et l'appétit. Gardez-vous donc de croire que Lucullus, avec ses perdrix, ses faisans, ses tourtereaux, ses lièvres, ses scares, ses silures et ses murènes, dîne plus agréablement que l'homme pieux avec du pain bis, des herbes ou des légumes, ayant pour toute boisson de la petite bière ou de l'eau rougie. Celui-ci reçoit ses aliments comme des mets fournis par un père bienveillant; son repas a pour assaisonnement l'oraison; il est sanctifié par la prière qui le précède, par la sainte lecture qui l'accompagne, restaurant l'âme mieux que la nourriture ne répare le corps, et par l'action de grâces qui le termine; enfin, il se lève de table non gorgé, mais ranimé; non chargé, mais restauré, et restauré d'esprit et de corps. Croyez-vous que ceux qui étalent de vulgaires friandises prennent leurs repas plus agréablement?

Spudée. Mais le plaisir de l'amour est la jouissance suprême, si l'on en croit Aristote.

Hédone. Là encore l'homme pieux l'emporte non moins que pour la table. Voici comment : plus la tendresse que l'on porte à son épouse est vive, plus l'acte conjugal est doux. Or il n'en est point qui aiment leurs épouses avec plus de tendresse que ceux qui les aiment comme le Christ a aimé l'Église, car ceux qui les aiment pour le plaisir ne les aiment pas. Ajoutez que plus l'acte conjugal est rare, plus il est agréable. Cette vérité n'a point échappé à un poëte non pieux qui a dit : *Un usage modéré rend le plaisir plus vif*[1]. D'ailleurs l'union des sexes n'offre que la minime partie du plaisir ; il consiste surtout dans la vie commune, qui ne peut être nulle part plus agréable qu'entre ceux qui sont unis sincèrement par la charité chrétienne et qui s'aiment d'une tendresse réciproque. Dans les autres, souvent, à mesure que la volupté s'éteint, l'amour disparaît. La charité chrétienne acquiert d'autant plus de force que le plaisir de la chair décroît. Ne vous ai-je point persuadé que nul ne vit plus agréablement que celui qui vit pieusement ?

Spudée. Plût à Dieu que tout le monde en fût persuadé de même !

Hédone. Si les épicuriens sont ceux qui vivent agréablement, il n'y a point d'épicuriens plus vrais que ceux qui vivent saintement et pieusement. Et si nous faisons attention à la valeur des mots, personne ne mérite mieux le surnom d'Épicure que le chef adorable de la philosophie chrétienne, car, en grec, ἐπίκουρος veut dire *celui qui secourt*. Quand la loi de nature était presque effacée par les vices, que la loi de Moïse excitait les passions au lieu de les guérir, et que le tyran Satan régnait impunément dans le monde, seul le Christ apporta un secours efficace au genre humain qui allait périr. Ils se trompent donc grandement ceux qui disent que le Christ était de sa nature triste et mélancolique et qu'il

---

[1]. Juvénal, satire XI, 208.

nous a invités à un genre de vie maussade. Au contraire, lui seul a montré la vie la plus agréable de toutes et la plus remplie d'une volupté vraie, pourvu qu'elle soit exempte de la pierre de Tantale.

Spudée. Quelle est cette énigme?

Hédone. Vous allez rire de la fable, mais cette plaisanterie a un fond sérieux.

Spudée. Voyons cette plaisanterie sérieuse.

Hédone. Ceux qui se sont plu jadis à déguiser les préceptes de la philosophie sous le voile des fables racontent qu'un certain Tantale fut invité à la table des dieux, qu'ils représentent comme très-somptueuse. Avant de congédier son hôte, Jupiter, croyant qu'il était de sa générosité que son convive ne partît point sans un cadeau, lui permit de demander ce qu'il voudrait, en l'assurant que tout ce qu'il demanderait lui serait octroyé. L'imbécile Tantale, qui mesurait le bonheur de l'homme sur les jouissances de la gourmandise, souhaita de pouvoir s'asseoir à une pareille table pendant toute sa vie. Jupiter consentit, et le vœu fut ratifié. Tantale s'assied à la table garnie de toute sorte de friandises; on lui sert le nectar; il ne manque ni de roses ni de parfums capables de récréer les narines des dieux; à ses côtés se tient debout l'échanson Ganymède ou quelqu'un qui lui ressemble; les Muses l'entourent en faisant entendre des chants mélodieux; Silène danse d'une façon comique, et les bouffons ne font point défaut; en un mot, tout ce qui peut charmer les sens de l'homme se trouve là; mais, au milieu de tout cela, Tantale est assis, triste, soupirant et inquiet, ne s'égayant pas, ne touchant pas aux plats.

Spudée. Pourquoi cela ?

Hédone. Parce qu'au-dessus de sa tête était suspendue à un cheveu une pierre énorme qui menaçait de tomber.

Spudée. Je me serais retiré de cette table.

Hédone. Mais son vœu étoit devenu obligatoire, car Jupiter ne se laisse point fléchir aussi aisément que notre Dieu, qui casse les vœux dangereux des mortels pourvu qu'ils se repentent. D'ailleurs, sans cela, cette même pierre qui empêche Tantale de manger l'empêche aussi de se retirer, car il a peur, au moindre mouvement qu'il feroit, d'être écrasé par la chute de la pierre.

Spudée. La fable est amusante.

Hédone. Écoutez maintenant ce qui ne vous amusera pas. Le commun des hommes demande aux choses extérieures la vie heureuse, qui ne consiste que dans la paix de l'âme, car ceux dont la conscience est coupable ont au-dessus de leur tête une pierre bien plus lourde que celle de Tantale. Il y a plus, cette pierre n'est point suspendue, elle presse, elle écrase leur âme, qui n'est point tourmentée par une vaine crainte, mais qui s'attend d'heure en heure à être précipitée dans l'enfer. Je le demande, y a-t-il dans les choses humaines un plaisir assez grand pour pouvoir égayer véritablement une âme écrasée sous une pareille pierre ?

Spudée. Non, certes ; il n'y a que la démence ou l'incrédulité.

Hédone. Si les jeunes gens qui, rendus fous par les plaisirs comme par le breuvage de Circé, prennent pour le vrai bonheur des poisons emmiellés, réfléchissaient à cela, avec quel soin ils veilleraient à ne point commettre par étourderie ce qui tourmentera leur âme pendant toute la vie? Que ne feraient-ils point pour préparer à leur vieillesse future ce viatique : une bonne conscience et une réputation sans tache? Qu'y a-t-il de plus misérable que cette vieillesse qui, quand elle regarde en arrière, voit avec une vive horreur combien sont belles les choses qu'elle a dédaignées, et combien sont affreuses celles qu'elle a aimées? Puis, quand elle regarde en avant, elle voit approcher le dernier jour, et avec lui les supplices éternels de l'enfer.

Spudée. J'estime les plus heureux ceux dont le premier âge a été exempt de souillure, et qui, progressant toujours dans la pratique de la piété, sont arrivés jusqu'au terme de la vieillesse.

Hédone. Viennent ensuite ceux qui sont revenus de bonne heure des folies de la jeunesse.

Spudée. Mais quel conseil donnez-vous à ce malheureux vieillard?

Hédone. Il ne faut désespérer de personne tant qu'il respire; je lui conseille de recourir à la clémence du Seigneur.

Spudée. Mais plus la vie a été longue, plus s'est accru le monceau des crimes dépassant déjà le sable qui est sur le bord de la mer.

Hédone. Mais les miséricordes du Seigneur surpassent de beaucoup les grains de sable. Quoique le sable ne puisse être compté par l'homme, son nombre est limité, tandis que la clémence du Seigneur ne connait ni borne ni fin.

Spudée. Mais le temps manque à qui va mourir bientôt.

Hédone. Moins il aura de temps, plus il criera ardemment. Devant Dieu il suffit du temps nécessaire pour opérer le trajet de la terre au ciel. Or, une prière même courte pénètre dans le ciel, pourvu qu'elle soit lancée de toute la force du cœur. La pécheresse de l'Évangile fit pénitence, dit-on, pendant toute sa vie ; mais le larron, sur le point de mourir, obtint du Christ en très-peu de mots l'accès du paradis. Si le vieillard crie de toute son âme : *Ayez pitié de moi, mon Dieu, suivant votre grande miséricorde* [1], le Seigneur ôtera la pierre de Tantale; *il lui fera entendre une parole de consolation et de joie, et ses os, humiliés* par la contrition, *tressailleront d'allégresse* [2], parce que ses péchés lui seront pardonnés.

1. Psaume L, 1.
2. *Ibid.*, L, 10.

FIN DES COLLOQUES D'ÉRASME.

TABLE

DU TROISIÈME VOLUME

	Pages.
L'Enterrement.	1
La Grande Chère, ou le Repas disparate.	27
La Chose et le Mot.	37
Caron.	47
Le Synode des grammairiens.	57
L'Hymen funeste, ou l'Union mal assortie.	67
L'Imposture.	85
Le Cyclope, ou le Porte-Évangile.	89
Les Quiproquo, ou le Galimatias.	103
Le Chevalier sans cheval, ou la Fausse Noblesse.	107
Le Jeu des osselets.	121
Le Petit Sénat ou l'Assemblée des femmes.	135
Le Point du jour.	145
Le Repas sobre.	157
L'Art notoire.	165
Le Sermon, ou Merdard.	175

TABLE

	pages
L'Amoureux de la gloire.	197
L'Opulence sordide.	235
Les Obsèques séraphiques.	258
L'Amitié.	269
Le Problème.	279
L'Épicurien.	293

Original en couleur
NF Z 43-120-B

www.ingramcontent.com/pod-product-compliance
Lightning Source LLC
Chambersburg PA
CBHW060402170426
43199CB00013B/1962